공부하는 뇌,
성장하는 마음

속마음
시리즈
___ 02

공부하는 뇌,
성장하는 마음

대한소아청소년정신의학회 기획

김효원 · 손승현 · 양찬모 · 이태엽 · 정재석 · 김은주 · 박지인 · 송지혜 지음

글항아리

대한소아청소년정신의학회는 소아·청소년의 정신 건강을 증진하고 정신장애의 예방과 치료에 힘쓰며, 소아·청소년 그리고 가족의 삶의 질 향상을 위해 노력하는 정신건강의학과 전문의들의 모임입니다. 학회 회원들은 진료실에서 아이와 가족의 삶을 함께 지켜보는 의사로서, 아동·청소년의 발달이나 정신 건강, 양육에 대한 올바른 정보를 전달하는 것이 중요하다는 사실을 절감해왔습니다. 그리고 대국민 홍보행사, 뉴스레터, 온라인 홈페이지와 유튜브 활동 등 여러 매체와 경로를 통해 올바른 정보를 알리고자 다양한 활동을 해오고 있습니다. 이러한 활동의 연장선상에서 2021년 아동·청소년의 정신 건강을 바르게 알릴 '속마음 시리즈'를 기획했고, 첫 권으로『아이들이 사회를 만날 때』를 펴냈습니다. 이어서 두 번째 권으로 학습-공부를 주제로 한『공부하는 뇌, 성장하는 마음』을 내놓습니다.

소아청소년정신건강의학과 의사들이 진료실에서 마주하는 아이들은 대부분 학습과 관련해 크고 작은 어려움을 겪고 있습니다. 언어나 인지 발달이 늦으면서 학습에 어려움을 겪거나, 열심히 노력하는데 집중력이 부족해서 성과가 없다거나, 시험 볼 때만 되면 불안 탓에 눈앞이 캄캄해지면서 아무것도 생각나지 않는다거나, 그룹 활동을 하는 반 친구들과 자주 다투는 등 이유와 원인도 다양합니다.

부모님들도 자녀의 공부와 관련해서 고민이 많지요. 아이의 발달이 느리면 어떤 치료나 학습을 해야 할지 고민이고, 공부를 잘하면 잘하는 대로 어떤 학원을 다니고 어떻게 교육해야 할지 고민될 겁니다. 아이가 공부 때문에 스트레스를 받으면 공부를 쉬라고 해야 하는지, 잘 달래서 계속 열심히 하라고 해야 하는지 막막한 심정일 것입니다. 공부 때문에 아이와 다투기라도 한 날에는 이런 막막함이 배가될 것입니다. 이렇게 학습 – 공부와 관련된 내용은 우리나라 아이들과 부모님의 가장 큰 고민거리 가운데 하나입니다.

『공부하는 뇌, 성장하는 마음』의 저자들은 지능과 주의력, 문해력, 수감각과 외국어 학습을 포함해 아이들의 뇌가 어떻게 자라고 아이들이 어떻게 세상에 대해 알아가며 학습해가는지 자세히 알려줍니다. 또한 부모-자녀 관계와 아이들의 정서적 안정감을 포함해, 학습에 영향을 주는 환경적 요인에 이르기까지 공부의 성취도를 가르는 다양한 요인을 분석하고, 아이의 나이와 발달 특성 및 성향에 따라 부모가 아이를 이해하고 도울 수 있는 구체적인 방법을 제시해줍니다. 이 한 권의 책이 아이들의 마음을 돌보고 양육하며 치료하고 교육하는 모든 분에게 실질적인 도움이 되기를 바랍니다.

대한소아청소년정신의학회 이사장
서울대학교병원 소아청소년정신건강의학과 김붕년

『공부하는 뇌, 성장하는 마음』은 대한소아청소년정신의학회에서 펴내는 속마음 시리즈의 두 번째 책이다. 아이들의 사회성 발달에 대한 첫 번째 책『아이들이 사회를 만날 때』를 출간하고, 두 번째 책의 주제로 무엇을 할지 고민하는 시간이 길었다. 학습 혹은 공부라는 주제가 한국 사회에서 갖는 무게감 때문이다.

지금 우리 아이들에게 공부는 뭔가를 배우거나 익히는 것이라기보다는 성적을 위한 것이다. 성적순으로 아이들을 줄 세우는 학교와 학원에서, 아이들은 성적이 자신의 위치와 정체성을 대변한다고 생각한다. 아무것도 모르던 어린 시절에 새로운 것을 배우는 재미에 빠져들었던 아이들도 공부를 평가받는 것이자 해야 하는 의무로 받아들이면서 재미없고 부담스러운 것으로 여긴다. 부모님들도 대부분 공부는 좋은 대학에 입학하기 위한 수단이라 생각하고, 아이들의 성적이 부모 삶의 평가표라고 느끼기까지 한다.

그래서 아이들이 태어나는 순간부터 부모는 아이를 어떻게 가르쳐야 할지 고민한다. 어떤 장난감이나 책을 사줘야 할지, 어떤 유치원에 보내야 할지, 학습지나 학원은 언제부터 시켜야 할지 부모가 결정 내릴 것은 너무 많은데 물어볼 사람은 없어 막막하기만 하다. 인터넷에는 아이들의 학습에 대한 정보가 넘쳐나는데, 어디까지 맞는 말인지 모르겠고 우리 아이에게 적절한 정보인지도 의심스럽다. 부모의 불안을 이용한 마케팅인 것 같기도 하다. 그런데 주변 부모들이 아이들에게 공부 시키는 것을 보면, 또 우리 아이만 뒤처지는 것 같아 불안하기도 하다.

사실 아이들의 학습과 관련된 이런 고민들에는 정답이 없다. 아이마다 타고난 재능, 성격, 관심사 등이 다르기 때문에, 한 아이에게 좋았던 공부 방법이 다른 아이에게도 꼭 효과를 발휘하리라는 법은 없다. 공부 방법보다 아이들의 마음이나 가족관계, 학교생활이 공부에 더 많은 영향을 주기도 한다. 그래서 아이들의 공부와 관련된 문제는 답을 찾기가 어렵다.

『공부하는 뇌, 성장하는 마음』의 저자들은 공부와 관련된 문제에 대해서 아이와 부모님들과 함께 오랫동안 고민해온 소아청소년 정신건강의학과 의사들이다. 저자들은 이 책을 통해 아이들의 뇌가 어떻게 자라는지, 어떻게 지식을 배우고 익히는지, 그리고 공부를 잘하도록 도우려면 부모는 어떻게 해야 하는지 자세히 알려준다. 아이들의 뇌와 인지 기능이 잘 자라도록 돕고, 문해력과 수감각을 키우려면 어떻게 해야 하는지, 영어 공부는 언제 어떻게 시작해야 하는지에 대한 구체적인 방법도 제시한다.

그러는 한편 아이들의 정서적 안정성이나 가족관계의 편안함이 학습에 얼마나 많은 영향을 주는지에 대해서도 상세히 설명해준다. 그리고 아이들이 정서적으로 안정되고 편안하며, 자신의 감정을 잘 조절하는 사람으로 자랄 수 있도록, 부모가 아이들의 마음을 돌보는 것이 중요하다고 강조한다. 그러면서 조심스럽게 덧붙인다. 공부를 잘한다고 세상을 잘 사는 것은 아니다, 세상에는 공부보다 중요한 것이 많다. 아이들이 자신만의 속도와 색깔에 맞춰 성장할 수 있도록 돕는 것이 부모의 역할이다.

최근 방영된 어느 드라마에서 "인생의 운전자는 자신이다, 부모는 조수석에 앉는 사람이다"라는 말을 듣고 공감했다. 조수석에 앉은 부모의 역할은 운전자가 표지판과 지도를 읽는 것을 도와주고, 운전자가 지치거나 힘들지 않은지 옆에서 지켜봐주며, 잠깐 쉬어가도 괜찮다고, 다시 방향을 찾으면 된다고 말해주는 것이 아닐까? 그래서 훗날 조수석에 부모가 없을 때도, 아이가 스스로 인생의 방향을 찾고 목적지를 향해 잘 나아갈 수 있는 능력을 키워주는 것이 아닐까? 이 책이 부모와 아이들에게 공부와 인생에 대한 방향을 제시해주고, 또 위로가 되기를 바란다.

대한소아청소년정신의학회 기획이사 김효원

차 례

학습과 뇌 발달 | 김효원

현실을 움켜쥐어 뇌 안으로 | 학습에 영향을 미치는 요인들 | 학습을 이해하는 데 도움 되는 다중층위 모델 | 더 효율적이고 안정적인 뇌 | 지능만큼 중요한 노력과 학습 전략 | 학습과 뇌 발달을 돕는 방법들 | 아이들 모두 다른 속도를 가진 거북이

주의력, 작업 기억력, 실행 기능 | 손승현

주의력과 집중력의 차이 | 주의력이 낮은 아이에게 필요한 세 가지 | 작업 기억력이란 무엇인가 | 실행 기능이란 무엇인가 | 아이를 효율적으로 가르치는 열한 가지 요령 | 전문가의 도움이 필요한 아이 | 뷔페에 아이를 처음 데려간 부모님의 마음으로

양찬모

문해력이 요구되는 시대 | 공부 자신감과 문해력 | 독서가 지능을 높인다 | 결정적 시기는 언제일까 | 생애 초기에 언어 능력을 발달시키는 방법 | 학령기 독서 능력은 어떻게 높일 수 있나

이태엽

의사결정, 성공, 국가 경쟁력과 관련 있는 수리력 | 수리력의 발달과 그에 영향을 미치는 요인들 | 교구로 수리력을 늘리려면 | 수 감각과 뇌과학 | 자기 주도적 학습과 쉬운 수학이 전부는 아니다 | 초등학생의 공부 습관 | 연산과 도형 영역을 함께 발달시켜야 | 수포자는 왜, 언제, 어떻게 생길까 | 계산장애, 난산증을 겪는 아이들 | 선행학습은 도움이 될까 | 경시대회는 어떻게 해야 할까 | 부모가 집에서 무엇을 해줄 수 있을까

1장

효율적이고 안정적인 뇌 형성 돕기

학습과 뇌 발달

김효원

서울아산병원 교수

아이는 세상에 태어나자마자 무언가를 배우기 시작한다. 자기 앞에 있는 물체나 사람을 알아보고, 모국어와 다른 언어의 소리를 구별하고, 목을 가누고 뒤집고 기면서 세상에 대한 인식을 넓혀간다. 말과 글자를 배우고, 세상을 이해하는 틀을 배우고, 다른 사람들과 관계 맺는 방법을 배운다. 학교에 들어가면 배워야 할 것은 점점 더 많아지고, 다른 아이들과 비교하고 경쟁하면서 아이들 삶에서는 공부가 중요해진다.

아이가 태어나는 순간부터 부모도 아이의 공부와 학습에 대해 고민을 하게 된다. 아이의 운동, 언어, 인지 발달이 괜찮은지 계속 확인하고, 장난감, 도서 전집이나 교구, 방문 학습 프로그램 등 아이들의 뇌 발달과 학습에 도움 된다고 하는 것들을 시켜야 한다는 압박감을 느낀다. 다른 집에선 아이의 학습을 향상시키기 위해 이것저것 하느라 애쓰는데 나만 바보처럼 가만있는 것은 아닌가, 뒤처지는 것은 아닌가 하는 느낌이 들기도 한다. 아이가 자라면서 이런 불안은 더 커진다. 유치원에 입학할 때가 되면 어떤 유치원이 좋을지, 놀이 학교를 보내야 할지, 영어유치원이 좋을지 고민된다. 초등학교는 어디가 좋을지, 사립초등학교에 보내야 할지, 사교육은 얼마나 해야 할지, 선행학습은 할지 말지, 매 순간 부모가 결정해야 하는 문제들에는 해답이 없는 듯하고 답답하기만 하다.

아이들은 어떻게 배우는 것일까? 아이들 삶에서 학습, 공부는 어떤 의미가 있을까? 공부를 잘하는 아이들은 인생을 잘 살게 되는 것일까? 시험을 잘 보는 것이 공부를 잘하는 것일까? 성적을 잘 받고 공부를 잘하려면 어떻게 해야 할까? 공부를 안 하는 아이들은 왜 그러는 걸까? 노력해도 성적이 안 나오는 아이들은 어떻게 도와줘야 할까? 공부를 못하는 아이들은 어떻게 세상을 살아가야 하는 것일까? 집집마다 사정은 다르지만 아이를 키우는 가정이라면 공부와 관련된 고민이 하나도 없는 곳은 없을 것이다.

현실을 움켜쥐어 뇌 안으로

그렇다면 배운다는 것은 무엇인가? 일반적으로는 경험, 공부, 가르침을 통해 지식이나 기술을 습득하는 것을 학습 또는 배우는 것이라고 한다. 학습學習이라는 말은 『논어』의 첫 구절인 "학이시습지불역열호學而時習之不亦悅乎"에서 유래한 것으로 여겨진다. '학學'은 먼저 깨달은 사람이 알고 있는 바를 배우는 것을 뜻하며, '습習'은 아기 새가 나는 연습을 반복하는 것처럼 배운 것을 반복한다는뜻이다.[1] 책을 읽고 배우는 것으로는 충분하지 않고, 반복해서 몸에 익히는 것이 중요하다는 의미다. 또 『논어』 「위정」 편에는 "배우기만 하고 생각하지 않으면 얻음이 없고, 생각하기만 하고 배우지 않으면 위태롭다學而不思則罔, 思而不學則殆"고 하여, 배우는 것뿐만 아니라 배운 것에 대해서 비판적으로 생각하는 능력도 중요함을 강조했다.

공부工夫라는 말은 '불도佛道를 열심히 닦는다'는 의미의 불교 용어 '주공부做工夫'에서 유래했다. 『선어록禪語錄』에서는 "공부는 간절하게 해야 하고, 공부할 땐 딴생각을 하지 말아야 하며, 공부할 땐 오로지 앉으나 서나 의심하던 것에 집중해야 한다"고 했다.[2] 그러나 요즘 공부는 학문을 배워 익히는 일, 특히 제도권 교육에서 배우는 것만을 가리키곤 한다.

영어에는 '공부하다' '학습하다'는 뜻의 단어로 'study'와 'learn'이 있다. study는 교실에서 수업을 듣거나, 책을 읽거나, 전문적이고 학술적인 것을 체계적으로 연구하고 공부하는 과정이다. learn은 학문적인 것뿐만 아니라 이미 배운 기술 등을 반복적인 학습과 경험을 통해 익히는 것을 말한다.[3] 이렇게 '학습'이란 단어는 학교 공부나 대학 입시보다는 '배우고 익히다' '비판적으로 생각하다' '연구하고 공부하다'와 같은 뜻으로 사용되는 것이 좀더 일반적이다. 교육부의 2022년 개정 교육 과정[4]에서도 삶에 필요한 능력을 키워줘서, 미래에 필요한 역량을 갖춘 자기주도적인 사람을 기르는 것이 우리 교육의 목표임을 분명히 하고 있다.

피아제는 아이들이 세상에 대한 경험을 바탕으로 사물을 이해하는 마음속의 틀(도식scheme)을 수정해가면서, 지식을 쌓고 세계를 이해하는 방식을 발전시켜간다고 했다. 『우리의 뇌는 어떻게 배우는가』를 쓴 스타니슬라스 드앤은 "Learning(배움 또는 학습)은 Apprehending(체포 또는 검거, 배움 또는 이해)과 어원이 같다"면서, "배움이란 현실의 일부를 옮겨쥐어 그걸 우리 뇌 안으로 가져오는 것"이라고 했다.[5] 구글 딥마인드의 CEO 허사비스는 학습이란 "체계적이지 못한 정보를 실행 가능한 지식으로 바꾸는 과정"이라고 했다. 결국 배운다는 것은 지식을 습득하는 것을 넘어 우리 마음속에 세상에 대해 이해하는 시각을 형성하고 발전시켜나가는 과정이다.

하지만 지금 우리나라에서 아이들은 세상에 대한 이해를 배우기보다 학교에서 가르치는 지식을 습득하고, 학교 성적을 관리하고, 입시에 집중하게 되는 것이 현실이다. 2018년 방영된 드라마 「스카이캐슬」에서는 자식들을 명문대에 보내기 위해 사교육에 모든 것을 쏟아붓는 부모들이 나온다. 「스카이캐슬」에서 공부는 배우거나 익힌다는 의미보다는 좋은 대학에 입학하고 사회경제적 계층을 유지 혹은 상승시키기 위한 수단으로만 여겨진다. 현실에서 많은 부모는 대부분 아이를 좋은 대학에 보내는 것이 공부의 최종 목표라고 생각한다. 대학 입시 준비를 하면서 아이들은 실패를 경험하고 좌절하기도 한다. 그렇지만 대학 입시가 삶의 목표가 될 순 없다. 좋은 대학에 진학한다고 해서 인생에서 성공한다는 보장도 없고, 원하는 대학에 못 갔다고 해서 인생에서 실패한 것도 아니다. 좋은 대학에 입학한 다음 인생의 목표를 상실하거나, 스스로 공부하는 방법을 몰라서 대학에 적응 못 하는 아이도 많다. 그럼에도 불구하고 아이나 부모 모두 인생에서 대학 입시 외의 다른 목표는 없는 것처럼 공부 달리기를 하고 있는 것이 우리나라 현실이다.

이런 상황에서 아이들이 세상에 대해 이해하는 능력을 키우고 발달시키며, 성장해가는 것을 도우려면 어떻게 해야 할까? 스스로 학습할 능력을 키우려면 어떻게 해야 할까? 학교에서 가르치는 것을 이해하고, 가능한 한 좋은 성적을 받도록 도와주려면 무엇을 할 수 있을까? 배움과 노력이 결과로만 평가되는 세상에서, 아이들이 좀 덜 상처받게 하려면 부모는 무엇을 해야 할까?

학습에 영향을 미치는 요인들

현우는 중학교 3학년생이다. 서울에서도 학업 경쟁이 치열하고, 사교육을 많이 하는 동네에 살고 있다. 고등학교 진학을 앞두고 담임은 현우의 성적이 너무 나빠서 인문계는 어렵고 특성화고에 진학해야 할 것 같다고 하셨다. 공부도 공부지만, 아들이 매사에 좀 느리고 굼뜬 편인데, 특성화고에서 잘 적응할 수 있을까 엄마는 걱정되었다.

현우는 초등학교 저학년 때부터 계속 집중을 잘 못 하는 것 때문에 지적을 받았다. 주변 정리정돈을 잘 못 하고, 책 꺼내는 것이나 하교 때 책가방을 챙기는 것을 포함해서 지시 수행이 내내 느린 편이었다. 현우의 느린 행동 탓에 학급 전체의 일정이 늦어지는 일도 종종 있었다. 시험 시간에도 멍하니 있곤 해 선생님이 집중해서 문제 풀라고 일러야 할 때도 많았다. 초등학교 저학년 때 글을 읽기 어려워하며 글자를 바꿔서 읽는 데다 종종 조사를 건너뛰고 읽어 난독증이 아닌가 고민도 했다.

2020년 중학교 1학년 진학 후 코로나로 인해 비대면 수업이 많아지면서, 온라인 수업에서 집중의 기복이 너무 심하다는 피드백을 받았다. 학습이 안 될 때는 종종 한 시간에 수학 문제 하나도 못 풀었고, 거의 모든 수업 시간에 눈을 감는 모습을 보여 선생님이 엄마에게 연락을 하기도 했다. 현우에게 물어보니 화나거나 졸릴 때, 집중이 안 될 때 눈을 감는다고 했다. 학교에서 내내 지적받으면서 아이는 더 무기력해졌다. 기운 없고 우울하고 자신감 없어했다. 중학교 2학년 때부터 성적이 낮아 특별 관리를 받으면서 더 위축되고 우울해졌으며, 잠들어서 깨지 않았으면 좋겠다는 생각이 불쑥 들곤 했다. 성적이 꼴

효율적이고 안정적인 뇌 형성 돕기

찌여서 특성화고등학교에 진학해야 한다고 들은 날 엄마는 속상해서 울었다고 했다. 아빠는 고위 공무원, 엄마는 의사이고, 형은 특목고를 다녀 가족 중에 공부 못하는 사람은 현우밖에 없었다. 현우 엄마는 "선생님, 우리 집에 공부 못하는 사람이 한 명도 없는데 현우는 왜 그럴까요?"라면서 속상해하셨다. 현우의 학습과 성적에 영향을 미치는 요인에는 어떤 것들이 있을까?

학습, 공부, 성적에 영향을 주는 요소는 크게 개인의 특징과 관련된 것들, 학교나 가정, 또래 집단처럼 환경과 관련된 것들, 가르치는 사람의 특징과 관련된 것들로 나눌 수 있다. 그중 개인의 특징과 관련된 요소에는 나이나 발달 수준, 지능, 주의력, 실행 기능, 기억력, 문해력, 공간감, 수 감각과 같은 뇌 기능, 학습에 대한 동기, 자기조절과 관리 능력, 감정 조절 능력과 메타 인지 능력 같은 것이 있다. 학습에 대한 동기 부여나 적극적인 참여, 무기력, 우울, 불안과 같은 정서적 요인도 학습에 영향을 미치고 학습 방법과 전략 같은 요소도 영향을 줄 수 있다. 학교 환경, 가정 환경, 또래 집단이나 미디어, 입시 제도와 같은 다양한 환경적 요소뿐 아니라 가르치는 사람의 특징 또한 영향을 미칠 수 있다.

현우는 검사에서 지능지수 77이 나와 낮은 편이었고, 초등학교 저학년 때부터 주의력 결핍/과잉행동 장애attention-deficit/hyperactivity disorder, ADHD가 있어서 주의력 및 작업 기억, 실행 능력의 어려움도 있었던 것으로 보였다. 읽기 능력의 문제도 있어서 난독증으로 진단

학습에 영향을 주는 요인들

개인의 특징	환경
·발달 수준 ·인지 능력(지능, 작업 기억, 주의력, 기억력 등) ·동기 ·자기조절 및 관리 능력 ·감정 조절 능력	·학교 환경 ·가정 환경 ·또래 집단 ·미디어 ·입시 제도

가르치는 사람의 특징

되었고, 오랜 기간 학업의 어려움과 교사 및 또래로부터의 부정적인 피드백 때문에 학습 동기가 낮고, 무기력하며, 자신은 뭘 해도 안 된다는 패배감도 있었다. 거기다 현우가 사는 동네의 학습열이 높고 경쟁이 치열한 것도 공부에 대한 흥미를 떨어뜨리거나 무기력하게 만드는 데 큰 요인이 됐다. 현우 엄마는 아이가 부족한 것을 인정하고 싶지 않아서 그동안 정확한 검사나 평가, 교육이나 치료를 받지 않고 피했던 것 같다며, 이미 너무 늦은 것은 아닌가 걱정하면서 우셨다.

현우의 사례에서 알 수 있듯이 한 명의 아이에게는 다양한 요소가

효율적이고 안정적인 뇌 형성 돕기

학업에 영향을 줄 수 있다. 이런 요소를 잘 이해해야 아이들이 학습하며 부딪히는 어려움을 이해하고 문제점을 찾아서 도울 수 있다. 이 책은 학습에 영향을 줄 만한 다양한 요소를 살피고, 아이들을 도울 방법을 알려줄 것이다. 특히 이 장에서는 지능과 뇌 발달이 학습에 미치는 영향, 그리고 학습을 북돋울 생활 습관과 관련된 부분을 다루려 한다.

학습을 이해하는 데 도움 되는 다중층위 모델

우선 아이들의 학습과 관련된 요인을 몇 가지 층위로 나눠서 생각해보면 도움이 된다. 아이가 타고난 유전적인 요소와 환경적 경험들이 학습과 관련된 뇌 부위 발달에 영향을 미친다. 학습과 연관되는 뇌의 신경생물학적 작용은 뇌의 정보 처리 과정에 선택적으로 영향을 준다. 정보 처리 과정에는 시각·청각 정보의 시간적 처리 과정과 같은 기본적인 것과 함께, 음운 처리 과정, 언어 인식, 시공간이나 수 감각 등과 같이 학습에 영향을 주는 정보 처리 과정이 포함된다. 이런 과정의 능력은 아이마다 다르며, 더 높은 층위의 학습과 관련된 기술에 영향을 미친다. 학습과 관련된 기술에는 읽기, 문해력, 수리력, 지능과 같은 것이 있다. 이런 기술이 아이들의 학업 성취에 영향을 준다. 더불어 아이들의 학업 성취는 학업과 관련된 감정·정서적인 부분들, 행동 특징과 관련된 이차적인 요소들에 영향을 준다. 신경생물학,

공부하는 뇌, 성장하는 마음

정보 처리, 기술, 학업 성취, 이차적인 요소들, 이 다섯 층위는 상호작용을 하면서 아이의 학습에 영향을 준다. 이 책에서 다루는 주의력, 문해력, 수 감각 등에 대해서도 다중층위 모델multi-level framework을 이용하면 더 잘 이해할 수 있다.

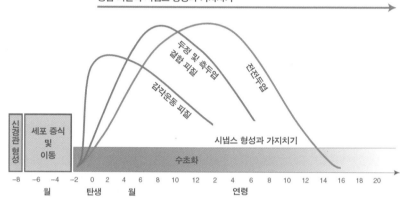

경험 의존적 시냅스 형성과 가지치기

두정 및 측두엽 결합 피질

전전두엽

감각운동 피질

신경관 형성

세포 증식 및 이동

시냅스 형성과 가지치기

수초화

| -8 | -6 | -4 | -2 | 0 | 2 | 4 | 6 | 8 | 10 | 12 | 2 | 4 | 6 | 8 | 10 | 12 | 14 | 16 | 18 | 20 |

월　　　　탄생　　월　　　　　　　　연령

시기별 뇌 발달 단계

공부하는 뇌, 성장하는 마음

더 효율적이고 안정적인 뇌

우리가 무언가를 배울 때는 지능을 포함해 다양한 인지 기능을 사용하는데, 인지 기능은 우리 뇌의 신경생물학적인 요소들과 밀접하게 관련된다. 그리고 아동청소년기는 인지 기능이나, 인지 기능과 관련된 뇌 발달이 가장 활발히 일어나는 시기다. 이 시기에 뇌의 구조, 기능, 뇌 부위들 사이의 연결성 등이 모두 성숙해진다. 이때 뇌 발달이 활발히 일어나도록 하려면 주변 환경으로부터 다양한 경험이 주어져야 한다.

출생 직후 아기의 뇌는 350그램 정도로 1.4~1.6킬로그램인 성인의 뇌에 비해 20~25퍼센트만 발달된 상태다. 우리는 1000억 개가량의 뇌신경세포(뉴런neuron)를 가지고 태어난다. 뉴런과 뉴런을 연결하는 부위를 시냅스라 부르는데, 뉴런은 시냅스를 통해서 신호를 주고받는다. 출생 전후로 우리 뇌는 시냅스가 폭발적으로 형성되고, 뇌 부위 간의 연결 회로를 만들면서 자라난다. 시냅스는 생후 2년까지 급속도로 증가해 성인의 시냅스에 비해서 50퍼센트 이상 더 많았다가 이후 점점 감소한다. 자주 사용하는 시냅스는 더 굵어지고 많아지는 반면, 사용하지 않는 시냅스는 점차 사라지는 가지치기pruning 과정을 겪기 때문이다.

가지치기는 뇌 부위에 따라 차이가 있다. 예를 들어 청각과 관련된 대뇌피질은 임신 7개월에 시냅스의 농도가 최대치에 이르며, 가

브로카 영역

언어를 형성하는 뇌의 중요 영역으로 단어를 형성하고 표현하는 데 필수적이다.

각회

정보를 수집해 단어와 개념을 이해하는 데 도움을 준다.

뇌섬엽(대뇌섬 피질)

대뇌 반구에서 가쪽 고랑 깊은 곳에 묻혀 있는 대뇌피질 부위로, 운동 조절과 감정 및 자기 인식뿐만 아니라 언어를 처리하는 중요한 역할을 한다.

베르니케 영역

각회, 뇌섬엽, 기저핵과 함께 문맥과 의미를 이해하기 위해 단어를 처리한다.

지치기는 출생 전에 일어나고, 출생 직후에는 이미 성인의 청각 피질과 비슷한 정도로 발달해 기능하게 된다. 그러나 실행 기능, 충동 조절, 고차원적인 추론과 판단을 담당하는 전전두엽prefrontal cortex은 생후 4년이 지나서야 시냅스의 농도가 최대치에 이르며 5세쯤부터 가지치기가 일어나서 청소년기 이후에 성인 수준의 발달을 완성한다. 유아기에서 사춘기까지 매일 평균 약 200억 개의 시냅스가 사라지는데, 일상에서 자주 사용하는 신경 회로를 중심으로 시냅스가 강화되고 그렇지 않은 시냅스는 가지치기 과정을 통해 뇌 기능을 더 효율적이고 안정되게 할 수 있다.

우리 뇌는 영역별로 담당하는 역할이 다르다. 태어날 때부터 소리는 뇌의 청각 영역을 활성화시키고, 시각 자극은 시각 영역을 활성화시킨다. 각각의 감각을 받아들여서 처리하는 뇌 부위가 이미 결정되어 있다는 뜻이다. 감각뿐만 아니라 뇌의 다양한 기능을 담당하는 뇌 부위도 정해져 있다. 우리 뇌의 여러 영역은 서로 연결되어서 만들어지는 신경 회로를 형성하며, 특정 유형의 정보를 처리하는 데 특화된 모듈을 형성한다.

예를 들어 아이들이 말을 배우는 것은 베르니케 영역, 활 모양 다발articulate fasciculus, 브로카 영역과 같은 뇌 부위와 관련된다. 관자엽(측두엽temporal lobe)의 위관자이랑superior temporal gyrus에 있는 베르니케 영역은 소리를 언어로 이해하는 역할을 한다. 베르니케 영역에서 받은 정보는 활 모양 다발을 통해서 발성과 관련된 기관들의 운동을 관장하

효율적이고 안정적인 뇌 형성 돕기

는 브로카 영역으로 전달된다. 브로카 영역은 대뇌 운동 피질 바로 근처인 아래이마이랑에 존재하며, 입·혀·구개·인두 등의 움직임을 조절해 생각한 것을 언어로 표현할 수 있게 해준다. 마찬가지로 글자를 읽는 능력, 수 감각, 연산을 하는 능력, 시공간에 대한 감각, 외국어, 주의력, 감정 조절 등을 담당하는 모듈, 즉 뇌의 영역과 신경 회로들의 조합이 존재한다.

태아기에 이미 뇌 피질은 정확한 경계를 갖는 고도로 분화된 수십 개의 영역으로 나뉘기 시작한다. 임신 28주쯤 되면 뇌에 주름이 잡히기 시작하며, 대뇌 고랑이 생긴다. 임신 35주경이 되면 뇌 피질의 모든 주요 주름이 형성되며, 언어를 관장하는 측두엽 영역은 비대칭성을 보이기 시작한다. 이런 피질의 형성은 타고난 유전적 요소에 의해서 계획된 대로 이루어지지만, 초기 발달 과정에서의 경험도 영향을 준다. 또한 뇌는 영역별로 그 기능과 발달 시기가 다르다. 각 시기에 따른 적절한 경험과 학습은 아이의 뇌를 건강하게 발달시키며, 이렇게 발달해가는 뇌가 아이들이 새로운 것을 배우고 습득하는 과정을 도와준다.

지능만큼 중요한 노력과 학습 전략

지능이 높은 아이는 세상을 더 잘 이해할 수 있을까? 지능이 높을수록 학교 성적이 더 좋을까? 지능이 높으면 성공할까? 지능은 나이가 들면서 오를 수도 있을까? 지능이 낮은 아이는 어떻게 공부해야 하는 걸까? 부모라면 누구나 궁금해하는 점이다.

지능이란 무엇인가에 대해 학자마다 조금씩 다르게 정의하지만, 대체로 크게 두 측면을 포함한다.[6] 첫째, 인간이 주변 환경을 정확하게 인식하고 이를 다루거나 자신을 적응시키는 능력, 둘째, 직접 경험하지 않은 일들을 개념화하여 예측하고 통제하는 능력이다. 흔히 머리가 좋다고 할 때의 기준처럼 사용되는 지능지수Intelligence Quotient, IQ는 또래들에 비해 상대적으로 어느 정도의 인지 발달을 했는지 보여 주는 지표로, IQ 100은 또래 평균 수준의 인지 능력이 있음을 시사한다. 그러나 IQ를 측정하는 대부분의 검사는 인간의 인지 능력 가운데 일부분만을 측정하는 것으로, 인간 정신의 모든 능력을 측정하지는 못한다.

지능이 학업 성취나 인생에서의 성공에 어떤 영향을 미치는가에 대해서는 다양한 연구 결과가 있다. 지능이 이 모든 것을 결정하는 가장 중요한 요소라는 연구[7]에서부터, 지능은 인간의 여러 특성 가운데 하나일 뿐이라는 연구까지 그 결과나 관점은 다양하다. 지능이 높을수록 SATScholastic Aptitude Test(미국의 대학입학시험)나 ACTAmerican College Testing와 같은 학력평가에서 높은 성적을 보이고, 학업 성적이 우수한 경향이 있다.[8] 또 지능이 높을수록 교육 수준이 높고 돈을 많이 벌거나 조직에서 출세한다는 연구들도 있다. 그러나 지능이 높더라도 사회성이 부족하다면 가족 관계, 조직 내 적응에서 어려움을 겪을 수 있고, 행복이 보장되지도 않는다.[9]

영재들의 학교 성적과 성인이 된 이후의 성공을 추적 관찰한 터만의 연구에서는 영재인 아이들이 대체로 학교 성적은 뛰어났지만, 25년 후 의사, 변호사, 대학교수가 된 사람들뿐만 아니라 일반 사무직, 경찰, 어부가 된 사람들도 있어서 그 직업의 분포가 무척 다양했다. 또 35년이 지났을 때, 연구에 참여한 이들 가운데 가장 성공한 부류와 가장 어렵게 살아가는 부류 사이의 지능 차이는 거의 없었으며, 사회적 성공에는 성격적인 요인들, 특히 인내력, 의지, 더 잘하려는 마음이 더욱 중요했다.[10] 터만의 연구 외에도 사고방식, 회복탄력성resilience, 감정 지능emotioanl intelligence, 끈질긴 근성grit, 혹은 자기조절 능력self-control이 학업 성취와 이후의 사회적 성취에 더 중요하다는 연구가 다수 있다.

또 지능 자체보다는 자신이 얼마나 잘한다고 스스로 믿는지가 학업 성취에 더 중요하다는 연구도 많다.[11] 스스로 능력이 충분하다고 믿는 아이일수록 학업 성취가 점점 좋아질 가능성이 높고, 자신의 능력에 대한 자신감이 없는 아이일수록 성적이 점점 떨어지는 경향을 보인다는 것이다. 이는 아이들의 자신감이나 자아 효능감self-efficacy과 같은 정서적인 부분에 영향을 주기 때문인 것으로 보인다. 그런데 이렇게 아이들이 자기 능력에 대해서 어떻게 생각하는지는, 아이들의 실제 성취와 함께 부모나 교사가 그에 대해 어떻게 의미를 부여하는

지에 의해서도 많은 영향을 받는다. 타고난 요소와 더불어 부모의 양육 방법이나 학교와 가정의 분위기가 학습에 대한 아이들의 태도에 중요한 영향을 준다는 뜻이다.

더불어 지능에 대한 개인의 신념도 학습 효과나 동기에 큰 영향을 미친다. 지능 자체도 중요하지만 꾸준한 노력을 통해 지능을 포함한 인지 기능뿐 아니라 우리 뇌 자체를 변화시킬 수 있다는 믿음을 가진 아이들이 새로운 것을 더 쉽게 습득하며, 학업 성취도 더 우수하다는 것이다. 2018년 경제협력개발기구OECD 국제학업성취도평가Program for International Student Assessment, PISA 결과 모든 국가에서 학생들이 지능은 변하지 않는다고 믿을수록 읽기, 수학, 과학 모든 영역에서 성취도가 낮은 것으로 나타났다.[12] 학생들이 지능은 고정되어 있는 것이라고 인식하면 학습에 대한 동기도 낮고 노력도 하지 않게 되어 성취도가 낮아진다는 것이다.

지능이 아이들의 학습에 중요한 영향을 미친다는 사실은 명확하다. 아이들의 지능의 정도나 지능을 포함한 다양한 인지 기능의 영역별 발달 정도에 따라서 다른 학습 전략이 필요한 것도 사실이다. 현우처럼 지능이 낮은 아이들에게는 반복적인 눈높이 교육이 필요하다. 아이의 언어 이해 능력 및 어휘력을 고려해 쉽고 구체적으로 설명하는 것과 그림 자료나 동영상 자료를 활용한 학습이 도움이 된다. 부모는 교육의 목표를 학교 성적보다는 일상생활에 두고 독서 및 학습, 훈육과 좋은 습관 형성, 사회성 발달 등을 돕기 위해 노력해야 한다. 이 과정에서 무리한 요구나 욕심을 통해 아이가 부담감을 갖지 않도록 유의해야 한다.

아이들의 자기 능력에 대한 생각, 인지 기능의 발달과 뇌 발달이 노력으로 가능하다는 신념, 꾸준히 노력하는 근성과 자기조절력 같은 다른 요인들이 학업 성취와 이후의 삶에 많은 영향을 준다. 그래서 부모가 아이들을 믿어주고, 성취 자체보다 노력을 격려해주며, 아이들이 좌절하는 순간을 함께 견뎌주는 것이 더 중요하다.

학습과 뇌 발달을 돕는 방법들

수면: 자면서 학습한다

수면은 아이가 잘 성장하고 세상을 배워가는 데 중요한 역할을 한다. 신생아는 하루에 약 16~17시간 동안 잠을 잔다. 뇌 발달과 인지 발달이 가장 활발히 일어나는 시기, 세상을 가장 많이 경험하고 가장 빠른 학습이 이루어지는 시기인 생후 첫 1~2세에 아이는 잠을 가장 많이 필요로 한다. 충분한 잠은 뇌 발달에 있어서 핵심 요소다. 잠자는 시간은 그날의 기억을 우선순위에 따라 정리하고 장기 기억으로 저장하며, 뇌신경세포가 연결되고 재활성화되도록 한다.

예전에는 4당 5락이라 해서 4시간 자면 대학에 붙고 5시간 자면 떨어진다는 말이 있었는데, 과학적 근거들은 그 정반대를 시사하고 있다. 밤에 자는 시간은 학습을 하지 않는 시간이 아니라 오히려 학습을 공고히 해주는 시간으로, 사람은 수면을 취하면서 낮에 배운 것들을 통합하게 된다. 그래서 낮에 사용했던 신경 회로들이 자는 동안 재활성화된다. 연구 대상자들에게 테트리스 게임을 하루 중 몇 시간 하게 하면 실제로 밤에 게임과 관련된 이미지를 꿈꾸었는데, 이는 수면이 전날의 기억들을 잘 다듬어 저장하는 역할을 하기 때문으로 추정된다.

수면은 낮에 배운 것을 단단히 하고 통합하는 시간일 뿐 아니라 추가 학습이 일어나는 시간이 되기도 한다. 낮 동안 특정 과제를 학습시켜 더 이상 실력이 늘지 않는 한계에 도달한 경우, 잠자고 나면 이튿날 다시 과제를 수행할 때 수행 능력이 개선되는 결과가 나타났다. 이러한 호전은 렘REM수면 때마다 대상자들을 깨울 경우 관찰되지 않았다.[13] 수면의 각 단계가 하는 역할은 아직 잘 알려지지 않았지만, 숙면 시간deep sleep(서파수면)에는 지식이나 사건 자체와 관련된 기억과 지식을 통합하고 일반화하며, 렘수면 시간에는 절차 기억(자전거 타는 것을 배우거나 다른 사람의 기분을 알아차리는 것처럼, 무의식적으로 반복해서 경험하며 감각과 운동으로 자연스럽게 새겨지는 기억들)과 관련된 통합이 이뤄진다는 연구도 있다.

건강한 학생들에게서 수면 시간이 길수록 웩슬러 지능검사로 측정한 전체 지능과 지각추론지표[14]가 더 높고 학교에서의 학업 수행도 더 좋은 것으로 나타났다.[15] 수면은 기억, 기분, 감정 조절뿐 아니라,

효율적이고 안정적인 뇌 형성 돕기

집중력과도 밀접한 관련이 있다. 이렇게 수면은 다양한 인지적·감정적인 요소에 영향을 주고 이런 요소들이 아이들이 새로운 것을 학습하는 데 영향을 준다.

따라서 아이들이 새로운 것을 잘 배우도록 하려면 충분히 수면을 취하는 것이 중요하다. 그러면 뇌는 건강하게 아침을 시작할 수 있다. 사람은 나이를 먹으면서 자연스럽게 필요한 수면 시간이 줄어들지만, 우리나라 아이들은 학교에 입학하고 학업을 본격적으로 시작하면서 잠자는 시간이 급격히 줄어드는 경향이 있다. 심지어 청소년 본인과 부모 모두 잠자는 시간을 아까워하는 분위기가 형성되어 있다. 학령기 아이들은 평균 10시간 이상의 잠이 필요하고, 청소년기에도 9~10시간의 잠이 필요하다. 그러나 2021년 기준 청소년들의 평일 평균 수면 시간은 7.2시간, 고등학생은 5.8시간으로 수험생들의 수면 부족 문제가 여전했다. 아이들이 제대로 학습하기 위해서는 지금보다 충분한 수면 시간 확보가 중요하다.

신체 활동: 운동하는 아이의 뛰어난 언어, 수리, 추론 능력

규칙적인 운동이나 신체 활동이 뇌 발달과 학습에 좋은 영향을 미친다는 것은 잘 알려져 있다. 꾸준히 운동하는 사람은 그렇지 않은 사람보다 스트레스가 심한 상황을 더 잘 견디는 경향이 있고, 운동한 날에는 정신이 더 또렷하고 집중이 더 잘 된다고 한다. 운동은 장기적으로 신체 건강을 향상시킬 뿐 아니라, 인지 기능을 올리는 것으로 보고

되고 있다.

특히 사춘기 이전 아이들에게서는 운동이 정신 건강, 행복감, 실행 기능, 학업 성취를 높여 신체적 발달뿐 아니라 정신적, 인지적 발달, 그리고 뇌 발달을 포함한 다양한 영역의 발달에 긍정적인 영향을 준다.[16] 사춘기 이전에 꾸준히 운동하는 아이들이 그렇지 않은 아이들에 비해 실행 기능, 인지 조절 능력, 인지적 유연성이 뛰어났다. 청소년기 아이들도 교과 외 시간에 운동을 규칙적으로 하는 아이들이, 운동을 하지 않는 아이들에 비해서 언어, 수리, 추론 능력이 뛰어났다.

또한 운동을 꾸준히 하는 경우 MRI를 이용해 뇌활성도를 측정했을 때 뇌 기능에 좋은 영향을 주는 것으로 나타났으며,[17] 뇌량corpus callosum을 통한 좌우 뇌의 연결성을 좋아지게 한다는 연구 결과[18]도 있어서, 운동이 뇌 기능과 구조의 발달에도 도움 되는 것으로 여겨진다. 특히 땀 흘리며 운동할 때, 뇌의 영양제라 할 수 있는 뇌신경 성장 인자Brain Derived Neurotrophic Factor, BDNF도 만들어져 뇌 발달을 돕는다.[19] 뇌신경 성장 인자는 신체 운동량에 비례해 분비되는데 신경세포를 더 많이 만들게 하고 신경망의 연결을 강화한다. 특히 해마의 신경세포 생성과 회로를 촉진하면서 기억력의 호전 및 회복을 돕는다.

이런 연구들을 종합해보면 신체 운동이 뇌 발달과 인지 발달에 중요한 영향을 미친다는 사실을 알 수 있으며, 사춘기 이전부터 꾸준히 운동하는 것이 학교 성적뿐 아니라 학습 능력을 키우는 데 도움이 되는 것으로 여겨진다.

효율적이고 안정적인 뇌 형성 돕기

그러나 우리나라 청소년들은 운동 시간과 운동량 둘 다 매우 적다. 세계보건기구WHO가 2016년 전 세계 146개국 11~17세 청소년 약 160만 명을 대상으로 운동 상태를 조사한 결과 운동 부족이 가장 심각한 나라는 한국(운동 부족 비율 약 94.2퍼센트)이었다. 대체로 국가의 소득 수준이 높을수록 운동 부족 비율은 낮아지는데, 한국은 특이하게도 소득 수준이 높은 반면 청소년의 운동 부족이 심각한 것으로 나타났다. 이렇게 청소년들의 운동량이 부족한 원인으로 WHO는 지나친 학업에 따른 시간 부족과 스마트폰 과용, 그리고 청소년을 위한 스포츠 레저 시설 부족을 꼽았다. WHO는 만 5~18세 청소년에게는 매일 60분 이상 운동할 것을 권장하고 있다. 또 성장기 청소년은 달리기와 자전거 타기, 수영, 축구 등 심장이 평소보다 빨리 뛰고 호흡이 가빠지는 정도의 유산소 운동이 반드시 필요하다고 강조하고 있다. 아이들의 학습과 뇌 발달을 위해서 학습 시간만 신경 쓰는 것보다는 적절한 운동 시간도 확보하는 것이 중요하다.

식사: 아침밥과 집중력, 기억력

식이 습관은 뇌 기능에 영향을 미쳐 학습 및 학업 성취와도 관련성이 있다. 아침 식사를 하는 것, 식사를 규칙적으로 하는 것, 과일을 잘 챙겨 먹는 것이 학교 성적과 밀접한 관련이 있다는 연구가 다수 있다.

아침 식사는 뇌신경 활성도를 증가시키고, 작업 기억력이나 집중력과 같은 인지 기능을 호전시킨다. 아이들은 아침에 일어난 후 시간이 지날수록 집중력과 기억력이 떨어지는데, 아침 식사를 한 학생들은 거른 학생들보다 집중력이 50~65퍼센트 덜 감퇴되었고, 기억력의 감퇴 폭도 더 작았다. 아침 식사를 한 학생들이 거른 학생들보다 시험에서 평균 이상의 점수를 받을 확률은 두 배 높다고 밝혀지기도 했다.[20]

또 영국 에이번 지방 아이들을 장기간 추적 관찰한 연구에서, 만 3세 때 지방과 설탕 섭취가 많을수록 만 8.5세에 측정한 지능이 나빴으며, 8.5세에 영양소가 균형 잡힌 식사를 할수록 지능이 높았다는 연구도 있다.[21] 호주에서 시행된 연구에서는 만 14세 때의 패스트푸드 섭취가 높을수록 17세 때의 인지 기능이 낮았다.[22] 이런 연구들은 균형 잡힌 식사가 아이들의 뇌 발달과 학습에 중요하다는 것을 보여준다.

우리나라 청소년들은 아침 식사 결식률이 높은 편인데, 코로나19 유행 이후 특히 증가했다. 여자 고등학생의 아침 식사 결식률은 유행 전 35.8퍼센트에서 유행 후 41.3퍼센트로 늘었다. 같은 기간에 남자 고등학생의 아침 식사 결식률도 32.8퍼센트에서 37.9퍼센트로 올랐다. 과일 섭취율은 중학교 여학생에게서 4.6퍼센트포인트 감소해 감소 폭이 가장 컸다.[23]

더불어 가족과 함께 식사하는 것이 학습에 중요한 영향을 주며, 가족과의 저녁 식사는 자녀의 인성 교육과 학업 성취 둘 다에 도움이 된다. 우리나라는 십대 초반의 학생들이 부모님과 함께 식사하는 횟수가 매우 적어서, 30퍼센트의 중학생이 부모님과 전혀 밥을 같이 먹지

효율적이고 안정적인 뇌 형성 돕기

않는 것으로 나타났다. 가족들과 자주 저녁 식사를 하는 아이들은 가족 간의 대화가 더 많았고, 부모와 아이 모두 학교 활동에 더 적극적으로 참여했으며, 숙제를 더 열심히 하고, 자존감이 높으며 미래에 대해 긍정적인 태도를 보였다.

아이들 모두 다른 속도를 가진 거북이

아이들의 학습 및 공부와 관련해서 부모는 늘 약자의 입장이 될 수밖에 없다. 아이 교육에 대해 자신없고 불안하고 안절부절 못하면서 학원을 알아보고, 정보를 모은다. 직접 아이를 가르치려 시도하고 숙제 검사를 하기도 하면서 뭔가 나서서 하지 않으면 안 될 것 같은 압박감을 느낀다. 그럴 때는 『어린 왕자』를 쓴 생텍쥐페리의 말을 떠올려보자.

"당신이 배 한 척을 만들려고 한다면 계획을 세우기 위해, 작업을 분배하기 위해, 도구를 가져오거나 나무를 자르기 위해 사람들을 불러 모으지 말고, 그들에게 넓고 끝없는 바다에 대한 동경을 가르쳐라. 그러면 그들이 스스로 배를 만들 것이다."

아이들을 위해서 설계 도면을 그려주거나, 좋은 나무를 골라주거나, 직접 나무를 자르고 못질해서 배를 만들어주는 일은 쉽다. 그러나 부모가 아이를 위해서 뭔가를 해주기 시작하면, 이후에도 아이들은

공부하는 뇌, 성장하는 마음

부모가 계속해주기를 기대한다. 아이가 못 미덥고, 실수하고, 돌아가더라도, 아이 스스로 배 만드는 과정을 배우는 것을 함께 지켜보고 기다려주는 것이 중요하다. 부모가 해야 할 일은 배 만드는 과정을 일일이 도와주는 것이 아니라, 왜 공부를 해야 하는지, 어떤 의미가 있는지 삶의 방향을 보여주는 것이다.

더불어 우리 아이가 갖고 있는 성향과 특징들을 이해하고 도와주는 것이 중요하다. 일반적으로 우리가 알고 있는 이솝우화 「토끼와 거북이」는 토끼가 거북이에게 느리다고 놀리고, 거북이가 발끈해서 경주를 하자고 하는 장면으로 시작된다. 그렇지만 테일러가 엮은 『이솝우화Aesop in rhyme』[24]에서는 거북이가 "비록 거북이의 속도로 걷고 있지만, 나는 내 속도에 만족해. 하지만 네가 그렇게 달리기에 자신있다면 우리 경주를 해보자"라고 말하는 장면이 나온다.

이 책을 보면서 그런 생각을 했다. 토끼가 경주에 이기도록 도와주는 것이 부모의 역할이 아니라, 거북이가 자신만의 속도로 지치지 않고 잘 걸어가도록 도와주는 것이 부모의 역할 아닐까? 우리 아이들은 모두 다른 색깔과 모양과 속도를 가진 거북이다. 부모는 아이들이 자신의 색깔과 모양과 속도를 가지고 잘 걸어가도록 도와주어야 한다. 그렇게 하기 위해서 아이들이 공부하고 세상 일들을 배우는 데 필요한 여러 요소를 이해하며 아이들을 도울 방법을 고민해보는 것이 중요하다.

2장

학습을 지휘하는 세 명의 지휘자

주의력, 작업 기억력, 실행 기능

손승현

괜찮아 정신건강의학과 원장

승현이는 이제 막 초등학교에 입학한 밝고 씩씩한 아이다. 승현이는 어린이집을 다닐 무렵부터 호기심이 많고 에너지가 넘친다는 이야기를 들어왔다. 다소 부산스러운 면도 있었지만 아이가 블록 놀이처럼 재미있는 것을 할 때면 한자리에서 한두 시간은 우습게 보낼 정도로 오래 몰두했기 때문에 부모는 아이의 개성이 강한 것이려니 하며 지켜보기로 했다. 문제는 아이가 학교에 입학하면서 나타났다. 관심 있는 일에는 그렇게 집중을 잘하던 아이가 재미없다고 여기는 공부에는 손도 대지 않으려 하고, 학습 난이도가 조금만 올라가도 짜증을 부리기 일쑤였다. 어르고 달래도 책상 앞에 앉기까지 한참이 걸리고, 옆에서 무슨 소리만 나면 하던 공부를 멈추고 가서 확인하며 참견하는 일이 두드러졌다. 승현이는 왜 이런 모습을 보이는 걸까? 그리고 승현이와 엄마가 사이좋게 지내려면 어떤 것들을 알아두어야 할까?

이 질문에 대한 답을 구하려면 먼저 '뇌는 학습을 위해 어떤 기능들을 사용하는가?'라는 질문에 대한 답을 알아야 한다. 뇌는 문제를 해결하거나 새로운 사실을 배우기 위해 여러 특수한 능력을 사용하며, 우리는 이 능력을 인지 기능이라 부른다. 인지 기능 중에서도 다른 인지 기능들을 지휘하는 역할을 하는 것이 세 가지 있는데, 각각 주의력, 작업 기억력, 실행 기능이라 부른다. 승현이는 이 세 가지 인지 기능을 제대로 활용하는 데 어려움을 겪고 있을 가능성이 크다. 따라서 전반적인 학습의 효율이 떨어지고 학습과 관련된 스트레스가 증가하는 것이다. 과연 이 세 기능이 어떤 역할을 하길래 학습에 이토록 큰 영향을 끼치는 것일까? 아래에서 주의력, 작업 기억력, 실행 기능이 무엇인가에 대해 알아보고, '승현이가 더 효과적으로 공부하려면 어떻게 하는 게 좋을까?'에 대한 답을 함께 찾아나가보자.

주의력과 집중력의 차이

밤에 손전등을 들고 낯선 숲을 걷고 있다고 생각해보자. 어둡고 낯선 환경, 저 멀리서 뭔가 부엉! 부-엉! 하고 우는 것 같지만 애써 무시하고 눈앞의 길만 보고 걸어가는 우리. '앞에 무언가 나타나면 바로 확인해야지'라는 생각에 바짝 정신을 차리고 걷는 우리에게 저 어디 덤불 속에서 갑자기 부스럭거리는 소리가 들린다. 화들짝 놀란 우리는 소리가 난 곳을 향해 손전등을 비춰보고서는 거기 뭔가 있나 뚫어져라 응시한다. 그러고 나서는 덤불에 시선을 고정한 채 다시 찬찬히 걷기 시작한다.

이 한밤의 모험에서 우리가 계속 사용하고 있었던 능력이 바로 주의력attention이다. 주의력이란 자신에게 주어지는 많은 정보 중에서 중요하다고 생각되는 정보를 확대시켜 적극적으로 반응하게 하는 것이다. 주의력은 무언가를 빠르고 효율적으로 배우는 데 필수적인 요소 중 하나다. 그래서 신경학자 드앤은 주의력을 일컬어 배움의 효율을 끌어올리는 네 가지 기둥 중 하나[1]라고 말하기도 했다.

집중력concentration. 실생활에서는 주의력과 비슷한 뜻으로 많이 쓰이는 단어다. 집중력이란 주의력의 여러 요소 중 좀더 선택적인 주의를 일컫는 말로 특정한 정보에만 주의를 기울이고 불필요한 정보는 거르는 과정을 뜻한다. 이를테면 집중력이 높은 아이일수록 옆방 소음이나 책상 위 장식 등 불필요한 자극에는 신경을 끄고, 눈앞의 책이나 부모님 말씀에만 관심을 기울인다. 따라서 집중력이 높을수록 학습 효율도 높아진다.

주의력이 낮은 아이에게 필요한 세 가지

주의력을 설명하려는 여러 학자 중 한 명인 미국의 심리학자 포스너는 주의력을 이루는 중요한 세 가지 구성 요소를 다음과 같이 구분했다.[2]

첫 번째 요소는 의식 수준의 상승(경계alertness)이다.

경계란 아이가 주어진 정보에 몰입하는 정도를 의미한다. 아이의 경계 수준이 높을수록 학습 상황에서 주어진 정보를 빠뜨리지 않고 머릿속에 모아두는 힘이 커진다. 더불어 정보를 필요에 맞춰 처리하는 속도도 높아진다. 아이 앞에 아무리 중요한 정보가 나타난다 하더라도 경계 수준이 낮은 상태라면 이는 별다른 의미 부여가 되지 않고 아이의 머릿속을 스쳐 지나갈 가능성이 높아진다. 예를 들어 수업을 듣다가 선생님이 "이 부분은 시험에 나옵니다!"라고 강조하는 말을 들었을 때가 경계 수준이 주의력에 영향을 미치는 상황이라 할 수 있다. 만약 이 시험 결과를 통해 아이가 새 스마트폰을 받게 된다면 어떨까? 경계 수준은 더 상승해 아이는 이어지는 선생님의 말을 하나도 놓치지 않고 기억하려 주의를 기울일 것이다. 한편 주의력에 문제가 있는 아이들 다수는 경계 수준 자체가 낮은 편이다. 이는 부모가 같은 이야기를 여러 번 반복하게 만들 뿐 아니라 아이가 정보를 받아들이는 태도 자체에 영향을 미쳐 무성의하게 수업을 듣는 듯한 오해를 받게 만든다.

두 번째 요소는 정보의 선택selectivity이다.

수련회에 가기 전 강당에 모여 교장 선생님 말씀을 듣는 두 학생이 있다고 해보자. 한 학생은 교장 선생님의 안내를 들으며 일정 중에 기념품을 사러 갈 만한 시간이 있나 생각하고 있다. 다른 학생은 친구가 틀림없이 선생님 머리가 가발인 걸 봤다고 하는데 그게 정말일까 궁금해하고 있다. 과연 교장 선생님 말씀이 끝난 후 각 학생에게는 어떤 정보가 머리에 남게 될까. 수련회의 스케줄일 것인가, 선생님의 머리숱일 것인가.

우리 뇌가 외부 정보를 모으는 과정에서 받아들인 모든 것은 우리의 흥미나 목적에 따라 제각기 다른 비중이 매겨진다. 그리고 뇌는 자신이 관심 있어 하는 정보만을 편애하는 성질이 있다. 그렇기 때문에 우리가 흥미 있어 하는 정보는 더 깊이 새겨지는 반면 그렇지 않은 정보는 허무할 정도로 쉽게 잊힌다. 따라서 우리는 아이에게 무엇을 가르치기 전에 아이에게 어떤 내용에 집중해야 하는지 집중의 방향을 먼저 알려줄 필요가 있다. 즉 집중해야 할 정보를 더 현명하게 선택하도록 도와야 한다.

정보의 선택 능력 자체가 낮은 아이들은, 즉 뇌가 모든 정보를 공평하게 받아들이는 아이들은 주의력이 덜 중요한 정보로 분산되기 쉽다. 역사 교과서에 나오는 글에만 주의를 기울여야 하는데 자꾸 사진에 나오는 사람 얼굴이 눈에 들어오고, 이내 유혹을 못 참고 콧수염을 그리기 시작한다. 선생님 말씀에만 집중해야 하는데, 옆의 애가 부스럭거리는 소리에 휙 고개가 돌아가고 만다.

아이 머릿속에서 벌어지는 정보의 선택과 탈락은 순식간에, 자동으로 일어난다. 그래서 배우는 아이 스스로는 내가 무엇을 무시하고 넘어갔는지 알아차리기 어렵다. 그러니 수업을 마친 아이들에게 "선생님 말씀 잘 들었지?"라고 하는 것은 학습에 그다지 효과적인 질문 형식이 아니다. 엄마의 이 물음에 모든 아이가 "잘 들었다"라고 답하기 때문이다. 이보다는 "선생님이 ○○이에게 뭐라고 했지?"라고 물어 아이가 받아들인 정보가 무엇인지 구체적으로 확인하는 과정이 아이의 상태를 정확히 파악하는 데 도움이 된다.

세 번째 요소는 정보의 처리 능력processing capacity이다.

경계 수준과 정보의 선택 능력이 정보를 어떻게 모으는지와 관련 있다면 정보 처리 능력은 모아진 정보를 어떻게 활용하는지와 관련 있다. 선생님 말씀을 듣고 어떤 말을 어떻게 요약해서 적을지 결정하는 상황이나 눈앞에 보이는 친구들의 말투와 표정을 파악해서 누구에게 가장 주의를 기울일지 결정하는 상황 등에서 정보 처리 능력이 작동한다. 여기서 우리가 유념해야 할 것은, 정보는 동시에 들어오지만 이를 처리하는 과정은 순차적이며, 한 번에 하나의 정보만을 처리한다는 사실이다. 비유하자면, 정보 처리는 공항의 화물 검역소에서 일어나는 일과 성격이 비슷하다. 검역소 창구에서 직원이 동시에 두 가지 화물을 열어보려 하거나, 전화를 받으며 화물을 검사한다면 어떻게 될까? 병목 현상이 일어나 화물의 처리 속도는 눈에 띄게 느려지고 말 것이다. 학습에도 마찬가지 원리가 적용된다. 정보 처리가 서툰 아이들은 비효율적인 방식으로 문제를 풀거나, 문제 풀이에 시간을 너무 많이 쏟곤 한다. 따라서 아이가 동시에 여러 생각을 하면서 학습하지는 않는지 살펴봐야 한다.

작업 기억력이란 무엇인가

작업 기억력working memory은 뇌 속의 일회용 작업장이라 할 수 있다. 이 작업장은 수 초에서 수십 초 동안만 열려 있다가 폐쇄된다. 작업장에서 할 목표가 정해지고, 이를 완수하기 위해 작업장이 열려 있는 수십 초. 그동안 우리 뇌는 열심히 눈과 귀에서 정보를 받아 이를 작업장 안으로 불러들인다. 작업장 내로 들어온 정보는 내가 원래 가지고 있던 지식이나 경험들과 버무려지고, 작업의 목적에 알맞게 가공된다. 비정하게도 작업의 완성도와는 상관없이 일정 시간이 지나면 작업장은 폐쇄되며 정보는 사라진다. 컴퓨터로 치면 램RAM과 비슷한 개념인 셈이다.[3]

아이의 수업 시간에 일어나는 일로 작업 기억력이 작동하는 방식을 설명해보자. 선생님이 칠판에 12×7을 쓰고 계산해보라고 하신다. 이때 아이 머릿속에는 암산을 위한 작업 기억장이 열린다. 아이는 칠판에 적힌 숫자를 '보며' 선생님 말씀을 '듣는' 과정을 통해 무엇을 풀

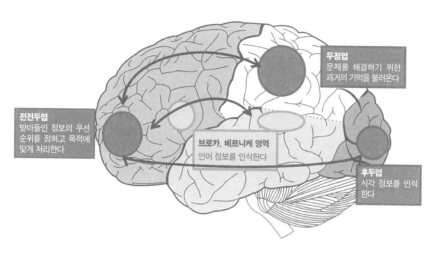

두정엽
문제를 해결하기 위한 과거의 기억을 불러온다

전전두엽
받아들인 정보의 우선 순위를 정하고 목적에 맞게 처리한다

브로카, 베르니케 영역
언어 정보를 인식한다

후두엽
시각 정보를 인식한다

작업 기억력의 작동 방식

어야 하는가라는 정보를 받아들인다. 동시에 '아, 십의 자리 숫자 올림은 미리 적어두라고 하셨지' 등의 기억을 불러온다. 그러고 나서는 이 정보들을 조합해 문제의 답을 생각해낸다. 이때 암산의 답을 위한 정보를 머릿속에 유지하는데, 이 정보를 다루는 데 쓰이는 능력이 바로 작업 기억력이다.

참고로 아이는 어른에 비해 한 번에 받아들일 수 있는 정보의 양이 적다. 뇌의 각 부위는 하는 역할에 따라 성장 속도가 다르며 작업 기억력의 발휘에 가장 중요한 역할을 담당하는 전전두엽은 가장 늦게 성장이 완료되는 뇌이기 때문이다.[4] 학교에 들어가기 전의 어린아이들은 한 번에 한두 가지 정보만 처리하며 청소년기 이전의 아이들은 3~7개, 평균적으로는 5개의 정보만 다룬다고 한다. 이후 청소년기에는 동시에 다루고 유지할 수 있는 정보가 5~9개, 평균 7개로 늘어나며, 이 능력치는 대부분 성인기까지 유지된다.[5] 우리가 아이를 가르칠 때 수업 속도를 더 느리게 하고, 수업 시간은 더 짧게 해야 하는 이유다.

작업 기억력은 학습 효과를 예측하는 중요한 요인 중 하나다. 작업 기억력은 수업의 요점을 머릿속으로 정리해가면서 들을 때, 이 문장이 의미하는 바는 무엇인지를 생각할 때 쓰인다. 즉 정보를 그저 수동적으로 받아들이는 것이 아니라 능동적으로 '소화'하는 과정에 기여한다.[6] 그리고 뇌는 능동적으로 잘 정리된 정보를 더 오래 간직한다.[7] 작업 기억이 부족하면 배울 때도 여러 손해를 본다. 작업 기억의 지속 시간이 부족한 아이들은 정보를 저장할 만한 시간 여유가 부족해진다. 그런 탓에 하려고 하는 일에 필요한 작업을 미처 끝마치기도 전에 기억이 날아간다. 한편 작업 기억의 용량이 부족한 아이들은 한 번에 더 적은 정보만을 다룰 수 있다. 그런 까닭에 새로 들어온 정보에 이전 정보가 밀려나며 놓치는 정보도 더 많아진다. 암산 실수나, 맞는 것을 고르시오라고 했는데 틀린 것을 고르는 것도 마찬가지 이유로 발생한다. 글이나 말이 조금만 길어지면 중간중간 정보를 놓치거나 잊기 때문이다. 그래서 똑같은 수업을 듣더라도 배움의 정도는 차이나게 된다.

실행 기능이란 무엇인가

실행 기능은 장기적인 목표를 달성하는 데 필수적인 여러 인지 기능을 하나로 묶어 부르는, 일종의 인지 기능 패키지를 일컫는 말이다. 이 패키지를 구성하는 인지 기능은 모두 '계획'이라는 키워드와 깊이 관련 있으며, 대표적인 기능은 아래와 같다.

실행 기능의 구성 요소
· 적절한 계획을 세우는 능력
· 행동의 결과를 예측하고 위기를 회피하는 능력
· 계획대로 일이 흘러가는지 자신의 현재 위치를 파악하는 능력

· 상황 변화에 맞춰 유연하게 계획을 수정하는 능력

· 계획을 유지하기 위해 자신의 욕구를 참는 능력

유념할 것은 실행 기능이 가진 조율이라는 특성이다. 이는 단순히 여러 인지 기능이 동시에 작동하는 데서 더 나아가 현재의 목표와 상황에 맞춰 각 인지 기능의 우선순위를 조정하는 특성을 말한다. 예를 들어 '지금은 계획을 세울 때가 아니고 바뀐 상황을 파악하는 게 우선이다'라는 판단을 내리면 실행 기능은 계획을 세우는 능력을 잠시 내려둔 채 현 상황에 집중하도록 뇌에 바뀐 명령을 내린다. 이런 특성 때문에 실행 기능은 흔히 오케스트라의 지휘자나 프로 스포츠팀 감독에 견주어진다.[8]

실행 기능의 문제는 장기적인 학습 수행에 악영향을 미친다. 실행 기능이 부족한 아이들은 자신의 욕구를 다스리기 어려워한다. 이 때문에 계획을 꾸준히 실천하는 성실함이 달리고, 융통성이 부족해지며, 자기 객관성에 문제가 생기곤 해 비효율적인 학습 계획을 고집하기 쉽다. 일의 우선순위를 파악하는 능력이 서툴기 때문에 아이가 중요한 일 말고 다른 일을 하느라 과제는 늦어지기도 한다.

실행 기능에 꼭 필요한 것은 아이의 능동성이다. 뇌는 자신이 자주 쓰는 기능과 관련된 뇌 회로를 점차 발달시켜나가고 쓰지 않는 회로는 점차 약화시킨다. 따라서 부모가 아이 스스로 계획을 세우고 수정해나가는 일을 반복해서 연습하도록 도와주는 것은 학습에서 중요한 의미를 가진다. 반복된 경험이 전전두엽의 성숙을 돕고 실행 기능을 강화시키기 때문이다. 이를테면 "어떤 작전을 세우고 공부해야 승현이가 엄마랑 같이 놀 수 있는 시간이 늘어날까?"라는 내용의 질문을 아이에게 던지며, 아이 스스로 계획을 세우게끔 하는 일 말이다. 더불어 아이의 계획이 얼마나 효율적인지를 성적이나 같은 과제를 하는 데 걸리는 시간 등의 객관적 요소로 평가하고, 효율을 늘려가는 과정을 마치 게임처럼 즐기도록 하면 좋다. 이 과정에서 칭찬이나, 게임 시간, 외식 등의 보상이 주어진다면 아이는 더 적극적으로 효율을 높이려 할 것이다.

또한 신체와 정서 조절 능력을 높이는 과정을 통해 실행 기능의 향상을 꾀할 수 있다.[9][10] 유산소 운동, 태권도 등의 무도martial arts, 요가, 마음 챙김mindfulness 등의 방식으로 자신의 몸과 마음을 컨트롤하는 것이 실행 기능의 향상에 도움이 된다고 알려져 있다. 반면 스트레스와 외로움, 신체 건강의 저하는 전전두엽의 활동과 실행 기능을 떨어트린다고 알려져 있다. 핵심은 아이가 정서적인 스트레스를 덜 받게 하거나, 이를 표현하고 다루는 법을 익히도록 돕는 것이다. 즉 아이의 기분이나 욕구가 아이의 머리를 압도하지 않도록 도와야 한다.

학습을 지휘하는 세 명의 지휘자

아이를 효율적으로 가르치는 열한 가지 요령

첫째, 아이가 현재 가진 주의력에 맞춘 학습 전략을 짜보자.

· 아이마다 흥미를 갖는 주제와 주의력의 발달 속도는 다 다르다.
· 아이가 시각 자료에 익숙한지, 청각 자료에 익숙한지 파악하자.
· 주의력이 가장 높은 시간에 중요한 과제를 배치하자.

뇌는 눈이나 심장과는 다르게 태어난 이후에도 지속적으로 발달, 성숙해나가는 기관이다. 더욱이 주의력과 관련 깊다고 알려진 전전두엽은 다른 뇌 영역에 비해 가장 마지막 즈음에 발달이 완료된다. 그런 이유로 아이의 주의력은 시간이 지나면서 천천히 발전하고, 뇌 발달 속도에 따라 개인마다 주의력 편차가 나타난다. 따라서 아이의 체형에 따른 맞춤옷을 만들어주는 것처럼, 아이가 현재 가진 주의력에 맞춘 학습 계획을 세워주는 것이 좋다. 아이가 한 번에 집중을 유지할 수 있는 시간에 맞춰 수업 시간의 길이를 조정한다든지, 아이가 한 개념을 충분히 머릿속에 담고 난 다음에 다른 주제로 넘어간다든지 하는 식으로 말이다. 아이가 청각적인 자극보다 시각적인 자극에 집중을 더 잘한다면 수업 중간중간에 아이가 들은 내용을 표로 정리해보거나, 혹은 아예 시각 자료를 더 많이 섞은 교재를 사용해보자. 하루 중 아이의 의식이 제일 명료한 시간대를 파악해, 그때 집중을 요구하는 학습 주제를 배치하는 것도 마찬가지 요령이다. 참고로 평균적인 사람들은 기상 후 2~3시간이 경과한 때, 식사 후 2~3시간이 경과한 때에 가장 집중을 잘한다고 한다.[11]

둘째, 아이의 몰입도를 높이기 위해 재미, 긴장, 보상을 적절히 활용해야 한다.

- 과제가 너무 쉬워서 아이가 재미없어하지는 않는지 살펴보자.
- 때로는 경쟁이나 시간 단축 같은 긴장 요소도 필요하다.
- 적절한 보상을 준비하고 학습 전에 이를 아이에게 알려주자.

아이의 긴장도와 재미가 몰입도를 상승시키는 현상에 대한 가장 대표적인 예가 게임할 때의 아이의 집중력이다. 이전부터 게임이 아이의 주의력을 끌어올리고 학습 속도를 높인다는 보고들은 있어왔다.[12] 특히 격렬한 액션 게임일수록 생사를 오간다는 긴장감과 게임 자체에 대한 흥미가 작용해 아이의 경계 수준을 끌어올린다고 한다. 따라서 효율적인 학습을 위해 아이가 공부를 게임처럼 즐길 수 있게 만들어주는 것이 중요하다.

더불어 아이가 학습할 때는 부모나 친구와의 경쟁 등 긴장감을 유지하는 요소와, 아이 입장에서 흥미를 느낄 만한 보상이 함께 주어지는 것이 좋다. 만약 난도가 낮아 아이의 긴장도가 떨어지는 단순 반복적인 학습이라면 학습 난도를 높이거나, 시간 제한을 두거나, 경쟁자를 만들어 긴장도를 적절한 수준으로 올려줘보자. 보상은 아이가 좋아하는 구체적인 것으로 주고, 이를 아이가 미리 알고 공부에 임하도록 도와주는 것이 좋다. 단 경계는 학습을 시작하기 전부터 끌어올려야 하는데, 결과가 나온 뒤의 깜짝 보상이나 아이에게 와닿지 않는 보상은 몰입도 상승에 있어 효과가 적을 수 있다.

셋째, 무엇에 집중해야 할지 아이에게 알려주자.

· 학습을 시작하기 전에 아이에게 어떤 내용이 중요한지 확인시켜주는 것을 잊지 말자.

오늘 배울 주제는 뭔지, 수업 중에는 무엇에 집중해야 하는지를 아이가 알고 있는가 미리 확인해보자. 아이의 기억력이 아무리 좋아도, 핵심적인 내용이 아닌 것을 머릿속에 담는다면 중요한 정보는 밀려나 들어오지 않는다. 가르치는 사람들 또한 무엇에 집중해서 가르쳐야 학습이 효과적일지에 대한 고민이 필요하다. 어려서 영어 어휘를 배울 때는 단어의 모양을 통째로 외우는 것보다 각 발음 단위 포닉스에 집중하는 것을 강조하고, 커서 지문을 읽을 때는 마지막 문장이나 키워드에 주의를 기울이는 것을 강조하듯이 말이다.

열의가 지나쳐서 아이가 수업 시간에 나온 내용을 전부 기억하려

애쓰고 있지는 않은지 살펴보는 것도 중요하다. 이 학습에서 중요한 포인트는 무엇인지 파악하고 거기에 주의집중을 쏟게끔 하는 것이 자습의 효율을 높이는 데 도움 되며, 모든 것을 머릿속에 다 담으려 하면 필요 없는 내용 때문에 오히려 주의에 방해를 받기 때문이다.

넷째, 학습 목표와 환경은 단순할수록 좋다.

· 한 번에 한 가지 사실을 배우는 데에만 집중하도록 도와주자.
· 공부하는 장소에서는 공부만 할 수 있도록 환경을 정리해주자.

목표가 많고 복잡할수록 동시에 다뤄야 하는 정보의 수도 많아진 다. 이는 곧 학습 효율의 저하를 불러일으킨다. 따라서 수업을 시작하 기 전 오늘의 목표를 명확히 설정하고, 이를 아이에게 알려주어야 한 다. 나아가 수업 계획표를 세워 아이에게 공부의 틀을 만들어주고, 학 습 내용이 서로 섞이지 않게 돕자. 아이가 한 번에 한 가지 공부에만 집중할 수 있도록 말이다.

다시 말해 아이가 더 빠르고 효율적인 학습을 하게 하려면 동시에 여러 일을 처리하려 하지 않도록 도와주어야 한다. 즉 내적으로는 현 재 중요한 것에 대해서만 집중하도록 가르쳐야 한다. 이를테면 시험 도중 "2교시 과목을 풀고 있으면서 지나간 1교시 성적을 생각하고 있 으면 안 된다"는 것을 가르쳐야 한다.

외적인 부분, 즉 환경도 마찬가지다. 시각적인 자극이든 청각적인 자극이든 동시에 여러 자극이 주어진다면 그중 우리가 원하는 자극에만 선택적으로 집중하기 위해 집중력을 낭비할 수밖에 없다. 방의 모든 곳이 칼같이 정리 정돈되어야 할 필요는 없지만, 공부하는 곳에서는 공부만 할 수 있는 환경을 만들어주는 것이 좋다. "빨리 숙제 다 하고 게임 하고 싶으면 책과 책상을 정리하는 건 차라리 나중에 하는 게 낫겠다"라고 조언하는 것도 마찬가지 맥락이다.

책상에서 공부 이외의 활동을 하는 것을 피하고, 아이의 시선을 사로잡는 장식이나 책은 아이의 시선이 닿지 않는 곳에 배치해두자. 음악도 마찬가지다. 주변의 소음을 인식하기 어렵게 하기 위한 목적에서 트는 음악 정도면 모를까, 아이가 음악을 틀고 공부하는 것이 이미 습관이 되어버린 상황이 아니라면 음악 감상도 공부할 때는 자제하는 편이 낫다.

다섯째, 가족이나 선생님과의 상호작용을 활용해보자.

· 표정이나 눈맞춤을 적극 활용해 아이의 주의력을 끌어올리자.
· 아이가 적극적으로 참여해 주고받는 학습이 이루어지게끔 하자.

인간의 주의력은 여러 사회적인 신호에 크게 영향을 받는다.[13] 다시 말해 가르치는 사람이 '지금 이건 너무 중요한 거야, 나도 여기에 집중할 거야'라는 신호를 아이에게 전달할수록 아이는 이 사회적 신호에 반응해 자신의 주의력을 끌어올린다. 그중 가장 핵심적인 사회적 신호는 눈맞춤인데, 눈맞춤을 통해 아이의 주의를 끌고, 지금부터 뭔가 중요한 내용을 가르치려 한다는 것을 아이에게 전달하기 때문이다. 이는 아이가 마주보는 사람과 눈을 맞추며 말을 배워나갈 때와, 태블릿에서 그냥 흘러나오는 말을 배울 때의 학습 효율을 비교해본다면 쉽게 납득될 것이다. 따라서 우리는 아이에게 무언가를 가르칠 때, 아이의 시선이 어디를 향하고 있는가, 우리는 아이와 눈을 잘 마주치고 있는가를 점검할 필요가 있다.

여섯째, 루틴을 활용해보자.

· 공부에 들어가기 전 가볍게 할 수 있는 아이만의 습관을 만들어주자.
· 루틴은 아이가 더 빠르게 공부를 개시하게끔 돕는다.
· 루틴은 불필요한 주의력의 낭비를 막아준다.

루틴이란 똑같은 행동을 정해서 이를 습관처럼 반복하는 것을 의미한다. 넓게는 시간 계획을 짜서 이를 반복하는 것, 소위 학교 수업과 같은 것을 루틴이라고 볼 수 있다. 한편 좁은 의미의 루틴이란 어떤 행동에 들어가기 전 그 행동의 효율을 최대로 높이기 위해 미리 준비해둔 일련의 행동을 의미한다. 운동선수가 가벼운 스트레칭이나 몸

풀기를 하는 것, 가수가 가볍게 입과 목을 푸는 것을 떠올리면 된다. 여기서 학습과 관련해 말하려는 루틴은 바로 좁은 의미에서의 루틴이다.

몰입한 상태, 즉 공부가 '궤도에 오른' 상태를 더 쉽게 만들어주기 위해서는 아이가 학습을 시작하는 루틴을 마련하도록 돕는 것이 중요하다. 이는 아이에게 익숙한 틀을 만들어줌으로써 경계를 더 빠르게 활성화시키고 아이가 책상 앞에 앉기까지의 시간을 단축시키기 위해서다. 대부분의 주의력과 관련된 학습 팁들은 아이가 책상 앞에 앉아 공부를 하기 시작해야만 작동된다. 한참을 미루거나 실랑이하다가 책상 앞에 앉은 아이들은 그동안 주어진 많은 자극과 지시 탓에 주의력이나 경계가 낭비된 채 학습에 들어갈 수밖에 없는데, 루틴은 그러한 낭비를 줄이기 위한 좋은 전략 중 하나다.

루틴 역시 단순할수록 효과적이다. 루틴은 공부를 시작하기 전에 완벽한 준비를 갖추고자 하는 행동이 아니다. 그런 의미에서 공부를 시작하기 전에 연필도 뾰족한지 살펴보고, 의자도 편한지 점검해보고, 공부할 때 듣고 싶은 노래는 다 정했는지 생각해보는 것을 루틴으로 삼는 아이라면 루틴을 더 간결히 다듬어줘야 한다. '아이가 빠르게 공부를 개시하기 위해 필요한 행동'에 필수적인 요소를 정리해 이를 매일 반복하는 것이 루틴을 올바로 익혀나가는 방식일 것이다.

가벼운 스트레칭도 좋고 노트에 오늘 공부를 다 하면 하고 싶은 일을 적어도 좋다. 시간을 많이 소모하지 않으면서 '이제 공부를 시작할 거야'라는 메시지를 스스로에게 줄 수 있는 활동을 정해서 아이와 반복해보자.

요령은 공부의 개시, 즉 문제를 하나 풀거나 책 한 줄을 읽는 과정까지 루틴에 포함시켜, 공부 준비와 공부가 바로 연결될 수 있도록 하는 것이다. 또한 공부할 시간과 쉬는 시간, 공부할 곳과 노는 곳이 명확히 분리된 환경을 갖추는 것이 루틴을 효과적으로 쓰는 데 더 유리하다. 공부 개시의 루틴이 어느 정도 잡히고, 아이의 학습량이 많아지기 시작하면 오늘 공부했던 것을 정리하는 루틴, 한 과목에서 다른 과목으로 넘어가는 루틴, 시험을 치르고 나서 오답을 확인하는 루틴 등으로 루틴을 확장해나가는 것도 좋다.

일곱째, 학습의 속도와 학습 자료의 질을 점검하자.

· 수업 속도가 아이가 받아들일 수 있는 수준인지 확인하자.
· 학습 자료에는 시각적인 자극과 언어적인 자극이 적절히 분배되어 있어야 한다.

먼저 우리는 작업 기억력의 용량과 유지 시간에는 한계가 있다는 사실을 알아야 한다. 그 말은 선생님이 마치 랩을 하듯 속사포처럼 끊지 않고 말하는 수업은 효과가 떨어질 수밖에 없다는 뜻이다. 우리는 학습 시간을 돌아보며 시각적인 자극과 언어적인 자극이 적절히 배분되어 있었는지, 새로운 사실을 너무 많이 빠르게 주입하지는 않는지 돌아봐야 한다. 만약 아이가 한 번에 다룰 수 있는 정보의 개수보다 더 많은 자극이 주어진다면 먼저 들어간 지식은 휘발되고 만다. 반대로 알려주어야 할 사실 하나를 가지고 너무 오래 설명한다면 설명보다 작업 기억력이 발휘되는 시간이 더 일찍 끝나 정보를 제대로 소화할 수 없어진다. 이러한 맥락에서 중간중간 아이가 제대로 이해하고 기억했나 물어보는 것, 중간중간 자기가 들은 내용을 정리해보도록 하는 것도 수업 속도를 조절하는 데 도움이 될 수 있다.

여덟째, 아이가 메모를 적극 활용하도록 돕자.

· 아이의 기억이 날아가기 전에 스스로 기억을 저장하는 습관을 만들어주자.

작업 기억력은 시간이 지나면 날아간다는 사실을 염두에 두자. 그렇기 때문에 우리는 보조적인 기억 장치를 활용하는 방법을 아이에게 가르쳐야 한다. 암산할 때 자리 올림을 미리 적어두거나, 전화 통화를 하며 기억해야 할 것을 손바닥에 적어두는 것 등이 그 예시다. 아이가 학습하며 중간중간 정리와 메모를 하도록 시켜보고, 효율적으로 하는지 점검해보자. 메모에도 몇 가지 요령이 있다. 메모는 능동적일수록 좋다. 사진을 찍거나 타이핑을 치는 것보다는 손으로 직접 쓰는 것이 기억을 정리하는 데 제일 효율적이다. 또한 정보를 놓치면 안될 것 같다는 불안에 매 순간 모든 내용을 그대로 따라 적는 것보다는 한 가지 주제나 맥락이 끝나고 내용을 적는 것이 더 효율적이다.[14]

아홉째, 정보는 뭉쳐서 덩어리로 만들어주자.

· 교육 자료를 만들 때 같은 주제의 내용은 하나의 키워드로 묶어 기억하기 쉽게 해주자.
· 여러 정보를 나열하며 가르칠 때는 비슷한 정보끼리 합쳐서 한데 묶어 가르치자.
· 아이 스스로 비슷한 정보는 서로 뭉쳐서 기억하도록 연습시키자.

청킹chunking, 정보를 큰 덩어리로 '뭉친다'는 것은 과연 어떤 개념을 뜻하는 것일까?

원래 청킹은 한계가 있는 작업 기억의 용량을 더 효과적으로 사용하기 위한 기술이다. 다시 말해 주로 시각적인 정보를 뭉쳐서 처리해야 할 정보의 가짓수를 줄이고, 기억을 더 쉽게 하도록 만드는 과정이다.[15] [16] 여러 개의 숫자가 서너 묶음으로 바뀌는 전화번호, 긴 단어의 나열이 알파벳 서너 개로 바뀌는 알파벳 약어가 모두 청킹의 한 예다. 0103548****과 같이 나열되는 숫자보다는 010-3548-**** 식으로 묶여 있는 숫자를 외우는 것이 훨씬 더 수월하고, world health organization을 그냥 외우라고 하기보다는 WHO라는 말을 익히고 외우는 것이 훨씬 더 쉽듯이 말이다. 이렇게 뭉쳐진 정보가 다루기 더 쉽다는 사실 때문에 청킹이란 개념은 휴대폰 앱의 디자인부터 학습지 디자인까지 우리가 접하는 많은 정보 매체에서 폭넓게 활용되고 있다.

우리는 기억해야 할 정보가 많을수록 본능적으로 청킹을 활용해 주의력의 부담을 덜려고 한다. 무지개를 '빨강주황노랑초록파랑남색보라'라고 외우지 않고 '빨주노초파남보'로 외우듯이, 긴 수를 셀 때 둘, 넷, 여섯, 여덟로 묶어서 세듯이 말이다. 핵심은 약어나 키워드를 사용해 한 번에 떠올려야 할 정보를 줄이는 데 있다.

그래서 청킹은 특히나 여러 정보를 많이 나열하는 수업에 효과적이다. 역사 시간에 중세 시대의 특징을 문장으로 죽죽 읽으며 가르치는 선생님과, 기독교라는 하나의 키워드로 묶어 교육, 문화, 종교라는 각각의 정보를 가르치는 선생님의 효율은 크게 차이 날 수밖에 없다. 이렇듯 정보를 공통점에 따라 뭉쳐서 기억하는 방식으로 가르치다보면, 아이 스스로 정보를 묶어서 생각할 수 있고 주의력을 더 효율적으로 사용할 수 있게 된다.

청킹이 정보를 모아 압축하는 과정에 가깝다면 압축된 정보를 푸는 과정에도 신경 써야 한다. 이는 학습에서 수업을 마친 뒤 복습이 중요한 이유 중 하나이기도 하다. 여러 키워드로 압축한 정보를 실제로 풀어보는 과정을 반복해야 내가 이 키워드에 무엇을 담으려 했는지를 잊지 않을 수 있기 때문이다. 기껏 어려운 역사를 교육·문화·종교라는 키워드로 묶어놨는데 안에 들어가는 디테일한 내용을 잊으면 압축은 의미가 없어질 테니 말이다. 더불어 압축시켜 암기했던 내용을 상기하는 반복 연습이 정보를 압축하고 풀어내는 시간 자체를 단축시켜서 문제 풀이나 작업 기억력 사용의 효율을 상승시키는 효과를 내기도 한다. 압축을 푸는 추가 요령을 말하자면, 같은 주제의 내용일 때 동일한 형식의 압축 방법을 사용하는 것을 추천한다. 중세는 교육, 문화, 종교로 묶어두고 르네상스는 전쟁, 문학, 철학으로 묶는다면 청킹의 효과는 감소하기 때문이다. 따라서 정보를 정리할 때는 키워드의 형식과 순서를 통일할 필요가 있다.

열 번째, 기본의 중요성을 잊지 말자.

· 익숙한 내용이 많을수록 작업 기억력의 낭비는 적어진다.
· 풍부한 배경지식이 빠른 이해와 기억의 지속성을 돕는다.
· 기본적인 어휘나 공식은 제때제때 숙달하도록 반복시키자.

어찌 보면 당연하게 여겨지겠지만, 분명 학습에도 부익부 빈익빈이란 개념이 존재한다. 이는 앞서 말한 '작업 기억이 유지되는 시간과 작업 기억의 용량에는 한계가 있다'는 사실에서 비롯된다. 언어는 모르는 어휘와 문법이 많을수록 지문의 뜻을 유추하느라 작업 기억의 낭비가 일어나고, 수학도 바로 공식이 떠오를 때와 그렇지 못한 때에 따라 낭비되는 작업 기억력의 정도에 차이가 발생한다. 역사 과목도 미리 기억해둔 배경지식이 많다면 수업 시간에 보고 듣는 정보와 자신의 기억의 결합이 더 잘 일어나기 때문에 정보가 더 잘 정리되고, 더 오래 기억에 남는 효과가 생긴다. 따라서 예습 복습을 시킬 때는 핵심적으로 '외워'두어야 할 정보가 무엇인지 파악하고 이를 반복해서 아이에게 숙달시키도록 신경 쓰는 것이 좋다. 더불어 앞으로 배울 내용과 연결될 배경지식이 무엇인지 생각해보고 이와 관련된 경험을 미리 시켜주는 것도 좋은 예습 방법이 될 수 있다. 재산 증식에도 추후 가치가 오를 만한 것에 투자하는 안목이 중요하듯이 아이가 즐길 수 있는 전시, 동영상, 완구 중에서 미리 접해두면 나중에 배울 내용과 연결될 만한 소재를 다루고 있는 것이 무엇인지 한번 찾아보자.

열한 번째, 놀이를 통해 아이의 작업 기억력을 향상시켜보자.

· 작업 기억을 자주 사용하게 해 이와 관련된 뇌 부위의 성숙을 돕자.
· 여러 정보를 오래 기억하는 연습을 즐길 수 있게 도와주자.

뇌는 쓰면 쓸수록 강화되는 성질이 있어서 종종 근육에 비유되곤 한다. 그리고 작업 기억력은 아이의 학업 성취에 직접적으로 기여하는 중요한 뇌 기능 중 하나다. 그렇다면 작업 기억력이라는 근육을 단런하려 할 때 뇌를 어떻게 운동시키는 게 좋을까?

· 여러 미션을 제시하고 이를 수행하도록 하는 놀이

집 안의 물건들을 활용해서 아이에게 미션을 주는 놀이를 해볼 수 있다. 예컨대 아빠 방에서 안경을 찾고 곰돌이 인형에 씌운 뒤 신발장에서 검정 신발을 찾아오기 같은 다단계 미션이 필요하다. 아이가 제시된 미션을 얼마나 빠트리지 않고 수행하는지 살펴보고 점차 복잡하면서도 많은 단계의 미션을 수행할 수 있게 난도를 높여주자.

· 단어 기억하기 놀이

식사나 이동 전에 아이에게 연관성 없는 단어를 3~5개 말해주고 식사를 마치거나 목적지에 도착하면 단어를 말하도록 해보자. 꼭 부모만 단어를 제시할 필요는 없으며 아이가 부모에게 문제를 내도 된다. 자기가 낸 제시어를 부모가 기억했는지 확인하는 과정에서도 작업 기억력은 단련될 수 있다.

· 스토리 만들기 놀이

일상생활에서 흔한 사진이나 그림을 1~2분간 보여주고 이를 아이 앞에서 치운다. 이후 이를 기억해서 그림이나 사진 안에 등장한 소재로 스토리를 만드는 놀이를 해본다. 누가 더 많은 소재를 기억해서 풍성하게 이야기를 만드는가로 경쟁해봐도 좋고, 혹은 부모와 아이가 릴레이로 이야기를 만들어나가도 좋다.

전문가의 도움이 필요한 아이

이쯤에서 글 초반에 등장했던 승현이가 과연 잘 지내고 있는지 돌아보는 시간을 가져보자. 안쓰럽게도 승현이는 안팎으로 고난의 시간을 보내는 중이다. 선생님이 무슨 이야기를 하는지 집중하기에는 수업 시간이 너무 재미없고 지루하다. 그래서 자꾸만 어제 뽑은 포켓몬 카드나, 이따 친구들이랑 할 로블록스 생각만 하게 된다. 승현이 눈에 선생님의 반응도 들어오면 좋으련만, 옆자리 친구가 부스럭거리는 소리에 참견하다 그만 또 지적받고 혼나고 만다. 선생님이 나에게 화를 낸다는 생각에 억울해 말대답했더니, 선생님이 더 뭐라고 하셔서 자존심이 상한다. 알림장이나 신발주머니, 물통을 자꾸 깜박하는데, 엄마가 놀러 갈 때 입자며 골라준 예쁜 잠바를 잃어버린 순간에는 정말 엄마가 악마로 변신하는 줄 알았다. 엄마는 내 편이라면서 맨날 하지 말라고 하고 화만 낸다. 난 하고 싶은 말이 많은데 자꾸만 그만 말하라고 한다.

엄마는 엄마대로 괴로운 시간을 보내는 중이다. 아이 친구들 엄마랑 다 같이 놀러 간 일이 있었는데, 우리 애는 자기 할 말만 하고, 자꾸 대화의 맥락을 못 따라간 채 엉뚱한 소리만 하는 것이 아닌가. 다른 집 애들 이야기를 들으면 숙제도 금방 하고 큰소리 날 일도 없다는데, 승현이는 지렁이 기어가는 글씨로 숙제를 세월아 네월아 하는 것은 기본이고, 이제는 숙제를 안 해놓고서는 했다고 우기기까지 한다. 지난번에는 교실에서 친구랑 크게 싸웠다는데, 이유를 들어보니 승현이가 심심하다고 같이 게임하자면서 시도 때도 없이 메시지를 보내는 바람에 질린 친구가 너랑 안 논다고 해서 싸웠다는 것이다. 내가 아이를 제대로 키우고 있는 게 맞나 싶어 자신감이 떨어지고 마음도 가라앉는다. 지금 승현이에게는 어떤 문제가 나타나고 있는 것일까?

ADHD는 왜 도움을 받아야 하는가

여태까지 나온 이야기를 종합해보자면, 승현이는 ADHD가 있을 가능성이 높아 보인다. ADHD란 attention deficit/hyperactivity disorder의 약자로서 주의력 결핍/과잉행동 장애라 불린다. 뇌의 발달 질환 중 하나로, 아이의 주의력이 떨어지거나 충동 및 행동의 조절이 어려워 집이나 학교 등에서 계속 문제가 발생하면 진단을 의심하게 된다. ADHD가 오래 지속되면 학업의 부진뿐만 아니라 가족과의 갈등, 학교 선생님으로부터의 지적, 친구들과의 다툼 등 여러 영역에서의 문제가 뒤따를 수 있다. 안타까운 것은 ADHD 역시 장염이나 알레르기 같은 질환의 일종으로 아이의 노력이나 부모의 훈육만으로는 문제가 잘 해결되지 않는다는 점이다. ADHD를 부모나 아이 개인의 문제로 오해한다면 오히려 다툼이 커지고 문제의 원인으로 지목

받은 아이의 자존감에 더 큰 상처를 입힐 수 있어 주의를 요한다.

ADHD의 원인은 무엇인가

유전적인 요인이나 생물학적인 요인, 즉 뇌의 발달 과정상 나타나는 문제가 질환의 주원인으로 여겨지고 있다. 이것을 야기하는 원인으로는 뇌의 각 영역 간 연결성 문제, 도파민이나 노에피네프린 등 뇌 신경전달물질의 저하, 행동의 통제나 조절과 관련된 뇌 영역의 활성 저하가 거론된다. 즉 부적절한 양육이나 환경적인 스트레스 같은 여건이 발병의 큰 원인이라 생각되진 않으니, 행여 ADHD를 진단받는다고 해서 양육을 잘못했구나라고 자책하지는 않았으면 한다.

ADHD를 가진 아이들의 특징은 무엇인가

중요한 것은 ADHD를 가진 아이마다 주된 특징이 다르며 한두 가지 증상의 유무만으로는 ADHD인지 아닌지 단정하기 어렵다는 점이다. ADHD를 가진 아동에게서 나타날 수 있는 문제는 다음과 같다.

주의 집중력에 문제가 생긴다

· 잔실수가 많고, 알면서도 틀리거나, 물건을 잃어버리고 해야 하는 일을 잊곤 한다.
· 일의 효율이 떨어져 오랜 시간 일을 붙잡는다.
· 주의의 전환 속도가 느려 자꾸만 재촉을 듣는 일이 많다.
· 쉽게 지루해하고 새로운 자극을 찾는다.
· 자꾸 똑같은 이야기를 반복해줘야 한다.
· 주의력의 기복이 심해서, 좋아하는 일은 몇 시간 동안 잘하지만 싫어하는 일은 거부하곤 한다.

자제력에 문제가 생기거나 과한 행동을 보인다

· 항상 말이 많다.
· 가만히 앉아 있기 힘들어한다.
· 진득하게 판단하기 어려워해 다른 사람들의 의도나 행동을 오해하기 쉬워진다.
· 다른 사람 말에 끼어들거나 순서를 지키지 않는 일이 늘어난다.
· 원하는 것은 바로바로 얻어야만 직성이 풀린다.
· 물건을 고장내거나 다치는 일이 다른 아이들에 비해 흔하다.
· 또래나 선생님과의 다툼이 자주 일어난다

ADHD 진단은 어떻게 하는가

임상 전문가와의 면담이 가장 중요하다. 이때 상황을 더 객관적으로 파악하고자 부모의 보고나 학교에서의 평가 등을 추가로 참조하게 된다. 진단에 있어서는 증상의 유무뿐 아니라, 아이가 생활에 얼마나 지장이 있는가 또한 주된 판단 요소가 된다. 이때 집중력을 더 정확히 평가하기 위해 전산화된 검사나, 지능 검사와 같은 인지 능력 평가, 뇌의 활성도를 간접적으로 알 수 있는 정량 뇌파 등의 검사를 시행하기도 한다. 또한 불안, 다른 사람들과의 갈등 등 여러 요소가 집중력에 영향을 미칠 수 있어 때로는 정서적인 영역의 자세한 평가가 필요할 수도 있다.

ADHD 치료는 무엇인가

효율과 치료 반응을 고려했을 때, 약물 치료가 우선 고려되는 편이다. 약물의 성분과 지속 시간에 따라 약의 종류가 구분되며, 약물 치료 시 10명 중 7~8명에서 유의미한 효과가 나타난다. 효과는 대개 2~4주 내에 나타난다고 하나 실제 투약 때는 대개 아이의 적응을 위해 작은 용량을 쓰며 점차 증량해나가기 때문에 효과를 체감하기까지의 시간은 다르기도 하다. 치료를 시작하면 6개월에서 1년 정도 약물을 투여하고 재평가를 시행한 뒤 약물 지속 여부를 결정하는데, 복용 기간은 임상가의 판단과 아이의 발달 속도, 교과과정에서의 난이도 변화에 따라 달라질 수 있다.

부작용으로는 식욕 저하나 수면 장애, 소화 장애, 짜증이나 기분이 가라앉는 모습, 가슴 두근거림이나 혈압 상승 등이 투여 초기나 약 증량 때 나타날 수 있다. 약 20퍼센트의 대상에게서 부작용이 관찰된다고 하나, 가슴 두근거림이나 혈압의 변화를 제외하고는 대개 수 주일 안에 감소하는 경향을 보인다. 약물에 대한 내성은 매우 드물다고 알려져 있다. 이와 별개로 틱이나 뇌전증, 정신증의 기왕력 등 다른 질환을 앓고 있다면 반드시 주치의와 상의해 이를 고려한 약물을 사용해야 한다.

뷔페에 아이를 처음 데려간 부모님의 마음으로

부모님들의 기억을 돕기 위해 아이들이 배워야 할 지식을 음식에 비유하며 이 장을 마무리 짓고자 한다. 아이가 흡수해야 할 지식이 음식이라고 한다면, 우리는 뷔페를 즐기는 요령을 가르치는 마음으로 아이를 가르치는 게 좋겠다. 아이가 오늘의 뷔페를 만족스럽게 즐기게 하려면 어떤 이야기를 해주어야 할까? "승현아, 맛있는 음식일수록 금방 다 떨어진대"라고 해서 아이의 관심을 한껏 끌어올려보자. "저기 모퉁이에는 고기들이 있고, 저 코너에는 빵들이 있어"라는 설명으로 음식과 관련된 정보를 한데 뭉쳐서 아이가 기억하기 쉽게 해주는 것도 좋다. 더불어 둥근 접시를 가져가는 것보다는 식판을 가져가는 게 음식이 서로 덜 섞이도록 할 것이라는 충고도 잊지 말자. 마지막으로 기왕 뷔페에 왔으니 평소 잘 먹어보지 못한 음식에 도전해보라고 격려하며 아이가 어떤 음식에 집중해야 할지 방향을 명확히 설정해주자. 이런 설명이 함께한다면, 아무 안내를 받지 못한 채 테이블 앞에 앉아 있을 때보다 아이의 만족도는 훨씬 더 올라갈 것이다. 모쪼록 학습이라는 잔칫상을 아이와 즐기며, 여러분의 가정에 배부른 행복이 가득할 수 있기를 기원한다.

3장

문해력과 공부 자존감

양찬모

원광대학교병원 교수

최근 대학 수학능력시험의 '국어 영역'에 대해 알아보면서 다소 억울하면서도 부럽다는 감정이 일었다. 대입에서 수능의 비중이 높았던 시기의 '언어 영역'이 차지하던 큰 비중과 위상이 상당히 줄었기 때문이다. 나는 학창 시절 소위 영수사과(영어, 수학, 사탐, 과탐)는 자신 있게 대했던 반면, 언어 영역 앞에서는 주눅들곤 했다. 무엇보다 시험 시간이 부족할 때가 많았다. 조금 항변하자면 나는 보편적인 관점의 사고나 문학적으로 같은 감성을 느껴야 한다는 데 거부감이 들었고 그래서 언어 영역을 어려워했던 것 같다. 지금 되돌이켜보면 단편적인 지식의 이해에 그치는 게 아니라 작가, 화자 또는 출제자와 적극적으로 소통하는 읽기가 부족했던 것 같다.

당시 머릿속을 맴돌았던 질문을 정리해보면 이렇다. '언어 영역' 학습에서 왕도가 있을까? 있다면 결정적인 시기는 언제일까? 결정적 시기가 있다면, 나는 초등 시절까지 비교적 독서량이 있는 편이었는데 왜 유독 언어 영역을 어려워했을까? 독서 외에도 어떤 것이 중요했을까? 아니면 어느 시점에 더 깊이 있고 비판적인 사고 능력을 훈련하지 못한 것이 영향을 미쳤을까? 이런 질문도 떠오른다. '언어 영역'을 특별한 준비 없이도 쉽게 대하고 좋은 성적을 거두는 친구들은 대체 어떤 능력을 갖고 있으며 언제부터 어떤 경험을 쌓아온 것일까? 그 친구들은 중학생 때 이미 도서 대여점의 만화책, 무협지, 소설 등 다양한 장르의 책 수천 권을 독파했는데 종류에 관계없이 다독이 가장 중요한 것일까, 어떻게 하면 언어 능력 전반을 더 향상시킬 수 있었을까? 언어 영역에서 더 나은 능력을 발휘했다면 인생이 달라졌을까, 아니면 다른 학업 분야에서 아쉬움이 있었을까?

한편으로 이런 부분에 대한 해답을 찾다가 정신건강의학을 전공한 후 소아청소년정신의학을 세부 전공하는 계기가 되었고, 재밌게 해나갈 동기 부여를 받았다는 생각도 든다.

최근에는 아들을 보면서 과연 타고나는 요인이 얼마나 작용할까를 생각해봤다. 나와는 달리 언어를 잘했던 엄마를 닮았을까? 만약 나를 닮았다면 어떻게 키워야 언어와 읽기 능력을 높이는 데 도움이 될까? 두 돌이 지난 아들은 코로나가 한창인 생후 10개월쯤 어린이집에 가게 되었는데, 마스크를 쓰고 하는 의사소통의 경험이 아이의 언어 발달이나 상호작용 능력 발달에 아쉬운 영향을 미칠까봐 걱정되기도 했다. 참고로 아들은 언어, 인지 발달 면에서 엄마를 많이 닮은 듯하다. 엄마와 함께하는 시간이 비교적 더 많아서일까, 그렇다면 역시 후천적 환경이 중요한가, 애착뿐만 아니라 문해력 발달에도 생애 초기가 더 중요한 것일까 하는 생각까지 꼬리에 꼬리를 물고 이어졌다. 나와 비슷한 고민을 갖고 계신 분들, 혹은 언어와 읽기 능력에 대해 궁금증을 갖고 계시는 분들께 참고가 되길 바라면서 이 장을 시작하겠다.

문해력이 요구되는 시대

2021년 EBS에서 방영한 「당신의 문해력」이라는 프로그램은 문해력에 대한 부모들의 관심을 불러일으켰다. 2008년 국립국어원이 수행한 국민의 기초 문해력 조사에서는 문해력을 '현대 사회에서 일상생활을 해나가는 데 필요한 글을 읽고 이해하는 최소한의 능력'으로 정의하고 공익 광고, 텔레비전 프로그램, 신문 기사, 일기 예보, 가정 통신문 등 일상생활에서 접하는 다양한 자료를 읽고 이해하는 능력으로 평가했다. OECD에서 시행한 국제성인문해조사IALS에서도 문해를 '일상적인 활동, 가정, 일터, 그리고 지역사회에서 문서화된 정보를 이해하고 활용할 수 있는 능력'으로 정의했다. 문해력은 시대의 흐름과 개인적, 사회적 요구에 따라 그 의미가 확장되고 발전되어왔다.

문해력은 최저 문해와 기능적 문해로 나누어 살펴볼 수 있다. 최저 문해는 짧고 간단한 텍스트를 읽고 쓰는 능력을 뜻하지만, 기능적 문해는 사회적 맥락 안에서 글을 읽고 쓰며, 실제 상황에 적용하는 능력까지 포함하므로 최소 문해보다 더 포괄적인 의미로 사용된다. 이 글에서 다루려는 문해력은 기능적 문해를 뜻하며, '문해력이 낮다'는 것은 단순히 글을 읽거나 쓸 줄 모르는 '문맹'과는 다르다.

학령기의 자녀를 둔 부모라면 문해력을 학습 능력과 연관되는 독해 능력으로 이해할 테고 이는 성적 전반과 밀접하게 관련된다. 또한 자녀의 문해력이 높다는 것은 내신뿐만 아니라 대학 수학능력시험의 '국어 영역' 및 다른 영역에서도 좋은 성적을 거두도록 하는 능력이라고 생각할 수 있다. 그렇더라도 기본적으로는 성적 자체보다 읽기 능력 자체를 의미한다.

공부 자신감과 문해력

1. 초기 아동기 문해력이 중요하다

문해력은 단순히 글자를 소리 내어 읽는 것을 넘어서 글의 의미를 파악해 이해하는 능력이다. 문해력은 새로운 정보와 지식을 받아들이는 도구로 학습 능력을 좌우한다. 국어뿐만 아니라 다른 모든 과목을 기본적으로 이해하는 데 필요한 능력으로, 학습할 때 공부 자신감을 키워준다.

문해력이 뒷받침되어야 교과서에 등장하는 주요 어휘의 의미 academic vocabulary를 제대로 이해할 수 있다. 초기 아동기 문해력은 만 8세 이전(초등학교 2학년 이전)의 학령기 아이들의 문해력을 뜻하며, 문해력의 전반적인 발달 과정에서 중요하다. 이 시기에는 한글 해독에서 시작해 교과서의 내용과 선생님 말을 이해하거나 읽고 쓰는 과정까지 이뤄진다. 초등학교에 입학할 때 아이들의 문해력은 천차만별이다. 초기 문해력을 갖추지 못한 아이들은 초등학교 1, 2학년 과정을 거치며 공부의 기초 체력이 약해 실패를 경험하고 공부에 대한 자신감을 잃기 쉽다. 또한 학년이 올라갈수록 학습 격차가 벌어지면서 학교 공부에 적응하기 어려울 수 있다.

2. 매슈 효과: 읽기 능력의 빈익빈 부익부

문해력과 관련해 생기는 학습 격차는 매슈 효과Matthew Effects로도 이해할 수 있다. 사실 매슈 효과는 신약성경 「마태복음」 구절과 관련 있는데, 1968년 머턴이 처음 제시한 것으로, 과학 연구자의 커리어 축적에 있어 빈부격차가 존재한다는 내용이었다. 이후 스타노비치[1]가 '읽기' 분야에 제안한 것은 인쇄물에 대한 노출이 많아져서 더 읽게 함으로써 읽기 능력도 점점 향상된다는 것이다. 이로 인해 어휘력의 개인차는 시간에 따라 더 벌어지며, 학생의 읽기 능력 전반에도 부익부 빈익빈이 작용할 것으로 생각된다. 읽기 능력이 상대적으로 낮은 학생들은 학년이 올라가면서 점점 더 읽기에 어려움을 겪을 가능

공부하는 뇌, 성장하는 마음

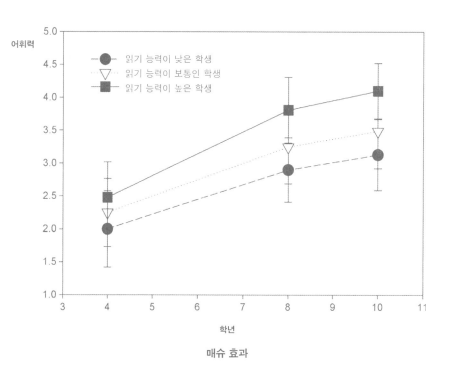

어휘력

5.0

4.5 ●——— 읽기 능력이 낮은 학생
▽········ 읽기 능력이 보통인 학생
4.0 ■——— 읽기 능력이 높은 학생

3.5

3.0

2.5

2.0

1.5

1.0

3   4   5   6   7   8   9   10   11

학년

매슈 효과

성이 높은데, 언어는 특히 '학습 도구어'로 기능하기에 다른 과목 전반에까지 영향을 미칠 수 있다.

좀더 구체적으로 살펴보자면 앞의 그래프는 최근 매슈 효과를 확인한 더프 등의 장기 추적 관찰 연구[2]에서 발췌한 것으로, 4학년 시점에서의 읽기 능력이 5년 뒤 어휘력에 미치는 영향을 보여준다. 연구에서는 485명의 보통 지능을 가진 학생들의 4학년 시점 읽기 능력과 어휘력을 평가했다. 이들을 읽기 능력에 따라 구분한 다음 읽기 능력이 어휘력에 미치는 영향을 분석하고자 5년쯤 뒤 다시 측정한 어휘력 결과를 나타낸 것이다. 어휘력의 성장은 모든 그룹에서 보였지만, 중요한 것은 평균 이상의 읽기 능력을 가진 학생들은 보통 학생들에 비해 더 빠른 어휘 성장을 경험할 확률이 높았다는 점이다. 다시 말해 초등학교 저학년 시기에 이미 존재하는 어휘력의 격차는 이후 자연적으로 더 커질 수 있는 것이다. 2001년 발표된 2학년을 대상으로 한 비에밀러와 슬로민의 연구[3]에 따르면 어휘력 하위 25퍼센트와 상위 25퍼센트 그룹 간에는 인지하고 있는 단어의 양이 두 배 정도 차이 났다. 이는 더프 등이 확인한 매슈 효과가 평균적인 지능에 해당되는 그룹이 아닐 때 그 격차는 훨씬 더 커질 수 있음을 뜻한다.

3. 성인기까지 이어지는 청소년기의 문해력 저하 현상

최근 디지털 환경에 익숙한 20대와 30대의 젊은 직장인들 가운데 문해력 부족으로 어려움을 호소하는 이가 매우 많다. 우리나라 학생들의 문해력이 저하되고 있다는 지표는 여러 곳에서 제시된다. OECD 국제학업성취도평가 읽기 테스트는 세계 각국 만 15세 학생들의 읽기, 수학, 과학 세 영역에서 학업 성취 수준을 평가한다. 2000년부터 2012년까지 12년 동안 해당 테스트에서 1, 2위를 유지했던 한국 학생들의 순위 및 점수가 급격히 하락하기 시작한 것은 2012년과 2015년 사이다. 2018년에는 5위를 기록했다. 그 시기에 우리나라는 스마트폰이 대중적으로 보급되어 2019년에는 스마트폰 보급률 95퍼센트로 세계 1위를 기록했고, 청소년 스마트폰 보유 비율은 2010년 5.8퍼센트에서 2011년 36.2퍼센트, 2013년 81.5퍼센트까지 증가하는 추세를 보였다.

이처럼 문해력 저하가 일어난 원인으로는 디지털 시대의 영상 매체, 최근 2년 내에는 코로나19로 인한 온라인 비대면 수업 등이 있다. 독서보다 구글, 네이버, 다음 등의 포털이나 유튜브 등 동영상을 통해 궁금증을 해결한다. 스스로 책을 읽는 대신 책을 요약해주는 동영상을 보고, 뉴스를 검색해보는 대신 뉴스를 모아 정리해 들려주는 동영상을 본다. 문자 콘텐츠보다 영상 콘텐츠로 세상을 접하는 데 익숙해지고 있으며, 이로 인해 '글 읽기'가 부족해지고 문해력 저하가 나타난다. 청소년기의 문해력 저하는 성인기까지 이어지며 회복하기 어렵다.

독서가 지능을 높인다

1. 읽기가 자극하는 뇌 부위

문해력을 향상시키는 방법으로 가장 기본적이면서 쉽게 할 수 있는 방법은 '읽기'(독서)다. 학습이나 여러 환경에 따라 뇌세포가 변화해 계속 성장하거나 쇠퇴하는 것을 뇌 가소성이라 한다. 독서를 많이 할수록 대규모의 시냅스가 연결되며, 얇고 엉성했던 시냅스 연결이 굵고 촘촘하게 바뀌면서 각종 뇌 부위가 발달하는 것이다. 이는 단순히 아는 게 많아지는 것 이상으로, 서로 연결할 수 있는 지식의 확장을 의미한다.

읽기는 지능과 특히 관련이 높은 대뇌피질을 집중적으로 자극한다. 대뇌피질은 보고 읽고 의미를 이해하고 자신의 생각을 생성하는 역할을 하며, 읽기는 대뇌피질 전체를 직접적으로 매우 강도 높게 자극한다. 대뇌피질 중에서도 읽기 및 해독 능력과 밀접한 관련이 있는 부위는 전두엽의 앞부분인 '전전두엽'이다. 전전두엽은 인간의 인지 능력과 관련해 매우 중요한 역할을 맡는데, 추론하고 결정하고 계획하고 집행하고 통제하는 능력의 발달을 담당한다. 글을 읽어야 전전두엽이 자극되면서 활성화되고, 전전두엽이 활성화되어야 문자 해독력이 높아지는 뇌가 된다.

2. 훈련이 만드는 잘 읽는 뇌

문해력은 후천적 노력으로 향상되는데, 앞서 언급한 뇌 가소성을 통해 전전두엽을 발달시킬 수 있다. 2017년 5월 국제학술지『사이언스 어드밴시스』[4]에 발표된 연구 결과에 따르면 6개월간의 읽기 훈련이라도 이미 성숙한 뇌에 변화를 일으킬 수 있다. 기능적 자기공명영상fMRI의 읽기 훈련 전후 비교에 따르면 대뇌피질뿐만 아니라 뇌간, 시상에서 그 변화가 두드러진다. 따라서 읽기 훈련으로 뇌 영역 자극을 통해 문해력 향상에 도움이 되는 '잘 읽는 뇌'로 만들어갈 수 있는 것이다.

3. 독서와 실용 지식의 축적

독서는 글자만 읽는 것이 아니고, 쓰인 내용에 대해 생각하며 의미를 되새기는 과정이기 때문에 사고를 자극해 발달시킨다. 독서를 통해 다양한 사람의 입장을 간접체험할 수 있고, 기존에 알지 못했던 삶, 경험, 전혀 다른 사고방식을 접하면서 세상 전반에 대한 이해가 높아져 문해력 향상이 이뤄진다.

읽으면 학문적 지식도 쌓아갈 수 있지만, 실생활에 더 도움 되는 부분은 실용 지식이 높아지는 것이다. 실용 지식은 우리가 점점 더 복잡해지고 고도로 발달하는 기술사회에서 살아가는 데 필수적인 것으로 일상생활뿐 아니라 건강, 경제생활 운영 등 전반에 필요하다. 요즘 세대는 동영상 자료에 더 익숙하지만 정보의 홍수 속에서 능동적이고 시간 효율적으로 지식을 취사 습득하며 맥락에 따른 판단을 하게 하는 것은 읽기만이 가진 장점이다. 무엇보다 중요한 것은 건강 관리에 필요한 행위와 경제적 가치 판단에 있어 개인이 근거를 확립하는 데에는 양질의 정보를 더 빠르게 읽어내고 정리하는 능력이 반드시 작용한다는 점이다. 이런 것들이 당연하다고 여겨질 수 있지만, 연구에 따르면 책을 많이 읽는 성인이 텔레비전 영상을 시청하는 이들에 비해서 실용적 지식을 더 많이 보유하는 경향이 있음이 확인되었다.[5] 또한 개인의 고등학교 시절 학업 성적이나 인지적 효율성보다 책과 같은 인쇄물에 노출되는 정도가 실용 지식의 차이와 더 연관성이 높았다.

실용 지식은 지능 평가에서 측정하는 어휘, 상식의 언어 이해 항목에 해당되는 것으로 읽기를 통한 후천적 습득이 중요한 지능이다. 이는 결정화된 지능이라고도 불리며 일반 인지 능력의 한 측면에 해당된다. 상대적으로 유동적 지능은 선천적인 뇌 기능으로 여겨지는데, 유동적 지능이 어느 정도 형성된 후에도 인쇄물에 대한 노출이 성인의 개인 지능 차이를 12~15퍼센트 설명하는 것으로 확인되었다. 독서는 실용 지식의 향상에 도움이 될 뿐 아니라 지능을 높이는 데도 작용할 수 있는 것이다.

4. 문해력과 애착 형성, 자존감 고양

문해력은 아이의 발달에 많은 영향을 미친다. 먼저 인지 발달에 영향을 주는데, 읽기는 그중에서도 능동적 집중력을 길러줘 주의 집중력을 향상시킨다. 또한 같은 시간 동안 책을 읽는 것이 대화보다 세 배 넘는 학문 어휘를 경험하게 해 어휘력 향상에 도움을 주고 표현력을 높인다. 뿐만 아니라 듣기, 말하기, 읽기, 쓰기 능력이 높아지며, 외국어 실력도 향상된다.

문해력 증진을 위한 책 읽기 과정 자체가 자녀와의 애착에도 영향을 미칠 수 있다. 자녀에게 책을 읽어주면 부모와 아이의 상호작용은 더 확장되고 이는 문해력에 영향을 미친다. 부모가 아이에게 책 내용과 관련해 스스로 생각할 수 있는 질문을 던지거나 아이의 반응에 적극적으로 피드백함으로써 부모와 자녀는 적극적인 상호작용이 가능하며 이는 애착 형성에도 도움이 된다. 이런 상호작용은 아이가 타인의 생각과 감정을 느끼고 예상하는 공감 능력 향상에도 기여한다.[6]

뿐만 아니라 독서는 빠르게 걷기나 명상 같은 활동과 마찬가지로 휴식이나 정서적 안정의 효과도 내는데, 독서를 통해 스트레스 호르몬 수치가 감소됐다는 연구[7]가 이를 뒷받침한다.

또한 지식의 축적을 통해 자존감과 자기 효능감 향상에 영향을 줄 수 있다. 반면 문해력 저하는 학령기 아동이 학습 부진을 겪게 하는데, 만일 이로 인한 정서적 어려움이 생긴다면 자존감 형성에 악영향을 미친다. 대인관계에서 사회적·정서적 효능감은 다시 학업 성적에 영향을 미쳐 순환 고리로 이어진다.[8]

결정적 시기는 언제일까

1. 언어 학습과 뇌 발달의 상관성

글을 읽고 쓰기 시작하기 전 단계의 언어 발달은 어떻게 일어날까. 신생아 때는 주로 소리 자극을 들으면서 언어의 토대가 다져진다. 빠르면 생후 3개월부터 음절을 들을 수 있고 6개월에는 언어 표현에서 사용되지 않는 소리를 무시하고 들을 수 있다. 6개월에 옹알이를 시작하며 8개월부터 연속적인 한 문장을 들어도 개별 단어를 식별할 수 있고 12개월경에는 한 단어 정도를 말하기 시작한다. 단어를 막 배우기 시작하는 이 시기에는 언어 사용 시 양측 뇌가 전반적으로 활성화된다. 18개월경 약 50개의 단어 표현이 가능해지며, 20개월경에는 성인과 유사하게 언어 사용 시 좌측 측두엽과 두정엽이 활성화되는 패턴을 보인다. 언어 학습이 뇌 발달을 일으키는지, 뇌 발달이 언어 학습을 촉진하는지가 궁금한데, 한쪽 방향성을 갖기보다는 둘이 동시에 진행되는 것으로 보인다. 이후 인지 발달을 통해 상징과 상상 놀이가 가능해지면서 2~3세 이후로는 폭발적인 언어 발달이 이뤄지고 6세경에는 1만 개의 단어를 이해할 수 있게 된다.

2. 문해력 발달의 결정적 시기

그렇다면 읽기는 언제부터 시작하는 게 좋을까? 답은 '빠를수록 좋다'이다. 2014년 미국소아과학회에서는 갓 태어난 신생아 때부터 소리 내어 책 읽어주는 것을 추천했다. 2015년 『미국 소아과학저널』[9]에서 fMRI를 이용한 만 3~5세 유아들의 뇌 변화 관찰 실험이 보고되었다. 동화책을 많이 읽어준 아이는 좌뇌에서 두정엽, 측두엽, 후두엽 부위가 매우 활발히 연결되며 반응하는 모습을 보이는데, 이 부위는 청각 및 시각 정보의 처리를 담당한다. 뿐만 아니라 여러 나라에서 어릴 때부터 아이에게 책 읽어주는 운동을 시행하고 있으며, 우리나라에서도 '북스타트 운동'이 시행되고 있다.

생후 48개월에는 문해력이 본격적으로 발달한다. 이때 전후로 뇌에서 읽기와 쓰기를 담당하는 두 가지 주요 영역인 '베르니케' 영역과 '브로카' 영역이 획기적으로 발달하기 때문이다. 베르니케 영역은 좌뇌의 두정엽 아래에 위치하고 언어의 의미를 이해해야 할 때 활성화되며, 브로카 영역은 좌뇌의 전두엽과 측두엽 사이에 위치하고 언어를 표현하는 능력과 관련되어 있다. 두 영역은 서로 연결되어 있으며, 연결은 만 4세 이후 본격적으로 진행되는 것으로 알려져 있다. 이때부터 아이들은 문장과 문장을 연결해 말할 수 있고, 그림책을 보면서 글자들이 이야기와 관계있다는 사실도 이해한다. 두 영역 간의 상호작용을 통해 글자의 의미를 이해하고, 생각을 말과 글로 표현하는 과정이 자연스럽게 일어난다. 따라서 아이가 끊임없이 똑같은 질문을 반복하더라도 긍정적인 상호작용을 하며 대답해줘야 한다. 이러한 과정을 통해 한글 공부와 책 읽기, 글쓰기에 흥미를 느끼도록 하는 것이 문해력을 높이는 길이다.

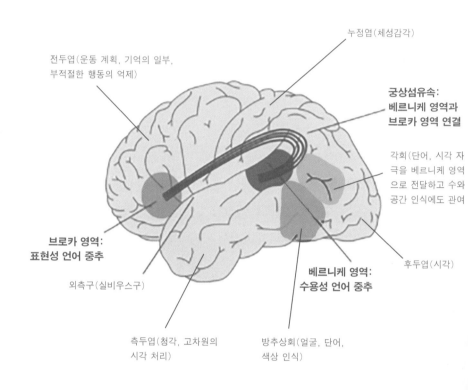

전두엽(운동 계획, 기억의 일부, 부적절한 행동의 억제)

두정엽(체성감각)

궁상섬유속: 베르니케 영역과 브로카 영역 연결

각회(단어, 시각 자극을 베르니케 영역으로 전달하고 수와 공간 인식에도 관여)

브로카 영역: 표현성 언어 중추

외측구(실비우스구)

후두엽(시각)

베르니케 영역: 수용성 언어 중추

측두엽(청각, 고차원의 시각 처리)

방추상회(얼굴, 단어, 색상 인식)

**정상과 난독증의 읽기 발달에 관여하는
뇌 영역(브로카, 베르니케, 방추상회)과 네트워크**[10]

『다시, 책으로』의 저자 울프[11]에 따르면 생후 5년 동안 부모가 아이에게 읽어준 책의 양이 아이의 문해력을 예측하는 가장 정확한 척도라고 한다. 하트와 리슬리의 연구[12]에서는 42명의 아이를 10개월부터 3세까지 추적 관찰했다. 이들은 비슷한 연령에 말을 하기 시작했지만, 점차 습득한 단어의 수에서는 차이가 드러났다. 이 습득 단어의 차이는 연령이 증가함에 따라 더 커졌는데 3세 때 1100, 750, 500단어로 차이를 보였다. 연구 대상자들의 대화 녹음 기록을 분석해보니 한 시간 동안 가족 간 대화에서 들을 수 있는 단어는 각각 평균 2153, 1251, 606개로 큰 차이가 확인되었다. 사회경제적 환경 요인도 언어 발달에 영향을 줄 수 있는데, 퍼널드 등의 연구[13]에서 18개월과 24개월에 각각 언어 능력을 평가했다. 어휘와 언어 처리 능력에 있어 18개월에 이미 사회경제적 여건에 따른 차이가 나타났고 24개월에는 6개월 정도에 상당하는 언어 능력의 차이를 보였다. 영유아기부터 부모가 아이에게 책을 읽어주는 것은 문해력을 향상시키는 데 큰 영향을 미친다. 글자를 배우기 전에 아이는 먼저 책과 친해져야 한다. 이를 위해서는 아기가 태어났을 때부터 소리 내어 책을 읽어주는 것이 좋다.

3. 구어 발달이 읽기에 미치는 영향

읽고 쓰는 능력은 음성 언어 능력과 해독 능력으로 구성된다. 해독 능력은 보통 초기 읽기 발달에서 1~2년 안에 비교적 빠르게 습득될 수 있는 기술이다. 음성 언어 능력은 긴 시간 동안 발달하며 쉽거나 복잡한 문장의 청해 및 이해 능력, 추론 능력, 어휘력을 포함한다. 음성 언어 능력은 미취학 아동의 독해와 청해에 영향 미치는 핵심 요소일 뿐 아니라,[14] 문장 구조가 복잡하고 어려운 어휘가 등장하는 고학년의 읽기에도 영향을 줄 수 있다. 그렇다면 문자를 읽어나가기 전의 음성 언어 발달이 실제 읽기 능력 발달에는 어떤 영향을 미칠까.

읽기는 언어에 기반한 활동으로, 읽기에 선행하는 아이들의 구어 발달은 이후의 읽기를 배워나가는 데 큰 영향을 미치는 것으로 알려져 있다. 이와 연관된 연구를 몇 가지 소개하고자 한다. 먼저 로스 등[15]이 2002년 발표한 연구에서는 소규모 학생들을 약 2년간 추적 관찰했는데, 유치원 시기의 구어 발달 능력이 2학년 시점의 읽기 이해 능력과 연관성이 높았고, 특히 어휘와 서사 구조 지식에 영향을 미치는 것으로 확인되었다. 로스 등의 연구를 토대 삼아 미국 아동 보건 및 인간개발 연구소NICHD에서는 1000명 이상의 아동으로 대규모 추적 관찰 연구를 시행했는데,[16] 유치원 입학 전의 말하기·듣기를 포함한 구어 능력이 초등학교 1학년의 어휘 능력, 3학년 때의 독해력과 높은 연관성이 있음이 밝혀졌다.

4. 초기 읽기 능력의 발달

읽기 능력 발달 과정에서 구어 발달을 지나 실제 읽기 능력의 발달로는 어떻게 이어지는지 살펴보자. 우선 읽기를 시작하기 전부터 가정, 기관, 지역사회에서 환경적 문자에 대한 노출이 아동의 읽기 발달을 자극할 수 있다. 간혹 그림책의 일부, 표지판, 간판, 낯익은 환경의 문자를 통해 한글을 읽었다는 이들도 있지만 환경상 문자에 노출되는 것만으로 읽기가 반드시 발달하는 것은 아니다. 읽고 쓰는 능력의 발달을 위해서는 한글 지식이 필요한데, 낱자 암송 지식recitation knowledge, 낱자 이름 지식letter-name knowledge, 낱자 소리 지식letter-sound knowledge, 낱자 쓰기 지식letter writing의 형태로 습득된다.

먼저 낱자 암송 지식과 관련해 외국의 연구 결과를 참고해보면, 대부분의 아동은 5세경 알파벳을 암송할 수 있지만, 다른 알파벳 지식 습득과의 상관성은 결론이 명확하지 않다. 반면 낱자 이름 지식은 낱자가 맥락 없는 상황에서 제시될 때 명명하는 능력으로, 종적 연구[17]에 의하면 유치원 시기의 낱자 지식은 초등학교 1학년 말의 읽기 학습을 내다보는 조기 예측 요소가 될 수 있다. 낱자 소리 지식은 낱자와 그에 대응하는 소리를 이해하는 능력으로 글을 읽지 못하는 유치원 아동 대상으로 낱자와 소리를 관련짓는 연습을 한 결과[18] 좌측 후두-측두 피질의 뇌 기능 활성화를 보이기도 했다. 마지막으로 낱자 쓰기는 낱자 이름과 낱자 소리 지식에 영향을 받는데,[19] 쓰기 연습은 낱자 형태 지각에 관여하는 방추상회(후두엽과 측두엽에 걸친 뇌 영역으로 얼굴과 사물 재인에 관여)의 활성도를 증가시킨다.[20] 아동을 교육하는 데에는 각 지식 단일 요소보다는 다중 요소 교육이 효과적일 수 있고, 쉬운 낱자를 먼저 학습하는 것이 도움 될 수 있다.[21]

음운 인식은 읽기와 쓰기 발달의 토대로 인식되어왔으며 읽기 학습의 어려움을 예측하는 데 평가되는 요소다. 난독증 아동은 또래에 비해 음운 인식 능력이 저하되었고,[22] 단어 읽기를 비교적 쉽게 배운 아동은 기존에 더 나은 음운 인식 능력이 있었다.[23] 음소는 음운의 하위 요소이며 하나의 단어를 다른 단어와 구별해주는 말소리의 최소 단위로 읽기 학습에 중요한 토대가 될 수 있다.

5. 문해력 발달의 골든타임

대부분의 학자는 초등학교 2학년 전까지의 시기를 문해력 발달의 골든타임으로 본다. 3학년부터 교과목 수가 늘어나고 내용도 어려워지면서 어려운 어휘가 등장한다. 이 무렵 본격적인 학습을 위한 읽기가 시작되기 때문에 초등학교 2학년까지 문해력 기초를 탄탄히 다져놓아야 한다. 문해력은 국어 과목에 국한된다고 생각할지 모르나, 실은 모든 과목을 익히는 데 교과서를 읽고 이해하는 능력이 뒷받침되어야 하므로 학습 전반에 있어 중요한 부분을 차지한다. 문해력은 앞서 언급한 매슈 효과가 특히 많이 작동해 부익부 빈익빈을 보인다. 미국의 전미아동교육협회NAEYC에서 발표한 자료에 따르면, 아이의 개별적인 특성, 주변 환경과 경험의 차이로 인해 초등학교 1학년 아이들의 읽기 수준이 위아래로 2년 이상씩 5년까지 차이 난다고 한다. 초등학교에 입학했을 때부터 아이들의 출발선이 이미 다르다는 의미다. 이러한 차이를 저학년 때 좁히지 못하면, 이후 문해력 발달과 학업 성취는 해마다 격차가 커진다.

6. 읽기 발달의 부진이 의심되는 경우

난독증은『정신질환의 진단 및 통계 편람DSM-5』진단에 의하면 특정 학습장애에서 읽기장애가 동반된 경우다. 이는 기초 학습 기술이 생활 연령에 비해 뚜렷이 낮은 수준으로, 학업 및 일상생활에 방해가 되는 것이 확인되고 표준화 성취도 검사와 종합 임상평가를 통해 확인되어야 한다. 통상 아동이 부모나 교사의 기대만큼 읽는 법을 배우지 못한다고 인식되기 전까지 진단되기 어려운 탓에 대부분의 진단 시기는 2학년 또는 그 이후일 수 있다. 어쨌든 읽기 학습 부진이 확인된 아동을 위한 유치원 또는 1학년 조기 개입이 훗날의 영향을 개선하는 데 가장 효과적인 것으로 입증되었다.[24] 전반적인 신체, 인지, 정서, 사회성 및 학습 발달 수준을 고려해 판단해야겠지만 혹시라도 학령전기 언어 발달에서 이상 징후가 있었거나 초기 읽기 능력 발달에서 늦는다는 의심이 든다면 다음의 '난독증 선별 체크리스트(한국학습장애학회)'를 활용하고 필요 시 전문가와 상담해보길 권한다.

DySC 난독증 선별 체크리스트

학생 정보

소속	초등학교 학년 반 번		
성별	남 □ 여 □	교사(평가자)	
읽기 학습 정도	보 통 이 상 □ 기 초 학 력 □ 기 초 미 달 □		

평가 정보

교사(평가자)				
점수	원점수 :			
	표준점수 :			
	백분위 :			
원점수	38 이하 □	39~42 □	43~57 □	58 이상 □
판정	난독증 부적합	난독증 저위험 의심	난독증 고위험 의심	난독증 적합

기타 의견:

_____

_____

_____

다음의 문항을 잘 읽고 해당되는 칸에 V표 해주세요.

문항	아니다 (1점)	약간 그렇다 (2점)	그렇다 (3점)
1. 지능은 정상으로 보이나, 읽기/쓰기(철자)를 또래 학년 수준만큼 잘하지 못한다.('지능은 정상 : 지적장애가 없고, 학습 이외의 활동이 또래와 비슷함)			
2. 지능은 정상으로 문제를 읽어주면 잘하나, 혼자 읽고 문제를 푸는 것은 잘하지 못한다.			
3. 들은 내용을 즉시 전달하거나 자신의 말로 바꾸어 말하는 데 어려움이 있다.(예: 말 전하기 등)			
4. 말할 때 단어를 잘못 발음하거나, 음절, 단어, 구의 순서를 바꾸어 말한다.(예: 로그인→그로인, 노점상→점노상 등)			
5. 말할 때 많이 머뭇거리거나 적절한 단어를 찾지 못한다. (예: 음, 아, 저기, 그거 있잖아요 등의 잦은 사용)			
6. 특정 받침 발음에 문제를 보인다. (예: '반을 잘라'를 '바느 잔나'로, '밝아'를 '박아'로 말함)			
7. 구어적 지시를 이해하는 데 어려움이 있다.			
8. 읽을 때 단어에서 글자를 빠뜨리거나 첨가하여 읽는다.			
9. 여러 음절로 이루어진 단어, 낯설고 복잡한 단어들을 발음하는 데 어려움이 있다.(예: 초코쿠키→초코쿠구, 콘 푸로스트→콘 프로로 읽거나 복합명사인 켄터키 후라이드 치킨, 웰빙 파프리카 버거 등을 발음하기 어려워함)			
10. 글자에서 낱자와 소리 간의 관계를 모른다. (예: '가'에서 'ㄱ'의 소리가 '그' 'ㅏ'를 '아'로 소리 내는 것을 모른다.)			

문항	아니다 (1점)	약간 그렇다 (2점)	그렇다 (3점)
11. 단어들을 소리 나는 대로 읽지 못한다. (예: '값이'를 '갑시'로, '국물'을 '궁물' 등 소리 나는 대로 읽지 못하고 '값이'를 '갑이'로, '국물'을 '국물' 등 글자 그대로 발음한다.)			
12. 단어를 쓸 때 글자를 생략, 대체, 첨가, 중복 또는 순서를 바꾸어 쓴다.			
13. 단어 내에서 소리의 조합, 대치 및 분리 등에 문제를 보인다. (조합: 'ㅋ'+'ㅗ'+'ㅇ' = '콩'; 대치: '가지'에서 'ㄱ' 대신 'ㅂ'을 넣을 때 '바지'; 분리: '차'가 'ㅊ'+'ㅏ'로 된다는 것 등을 모른다.)			
14. 같은 소리로 시작하거나 끝나는 단어를 잘 찾지 못한다.(예: '리'자로 끝나는 말은?)			
15. 글을 읽기 위한 음운(자음과 모음) 인식에 문제가 있다.			
16. 또래에 비해 글을 소리 내어 유창하게 읽지 못한다.			
17. 짧은 단락(문단)을 읽고 이해하지 못한다.			
18. 국어 성적이 아주 낮다.			
19. 새로운 어휘를 배우고 기억하는 데 어려움이 있다. (예: '무령왕릉'처럼 어려운 단어를 배우고 기억하는 데 어려움이 있음)			
20. 흔히 보는 어휘들을 빨리 파악하지 못한다. (예: 당기시오, 미시오, 계단 주의, 우측 통행 등)			

문항	아니다 (1점)	약간 그렇다 (2점)	그렇다 (3점)
21. 좌우, 상하 등의 방향 감각 및 공간지각에 어려움이 있다.			
22. 책을 읽을 때 어지러움, 두통, 배 아픔 등을 호소한다.			
23. 읽는 것을 꺼려하고 어려워하거나 공포를 나타낸다.			
24. 책을 잘(많이) 읽을 수 없어서 또래에 비해 배경지식이 부족한 것 같다.			
25. 듣기 이해력이 읽기 이해력보다 더 나은 것 같다.			
26. 가족 중에 읽기 학습이 어려웠던(난독증) 사람이 있다. (*난독증은 읽기 학습에 특별히 많은 어려움이 있는 것을 말합니다. 학생 상담 시에 파악된 내용에 따라 체크해주세요.)			
27. 음악, 미술, 연기/연극, 스포츠, 조작 활동 등 한 영역 이상에 소질이 있어 보인다.			

2015. 2. 저작권자 김윤옥, 변찬석, 강옥려, 우정한(한국학습장애학회); 지원 기관: 교육부 & 한국교육과정평가원

생애 초기에 언어 능력을 발달시키는 방법

구어 발달은 이후의 읽기 능력 발달에 중요한 영향을 끼친다. 이러한 구어 발달에 영향을 미치는 요인은 타고나는 것부터 신체적·정신적 건강 상태, 인지 발달 과정, 가정 및 그 외 환경 등 다양한 요인이 있을 수 있다. 그렇다면 구어 발달을 촉진하는 데 도움이 되는 방법으로는 무엇이 있을까.

1. 아이가 되도록 많은 대화에 직접 참여하고 듣도록 할 것

앞서 언급한 하트와 리슬리의 연구를 참고하면 대화를 통해 가능한 한 많은 단어에 노출시키는 것이 중요하다. 이때 어른들의 대화를 듣고만 있도록 노출하는 것보다는 아이가 직접 대화에 참여해 듣고 표현할 수 있도록 북돋우는 것이 중요하다.

2. 대화의 양뿐 아니라 질도 중요

부모가 사용하는 단어의 양을 늘리는 것만이 아니라 새로운 단어를 많이 사용할수록 아이의 어휘력 증가와 관련 있음을 유념해야 한다. 또한 화이트 허스트 등[25]의 연구에 따르면 단어뿐만 아니라 문장 구조에 있어서도 조금 더 새롭고 복잡한 것을 취해야 아동이 이를 모방하며 학습하고 문법적 지식을 넓히는 데 도움 될 수 있다.

3. 아이와 상호작용하며 읽기

아이와의 깊은 상호작용 역시 문해력 발달에 중요하다. 와이스 리더 등[26]의 연구에서는 부모가 아이와의 대화에 참여 시 긍정적인 태도로 개방적인 질문을 하고 관심 있어 하는 것이 아이의 언어 발달에 도움을 주는 것으로 나타났다. 다시 말해 일방적인 읽기보다는 중간에 질문하거나 그림을 가리키며 흥미를 공유하는 것이 중요하게 작용할 수 있다. 이때 부모의 관심사로만 접근하기보다는 아이가 흥미를 보이는 주제의 책 또는 대화를 다루는 것이 중요하다.

4. TV와 영상 매체에 대한 노출 관리

텔레비전 시청 시간과 프로그램 유형은 읽기 능력 발달에 영향을 미친다. 개인차가 있겠지만 하루 4시간 또는 주당 10시간 이상의 과도한 텔레비전 시청은 다른 발달 촉진 활동을 제한해 말하기 및 읽기 능력 발달을 저해할 수 있다. 236명의 아동을 대상으로 한 라이트 등[27]의 연구에 따르면 텔레비전 프로그램의 종류도 중요한데, 「세서미 스트리트」처럼 아동에게 유익한 프로그램을 비교적 더 많이 시청한 2, 3세 아동은 만화나 일반 프로그램을 더 많이 시청한 아동에 비해 문식성(읽고 쓰는 능력) 검사 점수가 더 높았다.

학령기 독서 능력은 어떻게 높일 수 있나

적극적으로 읽기가 중요하며 독서 전, 중, 후 활동으로 정리해 제시하고자 한다.

1. 읽기 유창성 높이기

챌의 읽기 발달 모형에 따르면, 유창성은 세 번째 단계의 발달 과업이다.[28] 먼저 유아는 읽기·쓰기를 지도받기 전부터 읽기·쓰기에 관한 지식을 갖고 있다. 이어서 음소와 낱자를 대응시키고 조합해 간단한 단어를 해독하고 이후 유창성이 발달하기 시작한다. 이제는 단어 식별을 벗어나 자유롭게 글을 이해할 수 있게 되는 것이다.

읽기 유창성을 높이는 데 도움 되는 몇 가지 전략이 있다. 첫째는 '반복 읽기'[29]로, 아이들이 동일한 텍스트를 여러 번 읽게 하면 자료에 대한 친숙도를 높이고 디코딩 기술을 연습하도록 해 유창성을 향상시킬 수 있다. 둘째는 '합창 독서Choral reading'[30]로, 아이들이 부모나 선생님과 함께 소리 내어 본문을 읽거나 녹음하는 방식으로 진행될 수 있다. 이는 아이들에게 모방할 수 있는 모델을 제시하고 독서에 대한 자신감과 동기를 높여 유창성을 향상시킬 수 있다. 셋째는 '따라 읽기'로, 선생님이나 녹음 파일에 이어서 큰 소리로 따라 읽어보도록 함으로써 발음과 속도를 연습하고, 모방할 수 있는 모델을 제공해 유창성을 높일 수 있다. 마지막은 '상대방에게 읽기'로, 아이들이 읽기

공부하는 뇌, 성장하는 마음

기술을 편안히 연습할 수 있도록 돕고 부담스럽지 않은 환경을 제공함으로써 유창성을 향상시킬 수 있다.

2. 어휘력 높이기

풍부한 어휘력이 중요한 이유는 다음과 같다. 먼저 우리는 어휘를 통해 대상의 차이를 인식하고 이는 기억 형성을 돕는다. 또한 어휘력은 읽기 이해력[31]에 중요하게 관여하며 언어지능 지수와 0.7~0.9의 높은 상관관계가 있는 것으로 알려져 있다. 뿐만 아니라 어휘는 해독에 필요한 음운적 변별을 돕고, 종합하여 읽은 것을 더 잘 이해할 수 있도록 도와준다.

아이의 어휘력을 높이려면 다음의 전략을 사용해볼 수 있다. 기본적으로는 새로운 단어를 인지하고 이해할 수 있는 적절한 수준의 읽기 자료를 제공한다. 반복 읽기가 중요한데, 단순 반복보다는 아이에게 질문하거나 낯설고 복잡한 대화를 하도록 훈련하는 것이 도움 될 수 있다. 다음으로 새로운 단어를 정의하고 실제 사용해보도록 적절한 예문과 연상을 활용한다. 이때 예문과 함께 동의어 및 반의어를 제시하면 단어를 더 깊이 이해하도록 도울 수 있다. 마지막으로는 새로운 단어를 정확하게 사용할 수 있도록 글쓰기 연습을 해본다.

또래에 비해 언어발달이 늦은 경우에는 다음과 같은 직접적인 개입 전략이 도움을 줄 수 있다.[32] 우발적인 노출보다 직접적인 어휘 교육이 단어의 의미, 연상, 사용법을 더 효과적으로 습득하는 데 효과적이다. 먼저 단어의 정의를 분명하게 알려주어야 하며, 새롭고 다양한 맥락에서 단어를 반복해서 접할 수 있도록 해야 한다. 또한 이 과정에 아동이 적극적으로 참여할 수 있도록 부모의 피드백과 강화가 포함되어야 한다. 구체적인 방법으로는 그래픽 도구를 활용해 의미적 특징(예: 범주, 기능, 위치 등)에 따라 단어를 비교 대조하거나 의미(예: 동의어, 반의어, 부분-전체 등)를 기반으로 단어 간의 관계를 시각화해볼 수 있다.

3. 배경지식 활성화하기

배경지식을 활성화하기 위해 먼저 해볼 수 있는 것은 '예측하기'로, 독서 전 제목, 표지 등을 살펴보며 이 책에서 무엇을 배우게 될지, 무슨 일이 일어날지에 대해 추측하고 추론해보는 것이다. 유아, 초등학생용 책에서는 특히 표지에 아이들의 흥미를 끄는 요소가 많아 부모나 선생님이 함께 표지를 살펴주면 더 도움이 된다. 이야기를 읽으며 독서 전에 유추했던 방향과 유사한지 아니면 다른지, 전개 방향은 어떻게 될지 등을 예측하도록 한다. 이는 독해를 촉진할 뿐 아니라 이야기에 대한 흥미도 증가시킬 수 있다.

그다음은 '미리보기'로, 미리 훑어보는 것은 주제와 관련된 사전지식을 떠오르게 한다. 하지만 미리보기를 통해 연관되지 않거나 부적절한 사전지식은 기대한 효과를 얻지 못할 수 있다. 따라서 예습하기에 있어 아동 또는 학생의 수준에 따라 처음부터 혼자서 개념 지도를 작성하도록 하는 것보다 주제와 관련된 핵심 내용 간에 개념 지도를 그리도록 하는 것이 읽기 학습 결과에서 더 높은 효율을 나타낼 수 있다.[33]

그런 다음 글의 종류(이야기 글, 정보 글, 주장 글 등)에 따라 읽는 목적과 독서 방법을 정하면 그에 맞게 정보를 선별해내는 능력을 기를 수 있고, 독서에 흥미를 느낄 수 있다.

4. 질문하기

독해 전략 중 가장 이견이 없는 전략으로, 글을 읽기 전, 읽는 동안, 읽은 후의 모든 질문이 효과를 낸다고 알려져 있다. 글쓴이의 의도나 글의 정확성 및 신뢰성을 평가하는 질문을 하도록 하는 것도 중요한데 이는 비판적 읽기를 촉진할 수 있다. 구체적으로는 다음에 무슨 일이 일어날지, 어떻게, 왜 이런 선택을 했을지 등 질문을 던져보며 앞으로 벌어질 일과 결말 등을 예측하면서 읽는 것이 해당된다.

5. 요약하기

다른 말로 바꿔 표현하는 것으로, 종종 이슈화되는 표절과도 밀접하게 연관될 수 있다. 중요한 것은 자기만의 언어로 정리하는 일이다. 이 과정은 글에 대한 심층 처리와 더 좋은 학습을 촉진하게 되고 이를 통해 내가 이해한 내용은 무엇인지 '이해 점검'을 할 수 있다. 독서 전 표지를 보고 생각한 정보를 파악하면서 읽으면 적극적인 독서활동이 될 수 있다. 킨과 지머만[34]에 따르면, '요약하기'가 글의 핵심 내용을 제시된 순서대로 정리하는 것이라면, '종합하기'는 중요하다고 생각하는 글의 내용에 자신의 의견과 배경지식을 덧붙여 설명하는 것이다. 요약하기뿐만 아니라 종합하기까지 하면 자신만의 간접경험이 되고, 진정한 배경지식을 쌓아나갈 수 있다.

6. 시각화하기[35]

마음속으로 상상해 그림을 그려보는 것으로, 이야기 지도story map를 그리는 것이다. 이야기 지도란 이야기를 구성하는 전형적인 요소와 흐름을 도식으로 나타낸 지도로, 이를 통해 더 쉽게 배우고 더 잘 기억할 수 있으며 이해 능력이 향상될 수 있다.

7. 관련 도서 함께 읽고 현실 문제에 적용해보기

여러 권의 책을 연관시켜 배경지식을 넓힐 수 있고, 읽고 있는 책과 자신의 사전 지식이나 경험을 연결시키면서 글에 대한 이해도를 높일 수 있다.

8. 독서 후 평가하기

독서 전 글의 종류에 따라 읽는 목적을 결정하면 핵심 내용을 파악하는 데 도움이 될 수 있다. 이를 기반으로 새롭게 알게 된 사실이나 깨달은 점을 통해 책 속에 갇힌 시야를 바깥세상과 연결하는 과정이 필요하며, 나만의 평가가 이루어져야 한다. 독서 전, 중, 후 활동을 통해 읽은 뒤 정리하고 토론하며 창의적인 생각으로 연결해 정확하게 책을 읽어내는 방법을 배워가는 것이 중요하다.

9. 필요할 때 인터넷 정보 활용하기

특히 기존에 인터넷 접근성이 좋지 않거나 학업 성적이 평균 이하라면, 인터넷을 활용한 독서가 잘 관리될 경우 필요한 정보를 찾아 종합하는 능력과 학업 성적의 향상을 기대할 수 있다.[36] 필요할 때 즉각적인 질문에 대한 답을 찾을 수 있고 양질의 정보에 대한 접근 방법을 익혀나가게 된다. 단, 독서나 필요한 정보에의 접근이 아닌 다른 활동으로 주의가 분산된다면 기대했던 긍정적 효과를 얻기 어려울 수 있으니 각자의 주의 집중력과 조절 능력에 맞게 감독하에 적절히 사용해야 한다.

———

이 장을 통해 혹시라도 육아나 학생 교육에 있어 독해력이 세상을 살아가는 데 만능 치트키인 것처럼 보였을지도 모르겠다. 하지만 성장하는 아이에게 무엇보다 중요하게 고려되어야 할 부분은 다양한 측면의 발달에 필요한 균형 잡힌 교육이다. 상대적으로 신체적, 인지적, 정서적 발달에 있어 다른 영역보다 읽기가 아쉬운 아이들은 분명히 조금 더 중점을 두어야 한다. 그러나 가치관을 어디에 두느냐에 따라 다르겠지만 향후 챗GPT를 포함한 생성 AI의 시대에는 한 분야의 전문가가 되는 것으로는 충분하지 않을 수 있다. 관심 분야에서 타인의 어려움을 알아차리고 현재와 미래에 세상의 문제를 인식하는 감수성, 그리고 문제 해결을 위한 타인과 소통능력을 갖춰나가는 데 독서와 토론이 활용되기를 기대한다.

책 육아에 관심이 많은 부모는 아이들의 읽기 독립을 꿈꾸는 것 같다. 하지만 독서 그 자체보다 독서 후 정리와 현실 적용 및 토론을 통한 타인과의 소통이 중요하기에 누군가의 역할이 지속적으로 필요하지 않을까 싶다. 또한 읽기 독립에 앞서 아이가 스스로 책을 좋아하고 가까이하며 독서에 대한 기대와 가치를 높이도록 도와주는 것이 중요하다.[37]

4장

포기할 수 없는 수학과 수리력

이태엽

서울아산병원 교수

아침에 눈을 떠서 저녁에 잠들기 전까지 숫자를 보지 않고 하루를 보내는 것은 불가능에 가깝다. 알람에 눈을 뜨면 제일 먼저 휴대폰으로 시간을 확인하고, 집 앞 정류장에서 숫자로 된 여러 버스 노선을 보며 어느 버스가 가장 먼저 오는지 본다. 편의점에서 음료수와 빵을 사며 총 가격이 얼마인지 더해본다. 요리할 때 감자가 몇 개 필요할지 가늠해보고 마트에서 상추를 사며 몇 그램을 담았는지 달아본다. 요즘 자주 활동하는 단체 채팅방에서 몇 명이나 내 글을 읽었는지 살펴본다. 올해는 무더위가 빨리 시작되었다는데 여름 휴가 일정이 며칠이나 남았는지 손꼽아 계산해본다. 우리는 무의식중에 숫자를 사용하고 있지만 이렇듯 자연스럽게 숫자를 사용하려면 수의 상징 체계를 이해할 수 있어야 한다. 예를 들어 숫자 '4'가 '넷'과 같고 그것이 네

개를 뜻함을 알아야 하는 것이다. 수를 이해하고 사용하는 능력은 사람마다 차이가 있고 그 차이는 어렸을 때부터 나타난다. 그리고 이러한 능력은 학습에서부터 일상생활까지 광범위한 영향을 미친다.

의사결정, 성공, 국가 경쟁력과 관련 있는 수리력

수학에 대한 관심이 뜨겁다. 2016년과 비교해 2020년에는 출간된 수학 관련 교양 도서의 종류가 두 배가량 늘었고, 판매량 역시 40퍼센트 가까이 증가했다. 교양 도서에 대한 관심이 늘어났다는 것은 입시와 관련된 수학뿐 아니라, 수학이라는 학문 자체에 대한 대중의 관심이 높아졌다는 뜻으로 해석된다. 보통 수학이라 하면 공식과 숫자로 가득 찬 어려운 학문이란 생각이 지배적이었는데 어째서 이런 생각에 변화가 생겼을까? 이는 아마도 주변에서 수학과 관련된 이야기를 듣고 접하는 일이 흔해졌기 때문일 것이다. 당장 컴퓨터나 휴대폰을 켜면 자주 접하게 되는 마이크로소프트의 창업자인 게이츠도, 구글의 공동 창업자인 브린도 모두 수학도였다는 점 역시 시사하는 바가 크다.

현대 사회는 디지털 사회다. 이 사회의 토대는 수학과 수학자에 의해 이뤄진다. 미국의 수학자 섀넌은 '통신의 수학적 이론'에서 비트bit라는 개념을 처음으로 제시했고 디지털 회로 이론, 정보 이론 등 새로운 개념을 창시해 '디지털의 아버지'라고도 불린다. 그는 뛰어난 수학 능력을 주식투자에서도 발휘해 30년간 단 한 해도 손해 보지 않고 꾸준히 수익을 내기도 했다. 그와 비슷한 시기에 활동한 노이만, 그리고 그의 제자인 튜링 등의 수학자는 오늘날 컴퓨터의 토대를 마련했다. 튜링은 수학적 재능을 이용해 제2차 세계대전 당시 독일군이 사용하던 에니그마 암호 체계를 해독했고 연합군이 승리하는 데 결정적으로 기여했다. 그는 전쟁 기간 단축을 통해 수많은 목숨을 구했다고 평가받기도 하며 그의 삶은 「이미테이션 게임」으로 영화화되기도 했다. 이러한 과거의 사실들을 굳이 떠올리지 않아도 현재는 디지털을 바탕으로 한 4차 산업혁명의 시대다. 대통령 선거에서 공약으로 제시될 만큼 인공지능, 빅데이터, 자율주행차 등 수학적 원리에 기반한 산업들이 일상생활에 큰 영향을 미치고 있으며 관련 일자리도 늘고 있다. 다시 말해 수학과 수리력에 대한 기본 개념이나 감각이 먹고사는 문제와도 무관하지 않게 되었다.

수학은 생각보다 많은 영역에서 응용된다. 2020년 전 세계를 강타한 코로나 바이러스 감염증의 예측, 대처, 치료에도 수학이 활용되었다. 발생 초기에는 확진자 수가 얼마나 늘고 언제쯤 정점을 찍을 것인지 알기 어려웠으며, 사회적 거리두기가 얼마만큼 효과가 있는지도 불분명했다. 전례 없는 감염병을 마주한 상황에서 현재의 사실들을 바탕으로 미래를 예측하는 수학적 모델들이 사용되었고 이는 방역 대책 수립에도 영향을 미쳤다.[1] 또한 병원에 입원한 코로나 확진자들을 치료할 때 제한된 의료 인력을 효율적으로 운용하는 데에도 수학이 활용되었다.[2] 감염병 초기에는 모든 코로나 환자가 집중 치료를 요하는 것이 아닌데도 불구하고 어느 환자에게 집중해야 할지 예측하기 어려웠는데, 국내에서 이를 평가하는 프로그램을 개발했다. 이 프로그램은 국내뿐 아니라 해외에서도 널리 사용되어 환자 치료에 도움을 주었다.

전혀 관련 없을 것 같은 예술 영역에서도 수학이 활용된다. 수학자가 미국의 영화예술 아카데미상을 받은 사실을 몇 사람이나 알까? 놀랍게도 아카데미상을 두 차례나 받은 수학자가 있다. 그 주인공은 현재 스탠퍼드대학에 재직 중인 페드큐 교수인데, 그는 UCLA에서 응용수학 박사 학위를 받았으며, 그의 대표작은 영화 「캐리비안의 해적」이다. 대학교수가 부업으로 영화 제작까지 하는 것일까? 반은 맞고 반은 틀린데, 그가 영화를 직접 촬영하는 것은 아니지만 그가 개발한 수학 프로그램이 정교한 컴퓨터 그래픽을 그려낸다. 그 프로그램을 이용하면 영화에서 바닷물이 배로 넘쳐 흘러 들어오는 장면을 현실보다 더 생생하게 보여줄 수 있다. 또한 영화에 등장하는 저주받은 선장 데비 존스의 문어발 수염을 진짜처럼 살아 움직이게 할 수 있다. 그가 수상한 아카데미 특수효과상은 수학이 예술에 미치는 영향을 단적으로 보여준다.

학문으로서의 수학은 최근의 디지털 사회와 무관하게 오래전부터 중요시되어왔다. 고대의 철학자이자 당대의 지식인으로 널리 알려진 소크라테스, 플라톤, 아리스토텔레스 모두 수학자이기도 했다. 그들이 언어학자도 물리학자도 아닌 수학자였던 이유는 수학이 논리적 사고를 함양하고 문제 해결 능력을 길러주는 특징을 지녔기 때문이다. 즉 수학은 사람으로 하여금 계속 생각하게 만드는, 학문의 기초로서의 성격을 갖고 있다. 좀더 상세히 살펴보자면 수학은 이해하고 생각하는 두 가지 사고 과정으로 이뤄진다.[3] 즉 어떤 정의나 수식을 보고 그것을 자신만의 방법으로 이해하는 한편, 어떤 문제를 맞닥뜨릴 때 자신만의 방법으로 생각하고 그것을 해결해나가는 것이다. 이 두 과정이 서로 영향을 주고받으며 수학에 대한 이해와 깊이는 늘어난다. 수학이 이런 특성을 지니다보니 수학을 하면 패턴을 찾고, 그것을 일반화하고, 함축하여 표현하고, 이해하는 연습을 반복하게 되고, 그 결과로서 관찰력, 추리력, 통찰력이 길러진다.

수학을 공부하는 것은 한 사람의 삶에 어떤 현실적인 영향을 미칠까? 여러 연구에 따르면 수리력은 성공적인 경제적 의사결정을 하는 것과 연관 있으며,[4] 의학적 정보를 이해하고 건강을 잘 관리하는 데도 영향을 미친다.[5] 이러한 이유에서인지는 몰라도 수리력은 추후 중년의 사회경제적 성공과도 강한 연관성을 보였다.[6] 국가 차원에서 살펴봐도 국민의 소득 수준과 수리력은 서로 강한 연관성을 보인다. 전체 국민의 수학 실력이 0.5 표준편차만큼 늘어난다면 1인당 국내총생산GDP이 0.9퍼센트 증가하고, 수학 실력이 부진한 학생들을 국제 학생 평가 프로그램의 최소 기준까지만 달성하도록 도우면 1인당

GDP는 0.7퍼센트 더 증가할 수 있다. 영국에서는 낮은 수리력으로 인해 발생하는 연간 비용을 원화 기준 3조 원 이상으로 추산한 바 있다.[7] 이로써 왜 수학 교육을 강조하는지 미루어 짐작해볼 수 있다.[8]

수리력의 발달과 그에 영향을 미치는 요인들

수리력numeracy이란 단어를 자주 듣지만 그 뜻을 설명하려면 쉽지 않다. 문해력이라는 단어를 들으면 좀더 쉽게 고개가 끄덕여지나 수리력은 상대적으로 그렇지 않다. 수리력의 사전상 의미는 수학의 이론이나 이치를 이해하고 계산을 잘하는 능력이다. 더 풀어서 설명해보자면 수리력은 숫자 개념을 이해하고 숫자를 이용해 계산하고 사고할 수 있으며 이를 바탕으로 수학을 일상생활에 적용하는 능력을 뜻한다. 문해력이 글을 읽고 이해하는 능력으로 정의되는데, 수리력은 문해력의 쌍둥이와도 같은 뜻을 지닌다.

수리력의 기본이 되는 수에 대한 감각은 언제부터 발달할까? 만 2세 전후의 어린아이들도 숫자를 말할 수 있다.[9] 이때 말하는 것은 보통 하나부터 열까지의 숫자 목록이다. 그러나 단순히 하나부터 열까지 숫자를 셀 수 있는 것과 숫자를 이해하는 것은 다르다. 아이들은 30개월 전후에 숫자의 의미를 처음 이해하며 1의 의미를 가장 먼저 알게 된다. 그래서 물체를 한 개 달라고 하면 한 개를 줄 수 있지만 두

개는 주지 못한다. 1을 아는 상태에서 수개월이 더 지나야 2를 아는 상태로 넘어가며, 다시 3을 깨우치기까지도 비슷한 시간이 걸린다.[10] 3이나 4를 터득하면 아이들에게는 전과 다른 큰 변화가 일어나서 기수성 원리cardinal principle를 깨우친다. 기수성 원리란 마지막으로 센 숫자가 그 집단의 수량을 뜻한다는 규칙이다. 예를 들어 바구니에 사과가 다섯 개 있다면, 1부터 5까지 센 다음 마지막으로 센 5가 사과의 총 숫자임을 이해하는 것이다. 이때가 보통 만 3세 6개월 무렵이다. 기수성 원리를 획득한 다음에는 숫자 하나를 배우는 데 전처럼 오래 걸리는 것이 아니라 동시다발적으로 5, 6, 7 등의 숫자를 사용할 수 있게 된다.

공평하지 못하게도 수 감각의 발달은 아이마다 차이가 난다. 이러한 차이를 대수롭잖게 여길 수 있다. 그러나 기수성 원리를 포함한 수 감각의 발달이 어떤지에 따라 초등학교를 들어갈 무렵의 수학에 대한 이해도는 달라질 수 있다.[11] 또한 수 감각은 초등학교 입학 시기를 한참 지난 6학년 때의 수학 성취도와도 연관 있음을 고려하면 가볍게 넘기기 어렵다. 수 감각의 발달에는 여러 요인이 영향을 미칠 수 있다. 그중에는 인지 능력 전반과 관련된 요인들, 즉 실행 기능, 집중력, 언어 능력 등이 있다. 또한 인지 능력 중 수학과 특이적으로 연관된 요인들도 있는데, 사물의 숫자가 많고 적음을 대략 비교할 수 있는 근사 수치 시스템approximate number system 또한 수 감각의 발달에 영향을 미칠 수 있다. 이러한 요인들은 개인별로 차이가 날 수 있다.

한편 환경적 요인 또한 수 감각에 영향을 준다. 대표적인 것으로 언어를 꼽을 수 있다. 특정 언어를 사용하는 경우 다른 언어를 사용할 때보다 수 감각의 발달이 빠른데, 예를 들어 단수와 복수 개념이 있는 영어를 사용하면 1의 의미를 이해하는 것이 빠른 반면, 단수와 복수 개념이 없는 일본어를 사용하면 그렇지 못하다. 마찬가지로 하나의 쌍을 구분하는 언어가 따로 있는 사우디아라비아어를 사용하면 2의 의미를 이해하는 것이 더 빠르다.[12] 조금 더 나아가서는 숫자가 규칙적으로 구성되는 언어를 사용하는 이들이 수에 대한 이해가 빠르다. 예를 들어 11, 12는 한국어에서 '십+일' '십+이'로 구성되는 규칙성을 지니는 반면, 영어에서는 'eleven' 'twelve'로 불규칙적인 형태를 보인다. 분수를 이해할 때도 언어가 수의 이해에 영향을 미치는데, 한국어의 '3분의 1'처럼 분수 개념이 언어에 포함되어 있으면 영어의 'one-third'처럼 그렇지 못한 경우보다 그 개념의 이해가 빨랐다. 이런 예시들로 미루어 우리나라 아이들이 수 감각을 발달시키는 데 유리한 점이 많아 보인다.

하지만 언어와 같은 환경적 요인은 바꾸기 어렵다. 그렇다면 아이를 키우는 부모 입장에서는 무엇을 해야 수 감각 발달에 도움이 되는지 궁금할 것이다. 바꿀 수 있는 환경적 요인 중 하나로 숫자에 대한 노출을 들 수 있다. 생후 14~30개월의 아이들을 대상으로 한 연구에 따르면 숫자에 대한 노출, 즉 자녀에게 얼마나 자주 숫자를 사용하여 대화하는지는 부모별로 큰 차이가 났다. 1에서 10까지 숫자를 기준으로 했을 때 숫자 사용의 빈도는 64배까지 차이 났으며, 더 놀라운 점은 이 시기 부모의 숫자 사용 빈도가 추후 46개월 때 아이의 수 감각과 비례했다는 점이다.[13] 여기서 숫자 단어를 사용한다는 것은 상당히 포괄적인 개념으로 단순히 숫자를 같이 세는 것일 수도 있고, 숫자와 관련된 내용이 있는 그림책을 함께 보는 것일 수도 있으며, 같이 장을 보면서 과자를 몇 봉지 담았는지에 대해 이야기하는 것일 수도 있다. 즉 놀이할 때뿐만 아니라 일상생활에서도 부모가 숫자를 말하려고 신경 쓰면 도움이 된다는 것이다. 이때 꼭 아이가 부모를 따라 그 숫자를 언급할 필요는 없다. 또 이왕 숫자에 대해 이야기하는 것이라면 1과 2처럼 작은 수보다는 3 또는 4 이상의 조금 큰 수를 언급하는 것이 더 도움이 될 수 있다.[14]

교구로 수리력을 늘리려면

봄이는 이달 24개월이 됐다. 봄이는 말귀를 잘 알아듣지만 단어는 말하지 못하다가, 18개월이 되어 엄마와 아빠를 말하기 시작했다. 그 뒤로 할 줄 아는 단어가 갑자기 늘었고 주변 물건에 대한 관심도 높아져 공을 던져보고 작은 종이 상자를 쌓아보기 시작했다. 봄이 엄마는 아이에게 가지고 놀 장난감을 더 사줘야겠다 싶어 고민하던 차에 봄이 또래인 여름이 엄마에게 얼마 전 모 브랜드의 '가베'라는 것을 사서 아이가 잘 가지고 논다는 말을 전해 들었다. 문득 두어 달 전 베이비 페어에 갔다가 전시된 장난감을 보고 '무슨 나무랑 천으로 만든 게 이렇게 비싸?'라고 생각하면서 지나쳤던 기억이 났다. 찾아보니 나만 모르는 100년도 더 된 전통을 지닌 교구인 듯싶고 수리력 발달에도 좋다는 내용이 있다. 대체 우리나라에서 30년을 사는 동안 이렇게 생소한 단어가 존재하다니. 상술에 넘어가는 것 같지만 사지 않자니 아이에게 뭔가 못 해주는 듯해 마음이 편치 않다.

시중에서 판매하는 교구는 수학을 배우는 과정에서 구체물의 역할을 한다. 구체물은 추상적 사고와 반대되는 개념으로, 직접 보고 만질 수 있는 일정한 모습을 갖추고 있는 물건을 뜻한다. 역사적으로도 수학적 개념은 구체에서 추상으로 발달했다. 다양한 일상생활의 예시를 경험하며 그것을 추상화하는 과정에서 기호화를 통한 추상적 사고가 발달하는 것이다. 이러한 관점은 수학을 교육하는 방식에도 영향을 미쳤는데, 구체적인 물건을 다루는 데서 시작해 반구체물을 거쳐 추상적 개념에 이르는 수학 지도 방식을 CSAconcrete, semi-concrete, abstract 접근법이라 부른다.[15] 즉 만질 수 있는 물건에서 시작해, 그 물건을 사진이나 그림으로 만들어놓은 단계를 거쳐, 문자와 숫자로 이뤄진 추상적 개념의 순서로 수학을 지도하는 것이다.

심리학자 브루너의 이론 또한 CSA 접근법과 맥락을 같이한다. 그에 따르면 아동은 인지가 발달함에 따라 세상을 이해하는 방식인 표상 양식도 변해간다. 그 세 단계 중 첫째는 동적인enactive 방식으로 구체물

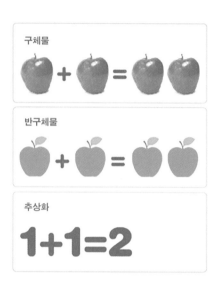

CSA 접근법: 실물 사과 2개, 그림 사과 2개, 숫자로 나타낸 2

인 교구를 가지고 하는 놀이를 통해 세상을 이해하는 것이고, 이어서 영상적인iconic 방식으로 반구체물인 그림과 사진을 통해 세상을 이해하는 것이며, 마지막으로 상징적인symbolic 방식으로 언어와 숫자를 통해 추상적으로 세상을 이해하는 것이다. 여기서 구체물은 동적인 방식에 포함되는데, 이 시기에는 감각에 와닿는 운동을 행하는 것이 학습에 있어 중요하다고 여겨진다. 그러한 관점에서 봤을 때 구체물인 교구를 사용하는 것이 어린 시기의 수리력 발달에 도움 될 수 있다.

공부하는 뇌, 성장하는 마음

한편 교구에만 집중한다면 아이의 학습, 즉 수리력 발달에 더 중요한 요소들을 놓칠 수 있다. 아이들은 교구만 있으면 스스로도 잘 배울 수 있을까? 피아제의 주장에 따르면 영유아는 능동적 존재이며 스스로 흥미 있는 수학 활동에 참여할 수 있다. 이러한 관점은 이전부터 존재해왔고, 교사나 교습보다는 자기주도성을 강조한다. 즉 학습은 자기주도적으로 해야 하며 아이가 시간을 낭비하더라도 스스로 발견해서 지식을 쌓기를 권장하는 것이다. 반면 자기주도성을 지나치게 강조하는 것에 대한 비판 역시 꾸준히 제기되어왔으며, 최근 수십 년 동안의 연구들도 이런 방식의 학습이 과학적으로 근거가 부족하다는 것을 반복적으로 증명했다.[16]

그렇다면 어떻게 해야 교구를 통해 효과적으로 배울 수 있을까? 심리학자 비고츠키가 주장한 것처럼, 아이들이 무언가를 배워나갈 때 그 과정은 아이에게만 국한되지 않는다. 배움이란 환경, 정서, 문화적인 면이 어우러지는 복합적인 과정인 것이다. 특히 배움에 있어서는 교사와의 좀더 적극적인 상호작용이 중요하다. 예를 들면 교구를 가지고 놀 때도 수학적 사고를 촉진하는 질문을 하고 관련된 적절한 예시를 보여주는 것이 배움의 효율성을 높이는 데 중요하다.[17] 교사가 하는 역할은 배움을 극대화하는 것으로, 아이 수준에 맞춰 너무 어렵지도 않고 그렇다고 너무 쉽거나 따분하지도 않은 중간 정도의 자극을 주어야 한다. 이는 골디락스 효과로도 잘 알려져 있는데, 빠르게는 생후 8개월 된 아이들에게서도 중간 정도의 자극에 제일 흥미를 보이는 경향성이 관찰된다.[18] 아이들이 동기 부여가 되고 적극적·능동적으로 참여하며 배우기 위해서는 그냥 두기보다 어느 정도의 교육 목표, 과정, 체계가 필요한 것이다.

이러한 점을 바탕으로 생각해봤을 때 중요한 것은 특정 교구를 사용하는 데 있지 않다. 어떤 교구를 사용하는지보다 그 교구를 누가 어떤 방식으로 사용하는지가 훨씬 더 중요한 문제일 것이다. 그저 유명한 교구를 사주고 아이가 그것을 사용한다고 해서 수리력이 발달하는 것은 아니며 누군가가 지도하고 도와줘야만 한다. 지도하는 사람은 부모가 될 수도 있고, 아이가 친숙하게 느끼는 다른 누군가가 될 수도 있다. 아이에게 적합한 자극을 어떻게 제시해줄지 고민될 때는 아이가 어떤 교구를 어떻게 사용할 때 가장 재미있어하고 집중을 잘하는지 관찰해보면 도움이 된다. 예를 들어 교구를 이용해 숫자를 같이 세어 볼 수도 있고 어느 통에 더 많은 블록이 담겨 있는지 맞혀볼 수도 있다. 또 길고 짧은 막대를 대보며 질문해볼 수도 있고 똑같이 생긴 도형을 찾고 종이에다 그려볼 수도 있다. 똑같은 패턴을 찾아보고 만들어보는 것도 가능하다. 아이가 교구를 가지고 놀 때 함께 말하거나, 그림을 그리거나, 질문이나 서술을 통해 그 상황에 대해 이야기할 때 그것이 잘 내면화된다는 점은 부모에게 시사하는 바가 크다.[19]

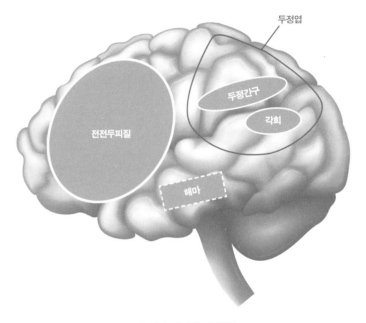

두정엽

두정간구

각회

전전두피질

해마

수학과 관련된 뇌 부위

수 감각과 뇌과학

수 감각은 뇌의 특정 영역들과 연관되어 있다. 어떤 뇌 영역과 연관되어 있는지 밝히기 위해 사용하는 최신 기술은 1990년에 개발된 기능적 자기공명영상 fMRI 촬영술이다. 이 기법을 통해 산소를 운반하는 적혈구 세포 내의 헤모글로빈을 살펴봄으로써 뇌의 산소 사용량을 분석할 수 있고, 이를 통해 어떤 뇌 부위가 언제 활발히 작동하는지 알 수 있다. fMRI를 이용해 분석해본 결과 수량을 인식하는 수 감각과 가장 큰 연관성을 보이는 뇌 부위는 머리 옆뒤쪽에 위치한 두정간구 intraparietal sulcus, 머리 앞쪽에 위치한 전전두피질 prefrontal cortex 이다. 또한 연산과 가장 큰 연관성을 보이는 뇌 부위는 머리 옆뒤쪽의 각회 angular gyrus와 옆쪽 안쪽의 해마 hipocampus다. 물론 뇌는 수행하는 과제들의 성격이 달라지면 활성화되는 부위도 달라지므로 수 감각과 관련된 부위가 이 둘에 한정되는 것은 아니다. 단순한 수량 인식 외에 수학적 사고와 문제 풀이에는 전전두피질을 비롯한 더 다양한, 고차원적 뇌 부위가 관여한다.

그렇다면 수 감각이 뛰어난 천재들의 뇌는 뭔가 다를까? 이런 질문은 생각보다 오래전부터 제기돼 신경과학 연구는 천재들의 뇌로부터 출발했다고 해도 과언이 아니다. 1855년 독일의 수학자 가우스가 사망한 후 그의 뇌 분석이 당대에 이뤄졌다. 물론 당시에는 뇌 크기에 집착해 똑똑한 사람들의 뇌는 크기가 크다는 주장이 제기되었으나 추후 이는 사실이 아닌 것으로 밝혀졌다. 1955년 물리학자 아인슈타인이 사망한 후에도 그의 뇌에 세상의 이목이 집중되었다. 당시 아인슈타인이 사망한 병원의 병리학자였던 하비는 그의 뇌를 확보했는데, 그 과정은 합법적이지 않았다는 주장이 있다. 아인슈타인의 뇌는 이후 한동안 방치되었다가 1980년대에 이르러서야 재조명되고 분석되기 시작했다. 이후로 아인슈타인의 뇌가 일반인과 어떻게 다른지에 대해 여러 연구 결과가 발표되었다. 그 예로는 뇌의 신경세포에 영양을 공급하는 신경교세포의 비율 증가,[20] 면적이 넓고 구불구불한 전전두피질과 우측에 비해 확연히 큰 좌측 두정엽,[21] 뇌의 좌반구와 우반구를 연결하는 섬유 다발인 뇌량의 두께 증가 등이 있다.[22] 그렇다면 이런 연구 결과들은 아인슈타인의 천재성에 대한 신뢰할 만한 근거가 될 수 있을까? 하인즈에 따르면 과거의 연구들은 논리적으로 치우친 면이 있고 충분한 근거를 제시하지 못하고 있다.[23] 수 감각과 관련된 뇌의 차이가 존재한다면, 그 차이는 이미 멈춰버린 뇌의 크기나 모양에 있는 것이 아니라, 살아 있는 뇌가 어떻게 서로 연결되어 기능하고 활성화되는지에 있을 것이다.

자기주도적 학습과 쉬운 수학이 전부는 아니다

수학은 어떤 방식으로 교육시켜야 할까? 부모뿐만 아니라 학교와 학원 선생 모두 고민하는 질문이다. 이 질문에 대해서는 이른바 교육 선진국이라는 미국에서도 논란이 많았다. 특히 1990년대 들어 미국에서는 개혁주의자와 전통주의자들 간의 첨예한 대립이 있었고 이를 수학 전쟁math war이라 부르기도 했다. 1999년 미국 교육부가 새로운 교육 과정에 기초한 교재들을 채택하도록 추천했는데 이에 반대하는 200명의 저명한 수학자가 『워싱턴 포스트』에 공개 기사를 내면서 수학 전쟁은 최고조에 이르렀다.

새로운 교육 과정은 선생님이 직접 수업을 하고 지식을 전달하는 방식이 아닌, 학생 스스로 발견하고 교사는 돕는 식의 협동 학습을 중요시했으며, 규칙을 외우고, 계산을 연습하고, 정확한 답을 구하고, 성적과 등수를 매기는 것에 중점을 두지 않을 것을 강조했다. 또한 추상적인 수학보다는 실생활과 연관된 재미있는 수학이 필요하다고 주장했다. 이는 전통주의자들의 비판을 받았다. 비판의 요지는 고차원적인 수학적 사고를 위해서는 기초 기술에 대한 암기식 수업과 반복된 연습이 필요할뿐더러 재미있는 수학의 의도가 변질되어 쉬운 수학이 되어서는 안 된다는 것이었다. 또한 전통주의자들은 실생활에 초점을 맞추다보면 개념이 약해지고, 개념을 배우면서 익히는 추상화·일반화를 놓치게 되므로 기술→개념 이해→문제 해결→응용의 순서가 중요하다고 주장했다.

결국 수학 전쟁은 새로운 교육 과정과 전통주의 관점 사이에서 절충이 이뤄지며 마무리되었다. 미국의 수학 전쟁을 통해 얻을 수 있는 교훈은 어느 한쪽으로 치우친 주장은 위험하다는 것이다. 암기만 하는 수학은 피해야겠지만 개념에 대한 충분한 이해, 연습을 통한 개념의 내면화는 중요하다. 또한 학생이 주도적으로 문제를 푸는 것은 좋으나, 그 전에 선생님을 통해 문제 풀이에 적합한 수준의 기초 지식 학습이 선행되어야 할 것이다.

초등학생의 공부 습관

하나는 올해 초등학교에 입학했다. 하나 엄마는 아이가 학교에 가서 잘 따라가기를 바라는 마음에 집에서 수학 관련 문제집을 같이 보고 공부 프로그램을 같이 해보기도 했다. 나름 대비해 학교에 보냈다고 생각했는데 입학하고 보니 더 앞서가는 다른 엄마들 얘기가 들린다. 이미 1학년 과정을 다 마쳤다는 아이는 물론이고 최근 학원에서 레벨 테스트를 했더니 성적이 우수하게 나와 그 학원 본점으로 가서 최상위 반에 도전하게 됐다는 아이까지 있었다. 하나 엄마는 갑자기 조급해지면서 자기가 해야 할 것을 하지 않고 있다는 마음이 들었다.

4년마다 한 번씩 열리는 동계 올림픽에서 한국인이 가장 관심 갖고 지켜보는 종목은 쇼트트랙일 것이다. 그중에서도 여러 선수가 나와 코스를 많게는 45바퀴까지 도는 계주 경기를 보다보면 손에 땀을 쥐게 된다. 그 이유는 쇼트트랙에서는 추월하고 추월당하는 일이 빈

번하고 사고도 자주 일어나 긴장의 끈을 놓을 수 없기 때문이다. 우리 나라 선수가 뒤처져 있으면 해설자들은 항상 맨 앞에 서는 것은 공기의 저항을 많이 받기 때문에 힘을 비축했다가 나중에 추월해야 한다고 말한다. 그러나 뒤처져 있는 것도 계속 불안하고 어쩌다 순위가 하나 더 뒤로 밀리기라도 하면 조바심은 더 커져만 간다.

아이를 둔 부모의 마음은 쇼트트랙을 보는 시청자의 마음과 비슷한 것 같다. 하나 엄마처럼 아이가 나름의 페이스로 앞으로 나아가고 있다고 생각한 순간 다른 아이들이 앞질러 내 아이보다 더 빠르게 간다. 멀리 보고 가야 하는 경주임을 머리로는 알지만 마음은 계속 조급해지기만 한다. 그러면서 다른 아이들이 많이 하는 것은 우리 아이도 빠짐없이 해야 할 것 같은 생각이 든다.

이 시기에는 많은 것을 빠르게 하기보다는 오랜 시간 동안 경주하기 위해 필요한 기초를 탄탄히 하는 것이 중요해 보인다. 수학 공부를 꾸준히 하는 데 가장 기초가 되는 것은 무엇일까? 아마도 공부 습관일 것이다. 습관은 장기 목표를 달성하는 데 있어 중요한 요인 중 하나다. 좋은 습관이 배어 있다면 계속해서 의지를 다지거나 유혹에 흔들릴 일은 줄어든다. 그럼에도 불구하고 유독 공부에 있어서는 습관보다 동기 부여나 메타 인지에만 초점이 맞춰지는 경향이 있다.[24] 초등학교 시기에는 앉아서 오랜 시간 한 가지에 집중하는 능력이 키워진다. 공부가 아니더라도 앉아서 무언가 꾸준히 할 수 있는 시간을 규칙적으로 만들어주는 것이 필요하다. 이런 습관이 일단 형성되면 자연스럽게 앉아서 공부하는 습관으로 이어질 수 있다.

더불어 스스로 배운 것을 정리하고 이에 대해 생각하는 습관을 키우는 것도 중요하다. 수학은 결국 개념을 이해하고 이를 바탕으로 새로운 문제를 푸는 것이 본질이다. 개념을 가장 쉽게 이해하려면 누군가가 설명하는 것을 들으면 된다. 하지만 듣기만 하고 끝난다면 기억에 오래 남기는 어려워서 이를 소화하는 과정이 필요하다.[25] 소화한다는 것은 결국 독학을 했건 누군가의 가르침을 받았건 그 개념을 자신만의 언어로 정리하고 표현하는 것이다. 이것을 누군가에게 설명할 수도 있고 노트에 따로 정리할 수도 있는데, 어느 쪽이든 중요한 것은 스스로 정리한다는 점이다. 그다음은 이해한 개념을 문제에 적용하는 단계다. 문제를 풀 때 가장 좋지 않은 습관은 모르는 것이 나올 때마다 바로 해설과 정답을 확인하거나 질문을 통해 즉시 궁금증을 해결하는 것이다. 그렇게 하면 문제가 빠르게 해결되며 학습했다고 여겨지겠지만 이러한 습관은 문제 해결력을 키우기보다는 암기력만 키우는 결과를 불러올 수 있다. 최소한의 힌트로 고민하고 해설과 답은 최대한 늦게 봐야 새로운 문제를 마주했을 때 풀어나가는 문제 해결력이 올라갈 수 있다.

연산과 도형 영역을 함께 발달시켜야

하진이는 올해 초등학교 6학년생이다. 하진이 엄마는 요새 아이의 수학 공부와 관련해 고민이 많다. 아이가 수학을 좋아하긴 하지만 특정 유형의 문제만 골라서 풀려는 습관이 있기 때문이다. 하진이는 도형이나 공간 감각을 사용해 푸는 문제가 나오면 집중도 잘하고 앉은 자리에서 정해진 양을 뚝딱 해내지만, 단순한 계산 문제나 연산을 반복해서 하는 것은 꺼리고 암산으로 풀다가 실수하곤 한다. 이런 습관은 잘 고쳐지지 않고 학원에서도 어느 영역을 하는지에 따라 시험 점수와 평가가 극과 극이다. 도형 감각은 타고난다던데 그러면 차라리 다행이라고 생각해야 하는 것인지, 연산은 싫어하지만 억지로 연습시키면 좋아질 수 있는 것인지 고민이 많다.

수학에도 여러 영역이 있다. 아이를 키우며 수학 공부를 시키다보면 수학의 각 영역이 서로 다른 수준으로 발달할 때가 있다. 특히 연산과 도형에서 그런 경향이 흔한데 과연 둘은 서로 구분되는 별개의 영역일까? 크게 나누어 봤을 때 연산은 숫자/추론 영역에 해당되고, 도형은 시공간 영역에 해당된다. 편의상 두 영역을 숫자와 공간으로 단순화해 일컫겠다. 두 영역은 분명 서로 다르지만 밀접한 연관성을 가지고 있다. 시계를 읽을 때도 숫자와 공간은 서로 연결되며, 자로 길이를 측정할 때도 숫자와 공간은 밀접하게 상호작용한다. 실제로 숫자와 공간과 관련된 생각을 할 때 활성화되는 주요 뇌 부위도 상

당 부분 겹친다.[26]

숫자와 공간이 밀접하게 연관되어 있다면 한쪽을 잘하는 것이 다른 쪽에도 영향을 미치는지 궁금할 것이다. 연구에 따르면 이 둘은 상당한 연관성을 갖는 것으로 나타났다. 문해력이 두 영역에 일부 영향을 미치긴 하지만 그 영향이 크지는 않았고, 숫자와 공간 간의 연관성이 훨씬 더 크게 나타났다.[27] 시간에 따른 연관성을 살핀 연구들은 서로 일치하지 않기 때문에 주의가 필요하지만, 한 연구에서는 초등학교 입학 시기의 공간 능력이 고학년 때의 숫자와 공간 능력 모두에 영향을 미치는 것으로 나타났다. 반면 초등학교 입학 시기의 숫자 능력은 고학년 때의 숫자 능력과만 연관되었다.[28] 이러한 결과를 염두에 둔다면 공간 능력의 파급력이 조금 더 크다고 생각된다.

숫자 능력, 그리고 연산에 영향을 미치는 요인으로는 여러 가지가 있다. 유전적으로 어떻게 타고났는지, 특정 인지 기능이 얼마나 발달했는지, 어떤 환경에 노출됐는지 등이 고루 영향을 미칠 수 있다. 환경 요인 중 가장 중요한 것은 숫자와 관련된 활동에 얼마만큼 참여했는지다. 대표적인 숫자 관련 활동으로는 물건의 숫자 세기, 양 측정하기, 크기 비교하기, 더하거나 빼는 카드 게임 또는 보드 게임 하기, 시계로 시간 읽기, 날짜 계산해보기 등이 있다. 혼자 또는 다른 사람과 함께 이러한 활동에 얼마나 참여했는지에 따라 초등학교 입학 때의 연산 능력이 달라질 수 있다.[29] 즉 숫자 관련 자극 및 배움의 기회가 많을수록 연산 능력 또한 좋아지는 것이다.

연산 능력을 향상시키기 위해서는 반복이 중요하다는 견해가 있다. 과연 과학적 근거가 있는 이야기일까? 뇌과학의 관점에서 봤을 때, 숙달되지 않은 연산을 할 때는 전두엽, 두정엽을 포함한 여러 뇌 부위가 활성화된다. 그러나 같은 연산을 반복적으로 하면 전두엽 쪽의 활성화는 점점 줄어들고, 뒤쪽 두정엽이 더 활성화되는 양상을 띤다. 즉 계산이 자동화되면서 계산의 효율성은 높아지고, 전두엽이 연산의 부하를 덜면서 더 복잡한 문제 해결 능력에 쓸 자원이 생기는 것이다. 그럼으로써 수학적 사고력이 자랄 틈이 생긴다. 따라서 연산의 반복과 자동화는 중요할 수 있다.[30] 다만 연산을 연습할 때 지나친 반복이 동기를 저하시키고 연산에 대한 거부감을 키우지는 않는지 잘 살펴봐야 할 것이다. 다양한 연산 중 기본 연산은 10 이하인 두 수의 덧셈과 곱셈을 뜻한다. 기본 연산에 숙달되면 손가락을 이용한 수 세기 등을 이용하지 않고 3초 이내에 신속하게 계산할 수 있다. 기본 연산의 숙달은 보통 1학년부터 시작되어 3학년 때 완성된다. 기본 연산을 비롯한 연산에 유창해지기 위해서는 효율적이고 정확한 연산 방법을 유연하게 사용할 수 있어야 하며 기억하고 암기한 것을 빠르게 인출해내는 능력도 필요하다.

공간 능력, 그리고 도형에 영향을 미치는 요인은 조금 다를 수 있다. 숫자 관련 활동과는 다르게, 공간 관련 활동을 많이 하는 것은 초등학교 입학 때의 공간 능력에 그리 큰 영향을 미치지 못한다. 그렇더라도 부모가 퍼즐 맞추기와 같은 아이의 공간 관련 활동에 적극 참여하면 추후 공간 능력에 긍정적인 영향을 미치기도 했다. 일반화하기에는 근거가 아직 부족하지만, 초등학교 입학 전 공간 능력의 향상을 위해서는 부모의 조금 더 적극적인 개입이 필요한 것으로 보인다. 공간 능력은 유전적인 요인이 클까? 쌍둥이를 대상으로 한 연구 결과를 종합해 보면 환경적 요인보다는 유전적 요인이 더 큰 영향을 미친다.[31] 그러나 이러한 사실이, 연습이 효과 없다는 뜻은 아니다. 블록 등의 구체물을 이용한 반복적인 연습이 공간 능력을 향상시킨다는 근거는 분명히 존재한다.[32] 따라서 도형에 있어서 학습의 역할 또한 중요하다.

연산과 도형, 두 영역은 서로 영향을 주고받는다. 한 영역을 포기하고서는 수학 능력의 꾸준한 향상을 기대하기 어려우므로 부족한 부분을 파악하고 동기 부여를 통한 꾸준한 연습이 중요하다.

수포자는 왜, 언제, 어떻게 생길까

우리나라 학생들의 수학 실력은 세계적인 수준이다. 2022년 국제 수학올림피아드에서 한국은 104개국 가운데 종합 2위를 차지했다. 또한 같은 해에 한국계 미국인인 허준이 교수가 수학계의 노벨상인 필즈상을 수상해 화제가 되기도 했다. 2020년에 발표된 OECD 국제 학업성취도평가 결과에서도 우리나라는 수학 성취도 최상위권을 차지했다. 초등학생 기준 58개국 약 33만 명, 중학생 기준 39개국 약

25만 명이 참여했고, 우리나라에서는 345개교의 학생 약 1만 2000명이 참여해 초등학교 4학년, 중학교 2학년 모두 3위를 차지했다. 해당 평가가 시작된 1995년부터 한국의 수학 학업 성취도는 최상위권을 유지하고 있다.

이런 결과와는 정반대로 우리나라 학생들의 수학에 대한 자신감과 흥미는 국제 평균보다 10~20퍼센트 정도 낮다. 초등학생 중 수학에 자신감 있는 학생은 64퍼센트, 흥미 있는 학생은 60퍼센트였다. 마찬가지로 중학생 중 수학에 자신감 있는 학생은 46퍼센트, 흥미 있는 학생은 40퍼센트였다. 수학에 자신감과 흥미가 없는 학생은 세계 어디에나 있겠지만 우리나라 학생들이 느끼는 어려움은 유독 더 커 보인다. 흔히 일컫는 수포자, 수학 포기자가 그런 어려움을 대변해주는 단어다.

초중고생 약 3700명을 대상으로 설문조사한 결과를 보면 초등학교 6학년의 12퍼센트, 중학교 3학년의 23퍼센트, 고등학교 2학년의 32퍼센트가 '스스로 수포자라고 생각하나요?'라는 질문에 '매우 그렇다' 또는 '그렇다'라고 대답했다.[33] 같은 설문에서 중학교 수학 교사들은 학생들이 수학을 포기하는 가장 큰 이유는 누적된 학습 결손이라고 답했다. 그렇다면 수포자는 언제 생겨날까? 수포자가 많이 발생하는 대표적인 시기는 중학교 입학 후다. 이 시기에는 초등학교 때와 비교해 숙지해야 하는 개념이 확연히 늘고 연산도 복잡해진다. 또한 문자를 사용한 수학이 가능하다는 것을 배우고 수학적 언어를 쓰기 시작하는 시기이기도 하다. 초등학교까지의 수학은 문제를 읽고 이해하는 언어 능력과 비슷한 문제를 푸는 것을 보고 따라할 눈치가 있다면 개념을 제대로 이해하지 못해도 상관없었다. 그러나 중학교에 들어서면서는 개념 이해 없이 수학을 하는 것은 어려워진다.

그다음으로 수포자가 많이 생기는 시기는 고등학교 입학 후다. 개념과 공식은 더 늘어나고 이해도 필요하지만 암기와 빠른 속도에 맞춰나가는 것도 필요하다. 중학교 3학년 때와 내용은 비슷한 듯하지만 문제가 심화되고 여러 개념을 같이 적용해야 할 때도 있다. 또한 중학교까지는 절대평가로 성적을 산출하지만 고등학교에서는 상대평가 방식으로 바뀌면서 어려운 문제가 대폭 늘어난다. 전과는 달라진 시험 성적에 실망한 아이들은 이때 수포자가 되기도 한다.

수포자가 되는 이유로는 여러 가지가 있을 것이다. 대표적인 것은 스스로 학습하는 능력이 부족해서다. 이 경우는 수학뿐 아니라 다른 과목에서도 뒤처질 수 있고, 수학에서는 유독 문제가 더 심각해질 우려가 있다. 다른 과목은 학습 능력이 부족해도 반복이나 암기를 통해, 혹은 어림짐작을 통해 어느 정도 성과를 낼 수 있다. 반면 수학은 개념 이해를 못하면 암기해야 하는 문제의 유형이 너무 많아진다. 또한 정교하게 100퍼센트 마무리하지 않고 어림짐작으로 정답을 맞히기는 어렵다. 학습 능력을 키우려면 초등학교 저학년 때부터, 이미 그 시기가 지났다면 지금부터라도 스스로 읽고 이해한 내용을 정리하며 자신만의 언어로 표현하는 연습이 필요하다.

또 다른 수포자의 유형은 습관이 잘못 든 경우다. 정답률이 떨어지고 틀렸던 문제를 반복해서 틀린다면 문제를 대충 푸는 습관이 있지는 않은지 살펴봐야 한다. 많은 양의 숙제를 제한된 시간 내에 풀거나 억지로 숙제를 계속할 때 이런 습관이 생길 수 있다. 공부 시간이 길고 열심히 하는데도 수학 성적이 좋지 않다면 문제 해결력을 키우지 못하게 하는 습관이 있는지 점검해야 한다. 문제 해결력을 키우는 데 방해가 되는 대표적인 습관은 해답지를 빠르게 보는 것이다. 그렇게 하면 공부 속도도 나고 그 당시에는 다 이해한 것 같지만 비슷한 문제를 시험에서 마주치면 또다시 막히고 풀지 못한다. 문제 해결력을 키우려면 해답지를 바로 볼 수 있는 유혹에 굴하지 않고 문제를 붙잡은 채 고민하고 괴로워하는 과정이 필요하다.

인지 기능의 전반적인 문제로 인해 수포자가 되는 아이들도 있다. 인지 기능은 지식을 효율적으로 습득하고 다루는 능력을 뜻한다. 인지 기능은 한 가지 방법으로 완벽히 평가하기가 쉽지 않다. 현존하는 방법 중에는 지능 검사, 즉 아이큐 테스트가 비교적 안정적으로 평가할 수 있다. 또래들보다 인지 기능이 많이 떨어져서 하위 2퍼센트 정도에 해당되고 일상생활에도 지장이 있으면 지적 장애로 분류된다. 그 정도는 아니지만, 인지가 느려서 하위 9퍼센트쯤에 해당된다면 경계선 지능에 속할 가능성이 높다. 그러면 똑같은 내용을 학습하더라도 습득이 느리고, 습득하더라도 금방 잊어버리곤 한다. 또 다른 과목에서도 고루 어려움이 있겠지만 특히 사고력을 요하는 수학 과목에서 난관에 부딪히곤 한다.

　인지 기능 전반에서는 문제가 없지만 특정 인지 영역에서 어려움을 겪는 아이들도 있다. 대표적으로 난산증을 꼽을 수 있는데, 다른 영역에서는 느리지 않지만 유독 숫자 감각이 좋지 않고 숫자와 관련된 영역, 특히 수학에서의 어려움이 두드러진다. 또한 주의력 문제 탓에 집중하기 어려운 경우 잔실수가 잦아 수포자가 되기도 한다.

　수포자가 되지 않으려면 제일 먼저 앉아서 공부하는 습관이 들어야 한다. 개념 공부를 스스로 해나갈 수 있는 언어 능력, 독해 능력이 필요하고 개념을 자기 말로 정리하고 이해하는 연습을 해야 한다. 개념과 관련된 부분은 익숙해질 때까지 반복하고 암기한다. 문제를 풀때는 암기해서 푸는 것이 아니라 개념을 적용해서 풀 수 있도록 한다. 풀 수 있는 문제만 반복해서 푸는 것이 아니라 한 단계 높은 수준의 문제를 풀되 해설지를 바로 보지 말고 스스로 고민하며 생각하는 연습을 한다. 한편으로는 수학을 못하는 이유가 단순히 공부 방법이나 습관의 잘못이 아닌, 인지 기능과 관련된 사안은 아닌지 염두에 두고 살펴볼 필요가 있고, 의심된다면 전문가에게 상담 및 평가를 받아봐야 한다. 모든 아이에게 적용되는 공통된 방법은 존재하지 않으니 어떤 문제가 있는지 파악하고 그에 맞춘 대처 방법을 찾는 것이 가장 중요하다.

계산장애, 난산증을 겪는 아이들

샘나는 올해 초등학교 1학년생이다. 샘나의 받아쓰기와 읽기 능력은 좋은 편으로 반 아이들과 비교해도 뒤떨어지지 않고 오히려 우수한 편이었다. 반면 수학 실력은 많이 부진했다. 샘나는 25까지 잘 셀 수 있지만 그보다 더 큰 수를 세는 것은 헷갈려했다. 10에서 0까지 거꾸로 세기는 잘할 수 있었다. 그러나 8+1은 하기 힘들어했다. 샘나는 수업 시간에 문제를 일으키지 않는 착실한 학생이었고 친구 관계도 좋은 편이었다. 학교 선생님은 부모 상담 때 샘나 부모님에게 이런 사실을 알렸고, 부모님도 샘나가 어려서부터 숫자를 10까지 세거나 숫자 외우는 것을 어려워했다고 이야기했다. 샘나의 부모님은 인터넷 검색 중 난산증을 알게 되었고 증상이 비슷하다는 생각에 근처 소아청소년 정신건강의학과에 들러 진료 및 검사를 해 난산증 진단을 받았다. 샘나는 주 2회 개별 학습 치료를 시작했다.

계산장애 혹은 난산증은 수를 다루는 데 어려움이 있는 것이다. 글을 읽는 데 어려움을 겪는 난독증은 스필버그나 톰 크루즈와 같은 유명인도 겪었다고 고백할 만큼 상대적으로 잘 알려져 있다. 난산증은 그와 비슷한 개념이지만 상대적으로 덜 알려져 있다. 난산증을 가진 사람은 전체 인구의 3~6퍼센트로 추정되며 난독증과 비슷한 수준이다. 그럼에도 불구하고 제대로 된 평가나 치료를 받지 않는 이가 대다수다.

단순히 수학을 못하면 난산증일까? 그렇지는 않다. 수학을 못하는 이유는 다양하고 난산증은 그 원인 중 하나일 뿐이다. 난산증은 타고 난 수 감각이 좋지 않으며 숫자를 세는 것뿐 아니라 크기나 길이 개념, 숫자 간의 관계를 파악하는 것에서도 느리다. 난산증의 증상은 만성적이고 지속되는 경과를 보이는데, 적어도 학교를 다니기 시작하는 학령기 전후에는 나타나야 한다.[34]

난산증 체크리스트
☐ 숫자를 셀 때 그럴 나이가 지났는데도 매번 손가락을 사용한다.
☐ 거꾸로 세기를 어려워한다. 거꾸로 세기 위해서 똑바로 세기를 여러 차례 반복해야 한다.
☐ 숫자 카드 3과 8이 있으면 7이 순서상 어디에 있는지 알아내는 데 시간이 오래 걸린다.
☐ 숫자의 단위 인식이 어려워 10씩 늘려 세기에서 70, 80, 90, 100, 200, 300으로 센다.
☐ 기본 사칙연산인 더하기, 빼기, 곱하기, 나누기가 잘 학습되지 않고 실수가 잦다.
☐ 크기, 길이에 대한 감이 없어서 바닥에서 천장까지의 높이가 100미터라고 한다.

난산증의 증상은 연령대별로 조금씩 다르게 나타난다. 구체적인 예를 살펴보면 초등학교 입학 전에는 수 세기가 늦고 숫자 읽는 것을 어려워하며 숫자 3이 실제 세계에서 사과 3개를 뜻한다는 것을 연결 짓기 어려워한다. 초등학교 입학 후에는 한 자릿수 더하기와 빼기 같은 기본 연산이 느리거나 부정확하고 크기나 길이를 어림짐작하기 어려워한다. 청소년 또는 성인기 때는 암산을 잘 못하고 큰 자릿수의 숫자를 다루기 어려워하며, 거스름돈 계산이나 수입과 지출 균형 맞추기 등의 숫자와 관련된 일상생활에서 어려움을 겪는다.

난산증은 증상도 다양하게 나타날 수 있고 ADHD나 난독증 등과 함께 나타나기도 해 진단하는 과정이 쉽지 않다. 그런 연유로 의심되는 증상이 있다면 빠르게 정신건강의학과를 찾아가 진단을 받아보는 것이 좋다. 난산증은 성인이 되어서도 지속될 수 있으니 가능한 한 빠른 치료가 요구된다. 치료는 적절한 훈련을 받은 전문가에 의해 이뤄지며 아이의 상태에 맞춘 개별 학습 치료가 가장 효과적이다. 또한 동반 증상이 있다면 파악하고 이에 대해 투약을 포함한 적합한 치료를 하는 것도 중요하다.

선행학습은 도움이 될까

우리나라에서 수학 공부를 시키기 위해 학원을 보낸다면 선행학습은 더 이상 선택 사항이 아니다. 다수의 학원이 선행을 아주 당연한 것으로 생각하고 학원에 다니면서 한 학기를 선행할지 1년 또는 그 이상을 선행할지 그 기간 정도만 결정하게 된다. 심지어 어떤 학원들은 선행이 어느 정도 되어 있지 않으면 입학하기 어렵다. 초등학교 고학년만 되어도 과학고, 영재고 준비반이 있고 빠르면 초등학교 때 고등학교 과정인 『수학의 정석』을 배우기 시작하는 곳도 있다. 만약 학원에 갔는데 아이가 선행할 수준이 아니라는 이야길 듣는다면 부모는 내 아이가 뒤처진 것 같고 빨리 따라잡아야 할 것 같은 마음이 든다.

통계청에 따르면 2018년 초·중·고생들의 선행학습에 들어가는 비용이 역대 최고치를 경신했다. 특히 고등학생들은 2015년 이후부터 그 비용 증가율이 급격히 높아졌다. 학교에서는 선행학습을 시행하지 않기 때문에 이는 사교육 형태를 띨 수밖에 없고 그 비용 또한 비싸다. 2015년 기준으로 초등학생 대상 조사에서 4학년 또는 그보다 더 어릴 때 선행학습을 시작하는 아이는 13퍼센트, 5학년에 시작하는 아이는 28퍼센트, 6학년 때 시작하는 아이는 19퍼센트였다. 고등학생 대상 조사에서는 초등학생 때 고등학교 과정을 선행한 경우가 7퍼센트, 중학교 1~2학년 때 시작한 경우가 6퍼센트, 중학교 3학년 때 시작한 경우가 21퍼센트였다. 학년을 막론하고 선행은 이미 널리 이뤄지고 있다.

선행은 왜 할까? 궁극적으로는 대학에 입학할 때 원하는 결과를 거두기 위해서일 것이다. 설문조사에서도 대입 경쟁에서 이기기 위해, 특목고나 자사고에 진학해 대학 입시에서 우위를 점하기 위해서라는 대답이 가장 많았다. 그 외에 교육 과정의 난도가 너무 높은 점, 사교육 업체나 주변 상황으로 인해 높아진 불안감이 원인으로 제시되었다. 결국 수능이나 내신 성적을 잘 받는 것이 선행의 목적이라고 한다면, 고등학교 과정이 일찍 끝나서 고등학교 3학년부터는 진도를 나가는 것이 아니라 이제껏 배운 것을 정리하고 수능 대비를 할 수 있어야 한다는 것이다. 또는 학교 내신 성적을 잘 받기 위해서 미리 진도를 나가두고 내신 시험을 준비하면서는 선행을 바탕으로 추가 공부를 할 시간을 벌어야 한다는 것이다. 그 시간을 벌기 위해 고등학교 때 선행을 해야 하고, 고등학교 때 선행이 이뤄지려면 중학교, 혹은 초등학교 때부터 해야 한다. 이러한 이유로 현재의 선행학습 문화가 생겨난 것이 아닐까 싶다.

그러나 선행학습을 했다고 그 내용을 다 이해하는 것은 아니다. 초등학교, 중학교 때부터 2년씩, 3년씩 선행을 했다 해도 고등학교에 입학한 후 그 효과가 미미하고, 마치 처음 배우는 것처럼 다시 수학 공부를 하는 아이도 많다. 왜 이런 현상이 벌어질까? 선행학습이 모든 아이에게 같은 영향을 미치지는 않겠지만 좀더 일반적인 경우를 생각해보자. 선행학습은 보통 학원에서 이뤄지는데 학원 입장에서는 선행학습이 상당히 편한 수업이다. 주로 개념 위주의 수업을 하게 되고 문제 역시 기초적인 수준이 많아 가르치기 쉬울뿐더러 당장의 학교

평가나 성적이 나오는 것도 아니어서 부담감이 적다. 배우는 학생 입장에서는 진도가 빠르게 나가니 뿌듯한 느낌이 들고, 개념은 듣고 문제는 쉬운 것 위주로 푸니 많은 것을 배운 듯싶다. 그러나 진도 위주의 수업을 하다보면 내용을 쉽게 잊어버리고 심화 학습은 하지 못해 문제 해결력이 향상되지 않는다. 만약 선행을 하는 것 때문에 시간이 모자라서 현재 학년의 심화 학습을 하지 못한다면 이런 문제 해결력의 부재는 더 심각해질 우려가 있다. 또한 선행을 하다보면 대충 넘어가는 좋지 않은 습관이 생길 수 있다. 미리 배우는 것이니 다시 한번 할 테고 학교 수업 때도 이미 배운 내용이라 여겨 집중력이 떨어질 수 있다.

선행학습이 수학 성적을 올린다는 과학적 근거도 미약하다. 한국교육개발원이 발표한 연구에 따르면 선행학습은 결과적으로 성적 향상에 큰 도움이 되지 않는다.[35] 서울 시내 초·중·고등학생 5000여 명을 대상으로 한 이 조사에 따르면 초·중까지는 선행학습을 한 학생들의 성적이 올라가지만 이 효과는 지속되지 못해, 대학 입시를 앞둔 고등학교 3학년이 되면 그 효과가 사라지거나 오히려 뒤처지는 것으로 나타났다. 최근까지의 다른 국내 연구를 종합해봐도 11개 연구 중 9개는 선행학습의 효과가 거의 없거나 전혀 없다고 했다.[36]

그렇다면 선행학습은 아무런 도움이 되지 않는 시간 낭비에 불과할까? 한 연구에서는 선행학습이 성적 향상에 도움이 되지만 그 효과는 대상 학생의 평소 성적에 따라 다르다고 결론 내렸다.[37] 113개 중학교 5000여 명을 대상으로 한 이 연구에서는 대상자를 성적에 따라 상위(20퍼센트), 중위(40퍼센트), 하위(40퍼센트)로 분류했으며 3년간의 성적을 분석했다. 이때 중위에 해당되는 학생들은 사교육이 성적 향상에 있어 중요한 요인이 아니었으며, 사교육 시간을 늘렸을 때보다 오히려 자습 시간을 늘렸을 때 수학 성취도가 향상되었다. 반면 상위권 학생에게는 사교육이 수학 성취도 향상에 효과가 있었다. 이 연구가 시사하는 바는 여러 가지가 있겠지만, 그중 하나는 선행학습이 진정 효과를 발휘하려면 현행 학습이 잘되어 있어야 한다는 것이다. 즉 현재 학년에서 배우는 기초 개념은 물론 심화 수준의 문제까지 잘 다룰 수 있을 때 선행이 도움이 되고 필요하다는 것이다.

선행학습에 있어서 주변 환경 및 심리적인 요소 또한 고려해야 한다. 일부 지역이나 학교에서는 선행이 당연시되고 심지어 학교 내신에서도 선행학습을 하지 않으면 좋은 성적을 받기 어렵다. 이러한 환경이 옳고 그른지 여부를 떠나서, 공부하는 학생 입장에서는 주변 친구들이 모두 선행을 하는데 자기만 하지 않고 있다면 불안하고 자신감도 떨어질 수 있다. 시험을 보고 나서 주변에 선행한 아이들이 자신은 들어본 적도 없는 방법으로 문제를 더 쉽게 풀었다는 말을 듣는다면 그 영향은 더 클 수 있다. 이런 상황에서는 선행학습을 하는 것이 실력에 도움이 되어서라기보다는 현실적이고 심리적인 이유로 필요할 수 있다.

그래서 선행은 해야 하는 것인가, 말아야 하는 것인가. 요약하자면 올바른 선행은 도움이 된다. 올바르다고 하는 것은 현재 학년의 기본과 심화 과정을 충분히 마친 후 진행하는 선행학습을 의미한다. 또한 선행학습을 할 때는 단순히 빠르게 개념 위주의 진도를 나갈 것이 아니라 심화까지 병행하는 것이 더 도움이 된다.[38] 올바른 선행이라면 그것이 3개월이 되었건, 3년이 되었건 문제 해결력을 키우고 수학적 사고력을 키우는 데 도움이 될 수 있다.

아무리 많은 지식을 가르친다 하더라도 그 지식을 흡수하는 것은 결국 아이의 몫이다. 무엇을 아는지 점검하고 수준에 맞는 선행학습을 하도록 목표를 설정하는 것은 아이와 부모가 서로 도와가며 해나갈 일이다.

경시대회는 어떻게 해야 할까

수학 경시대회를 시켜야겠다는 생각은 처음에 어떻게 하게 될까? 아이가 수학을 잘하고 재능이 있어서 시키는 부모도 일부 있을 것이다. 좀더 현실적으로는 사고력 수학을 하다가 심화 학습의 한 방법으로 경시를 시키는 것이다. 때로 부모는 생각하지 않았지만 학원에서 가능성 있다고 추천했을 수도 있고 우연히 풀어본 경시 기출문제를 아이가 흥미 있어 하며 도전하는 것을 봤을 수도 있다. 다른 과목보다는 그래도 수학을 잘하기 때문에 수학에 온전히 집중해야겠다는 생각이거나, 우리 아이보다 수학을 못하는 같은 학원에 다니는 옆집 아이가 경시를 시작해서일 수도 있다.

경시에도 여러 종류가 있는데 크게는 한국수학올림피아드KMO, 사설경시, 교내수학경시대회 등으로 나누어볼 수 있다. 어떤 경시인지에 따라 난도, 입상자 기준도 다르다. 중등 KMO를 예로 들자면 2016년 기준으로 9000여 명이 응시해 888명이 수상했다. 중등 KMO이기 때문에 중학생 전 학년뿐만 아니라 초등학생이 응시하기도 하지만, 그 시기 한 학년 평균 학생 수 50만 명을 기준으로 본다면 한 학년 학생의 1.8퍼센트가량이 경시대회에 응시하고 그 10분의 1인 0.2퍼센트 정도가 입상한다. 그해 영재고 응시자 수가 1만1909명으로, 50만 명 기준 2.4퍼센트 정도가 영재고에 응시하고 0.2퍼센트 정도가 합격한다는 것을 생각해볼 때 경시 통과의 문은 상당히 좁아 보인다.

그러나 KMO 준비를 할 때 입상을 주요 목표로 꼽지 않는 경우도 분명 있을 것이다. KMO 문제는 한편으로 심화 과정 중 하나라고 볼 수 있다. 그렇게 생각한다면 충분한 시간을 갖고 어려운 문제에 도전해봄으로써 사고력과 끈기를 키울 수 있을 것이다. 또한 경시 공부를 하면서 아이가 자신의 수학 감각 및 수준을 어느 정도 깨닫고, 추후 심화 학습의 수준과 목표를 정하는 데 도움을 받을 수 있다. 나아가 경시 공부를 했던 경험이 나중에 대학별로 진행하는 심층 면접 및 논술에서 도움이 될 수 있다.

KMO 준비를 함으로써 지불해야 하는 기회비용도 분명 있다. 우선 독서, 영어, 과학 등 다른 공부를 할 시간을 빼앗긴다. 또한 같은 수학이기는 하지만 경시 공부는 결이 달라서 그 방식에 너무 익숙해지면 학교 내신이나 수능 수학에 오히려 도움이 되지 않을 수도 있다. 그렇다 보니 경시를 한동안 하다가 그만두면 그만큼 다른 영역에서 손해 볼 수 있다. 경시 준비를 하면서 문제 난도가 지나치게 높아 아이가 오히려 수학에 대한 자신감이 떨어지거나 위축되지 않는지도 잘 살펴봐야 한다. KMO 준비를 하더라도 그에 대해 아이가 어떻게 느끼며 어떤 도움을 받고 있는지 의사소통을 해 부모 욕심으로 끌고 가는 것은 아닌지 점검해보는 것이 중요하다. 만약 억지로 끌고 가는 상황이라면 중단하는 것이 나을 수도 있다. 경시를 해야만 수학 실력이 좋아지고 원하는 대학에 갈 수 있는 것은 아니기 때문이다.

교내 수학 경시대회는 상황이 조금 다를 수 있다. 대개 KMO만큼의 본격적인 준비나 재능이 요구되지 않는다. 학교마다 출제 유형이나 난도가 달라 단정짓기는 어렵지만 평소 심화 공부를 꾸준히 해왔다면 별도의 준비 없이, 혹은 관련 문제집을 스스로 풀어본 뒤 참여해볼 수 있다. 교내 경시 입상은 학생부에 기입해 대입 때 도움을 받을 수 있기에 부담 갖고 참여하는 학생도 있을 수 있다. 그러나 입시제도는 수시로 바뀌고 2024년에는 교내 경시대회 수상도 대입에 반영되지 않을 예정이다. 준비에 심혈을 기울인 것이 아니라면 결과에 너무 연연하거나 스트레스를 받을 필요 없이 참여해 경험을 쌓고 실력을 확인하는 계기로 삼을 수 있다.

부모가 집에서 무엇을 해줄 수 있을까

수학과 관련된 활동을 집에서 할 때 부모가 자신감을 갖고 긍정적인 태도로 아이들을 대하는 것이 중요하다. 또한 아이의 수준을 파악해 적합한 활동을 하는 것도 필요하다. 아이들은 문제를 해결하며 자신감과 성취감을 느낄 때 더 어려운 문제에도 끈기 있게 도전할 수 있기 때문이다. 영역별로 쉽게 할 수 있는 활동의 예시는 다음과 같다.

숫자 감각과 계산

· 바구니에 있는 물건의 숫자 세기. 어떤 물건부터 시작하든 수의 총합은 똑같은 것이라는 개념을 익히는 데 도움이 된다. 거꾸로 세기도 해보고 2개씩, 5개씩 한꺼번에 세어볼 수도 있다. '이 방에서 4개가 있는 것은 무엇일까?'와 같은 간단한 퀴즈를 번갈아가며 낸다.

· 일상생활에서 필요한 숫자와 관련된 질문을 하고 결정에 아이를 참여시킨다. '소스를 만들려면 토마토 5개가 필요한데 집에 2개 있으면 몇 개를 사와야 할까?'

· 숫자와 관련된 게임을 한다. 예를 들어 '계산기에서 숫자 8이 고장나서 눌리지 않는데, 18을 계산기에 나타나게 하려면 어떤 숫자를 더해야 할까?' 하고 직접 계산기에서 덧셈을 해본다. 계산이 들어가 있는 보드 게임도 좋다.

· 집에 있는 수건, 종이 등의 물건으로 2분의 1, 4분의 1을 만들어

보고 서로의 크기를 비교해본다.

계측

• 다양한 크기의 그릇을 준비한다. 어느 그릇이 가장 큰지 순서대로 나열해본다. 그리고 큰 숟가락 혹은 국자를 준비한다. 같은 숟가락 혹은 국자로 각기 다른 그릇을 채우기 위해 얼마만큼 반복해서 물을 옮겨 담아야 하는지 측정해본다. 처음 예측과 얼마만큼 맞는지 비교해본다.

• 시간에 대한 감을 익힌다. 학교에 가는 데 걸리는 시간, 식사하는 데 걸리는 시간, 목욕하는 데 걸리는 시간을 예상해보고 실제 걸리는 시간과 비교해본다.

• 아이가 마트에서 쓸 수 있는 돈의 총액을 정한다. 아이에게 물건을 고르도록 하고 고른 물건의 가격이 모두 합해 얼마인지 계산하게 한다. 총액보다 많은지 적은지, 얼마만큼 차이가 나는지 확인한다.

기하학과 공간 감각

• 집 안과 집 밖에서 보이는 사물의 모양을 서로 이야기한다. 정사각형 과자, 육각형 접시, 세모난 도로 표지판 등. '이 방에서 네모 안에 세모가 그려져 있는 물건은 무엇일까?'와 같은 퀴즈를 서로 낸다.

• 아이가 잘 알고 있는 곳의 지도를 만들어본다. 아이 방의 지도를 만들어본다. 이때 실제 물체를(예: 침대) 그에 대응하는 작은 물체로

(예: 지우개) 표현하게 해 상징을 이해하도록 돕는다. 살고 있는 동네나 자주 가는 장소의 지도를 만들어보는 것도 좋다.

• 대칭을 찾아본다. ㄱ, ㄴ, ㄷ 등 한글에서 대칭을 찾아본다. 집 안과 집 밖의 다양한 물건의 대칭 선을 그려본다.

패턴 찾기와 대수

• 패턴을 같이 찾아본다. 옷에서, 벽지에서, 타일에서, 꽃이나 나무에서 패턴을 찾아보도록 아이를 격려하고 같이 이야기해본다.

• 패턴을 같이 만들어본다. 화살표를 만들어 위, 아래, 좌, 우로 한 사람이 패턴을 먼저 만들고 번갈아가며 같은 패턴을 만든다. 이쑤시개, 빨대, 블록을 이용해 같은 놀이를 해본다. 다음 단계의 패턴을 만들려면 블록이 몇 개나 필요한지 예측해보고 그 예측이 맞는지 직접 확인해본다.

• 숫자 패턴을 만들고 아이에게 다음번에 올 숫자를 예측하게 만든다. 예를 들어 1, 4, 7, 10을 적고 일곱 번째에 올 숫자가 무엇인지 예측하는 퀴즈를 낸다. 아이에게 발견한 규칙을 설명하도록 격려한다.

―――

수학과 수리력에 대한 글을 쓰면서 아이를 키우고 있는 부모로서 마음이 가볍지만은 않다. 수학 한 과목만 해도 이렇게 많은 학생과 부모들이 고민하며 노력하고 있고 또 이렇게 많은 사람이 궁금증을 가지며 연구하고 책도 썼구나 싶어 나는 과연 내 아이들을 위해 얼마나 많은 것을 했고 또 앞으로 할 수 있을까를 되짚었다. 이 책을 읽는 여러분도 비슷한 마음이라면, 아이를 생각하는 뜻에서 학습에 관한 책 한 권을 기꺼이 집어들었으니 이미 많은 것을 했고 하고 있다고 말씀드리고 싶다. 오늘도 오늘 할 수 있는 최대한의 노력으로 공부하고 있는 아이들, 그리고 부모님에게 격려의 말을 전한다.

5장

영어 공부, 언제 어떻게 시킬까

정재석

서울아이정신건강의학과의원 원장

18세기 말부터 20세기 중반까지 외국어를 문법과 독해 중심으로 배워왔고, 20세기 중반부터 현재까지는 말 중심으로 배워왔다. (…) 의사소통 중심 교수법이 등장한 지 40년이 넘었다. (…) 2010년대 말부터 빠른 속도로 발전 중인 AI가 외국어 교육에 미치는 영향력이 점차 늘어가는 가운데 외국어 학습의 목적과 방법은 바뀔 가능성이 보이기 시작했다. _파우저

우리나라 학생이 영어를 배우는 상황은 두 가지로 나눌 수 있다. 미국으로 건너가서 영어를 배우는 상황, 즉 ESLEnglish as a second language 그리고 한국에서 영어를 배우는 상황, 즉 EFLEnglish as a foreign language 상황이다. 이민의 역사가 오래되다보니 한국인 이민 2세인 아동이 한

국 부모와 살며 집에서는 한국어를 사용하지만, 초등학교에서는 친구와 소통한다면 제1언어와 제2언어를 딱히 정하기 힘들기 때문에 ELLEnglish language learner이라고 부른다. 최근에는 ESL 대신 ELL이라는 용어를 훨씬 더 많이 쓰는 추세다.

우리나라 부모들의 영어 교육열은 유별나다. 태어나자마자 영어 비디오를 틀어주고 다섯 살부터 원어민이 교사로 있는 보육 시설에 보내려고 비싼 교육비를 투자한다. 과거 유학을 다녀와 영어에 능숙한 사람이 회사에서 인정받고 승진도 잘하는 모습을 지켜보면서, 자녀가 소위 영어 권력에 밀리지 않도록 해주려는 안타까운 노력이라고 평가하는 이들도 있고, 모국어도 제대로 모르는 상태에서 배우는 영어가 도움이 되기보다는 역작용이 많을 거라고 보는 이도 적지 않다. 우리말 학습과 영어 학습 사이에서 어떻게 균형을 맞춰줄지 교육에 관심 있는 부모에겐 늘 고민거리다.

이 장에서는 세계 각국의 다양한 문자 체계를 비교하면서 문자마다 학습 방법이 어떻게 달라야 할지 알아보고, 이어서 특정 시기가 지나면 외국어에 대한 아이의 학습 능력이 떨어지는 민감기가 있는지 알아볼 것이다. 또 최근 외국어 교육의 새 경향인 문해력 교육에 대해 알아보고, 현재 국내에서 널리 쓰이는 영어 교육법과 과학적으로 우리 학생들에게 가장 알맞은 영어 교육법의 차이가 있는지 알아보려 한다. 얼마 전부터 한국에서는 이른바 엄마표 영어가 유행하고 있으며, 영어 마을이나 단기 연수를 통한 영어 몰입 교육이 더 도움이 되

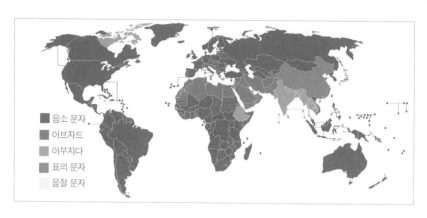

지구촌 각 나라의 문자 체계
출처: https://commons.wikimedia.org/wiki/File:Types_of_writing_systems.png

리라고 믿는 사람이 늘고 있는데, 과연 도움이 될지 논의해볼 것이다.

문자 체계와 읽기 학습

각 나라 학생의 읽기 학습에 큰 영향을 미치는 문자 체계writing system 사이의 차이에 대해 알아보자. 문자 체계란 '점토 같은 평평한 면이나 종이에 구어口語를 기록하거나 소통하는 체계적인 상징 수단'으로 정의된다. 최근에는 여기에 디지털 매체 같은 수단도 포함된다. 위 그림은 나라마다 사용하는 문자 체계를 종류별로 표시한 세계지도다. 우리나라는 유럽이나 미국과 같이 음소alphabetic 문자 체계를

공부하는 뇌, 성장하는 마음

사용하고 있다. 음소 문자 체계란 하나의 문자가 하나의 음소(자음 또는 모음)를 나타내는 문자 체계를 말한다. 알파벳 외에도 위 지도에 나오는 아부지다Abugida, 아브자드Abjad, 음절 문자Syllabary 모두 글자가 소리를 나타내는 표음 문자란 점에서 공통점이 있다. 인도와 그 인근 지역에서 주로 사용되는 아부지다는 모음을 따로 쓰지 않아도 각 자음 안에 고유의 모음 소리가 들어 있다는 점이 특징이다. 중동 지역에서 주로 사용되는 아브자드는 자음만을 표기하는 문자 체계라는 점이 특징이며, 일본이 사용하는 음절 문자 체계는 문자가 자음, 모음과 같은 음소가 아니라 음절을 나타낸다는 점에서 다르다. 우리와 이웃한 중국은 표의logographic 문자라고 해서 문자가 소리가 아닌 의미를 나타내므로 앞서 소개한 표음 문자들과는 전혀 다르다.

표음 문자 중에서도 음소 문자 체계를 사용하는 언어는 영어, 프랑스어, 독일어, 이탈리아어 등 다양한데, 이들끼리 비교해보면 글자와 소리의 대응이 규칙적일수록 어린 학생들이 읽기를 쉽게 배우는 편이고 불규칙할수록 배우기 어려워한다. 영어를 필두로 덴마크어-프랑스어-독일어-이탈리아어순으로 글자와 소리의 대응관계가 불규칙적인데, 이탈리아어는 우리말과 비슷한 수준의 글자-소리 대응의 규칙성을 가지고 있다. 1928년 국부 아타튀르크 대통령이 기존에 사용하던 아브자드를 버리고 음소 문자 체계를 도입한 터키는 우리말보다 글자-소리 대응이 더 규칙적이라고 한다. 우리말은 자음, 모음 수준에서의 대응은 꽤 규칙적이지만, 음절 사이에 경음화, 격음화, 유음화 등 음운변동이 자주 일어나서 터키어보다는 덜 규칙적이라고 할 수 있다.

그러면 음소 문자 체계의 단점에 대해 알아보자. 우리는 '팥빵'이라는 단어를 말할 때 보통 음절 단위로 말한다. 음절은 한번 숨을 내뱉으면서 만들어내는 소리인데, 모음 하나가 하나의 음절을 만든다. '팥빵'에는 4개의 자음과 2개의 모음이 들어 있는데 자음의 개수와 상관없이 모음의 개수가 몇 음절인지 결정한다. 한 번의 호흡에 '팥'을 발음하고 또 한 번의 호흡에 '빵'을 발음한다. 아이들이 말소리를 듣는 능력을 추적 관찰해보면 재미있는 사실이 발견된다. 네 살 정도면 대부분의 아이가 /팥빵/이란 단어에 대해 /팥/과 /빵/으로 나누어 들을 수 있다. 여섯 살이 되면 /팥/에서 /ㅍ/ 소리와 /앝/ 소리를 나눌 수 있으며 좀더 지나면 /ㅍ// ㅏ //ㅌ/으로 나눌 수 있다. 이를 음소 수준 분절이 된다고 하고 음소 수준 음운 인식이 된다고도 한다.

이처럼 음소 수준 음운 인식이 되는 아이가 한글을 배울 준비가 됐다고 할 수 있다. 아이가 한글을 잘 배우지 못하거나 한글 공부를 싫어할 때, 흔히 주변에서 아직 한글 공부를 할 준비가 되어 있지 않다며 조금 더 기다리라고 권하곤 한다. 이것은 반은 맞고 반은 틀렸다. 음소 수준 음운 인식이 안 되는 상태라면 한글을 제대로 배울 수 없다는 점은 맞다. 하지만 이럴 때 그저 기다리기만 해서는 안 된다. 왜냐하면 음소 수준 음운 인식이 안 되는 아이를 훈련해서 짧은 시간 안에 음소 수준 인식이 되도록 만들어줄 수 있기 때문이다. 기다린다고 저절로 해결되지 않는 아동이 적지 않기 때문에 체계적인 방법으로 인식 능력을 갖추도록 해주는 것이 좋다.

표음 문자 체계 중에서도 문자마다 읽기 발달에 필요한 특정 능력의 구성과 상대적 중요성은 크게 다르다고 한다. 글자–소리 대응이 불규칙한 문자를 배우는 학생에게는 반대의 경우에 비해 음운 인식이 되는지 여부가 중요하다고 한다. 대신 규칙적인 문자 체계에서는 반대의 경우에 비해 언어 이해 능력이 독해에 더 큰 기여를 하는 요소가 된다. 음절 문자 체계를 배울 때도 음운 지식이 필요하긴 하나 다만 음소 수준이 아닌 음절 수준의 인식이 요구된다. 글자–소리 대응이 불규칙한 영어 같은 문자 체계를 학습하기 위해서는 영어의 자음 모음 체계에 대해 심도 있는 이해가 필요하며, th, sh, ay, ey, tious 같은 다양한 낱자의 조합과 그들 각각의 발음에 대해 알아야 한다. 또 알파벳, 낱자 조합, 각운, 전체 단어 단위 수준에 이르기까지 다양한 크기의 의미를 표상하는 문자 기호를 인식하며 읽을 수 있어야 한다.

표의 문자 체계에서는 음운론적 인식과 함께 정자법적orthographic, 형태론적morphological 인식도 상당한 중요도를 가진다고 한다. 한자의 80~90퍼센트는 형성 원리로 만들어졌는데 한자의 시각 형태에서 의미부와 소리부를 나누어 인식하는 능력이 정자법적 인식 능력이며, 의미부가 바뀌면 그 한자의 의미가 어떻게 바뀌는지 인식하는 능력이 형태론적 인식 능력이다. 예를 들어 동銅이란 한자에서 금金은 금속이란 의미를 나타내며 동同은 '동'이란 소리를 나타낸다. 금金은 바늘,

총, 돈, 종, 거울 등에서 물건의 재료가 금속이란 의미를 담당한다. 또 표의 문자인 한자는 대부분 시각적으로 복잡하므로, 한자를 필순에 맞게 반듯하게 쓰면서 글자를 쓰는 손동작의 순서를 일일이 기억해야 다음에 그 글자를 기억하는 데 도움이 된다. 왼손으로 글씨를 쓰면 불리할 수밖에 없는 상황에 놓이는 것이다. 또 글자를 자주 베껴 써보는 것도 정자법적 인식을 향상시키는 데 도움이 된다. 중국 문화의 영향을 많이 받은 우리나라에서는 표음 문자인 한글을 배울 때도 반듯하게 필순에 맞게 쓰거나 베껴 쓰기 연습을 강조하는 경향이 있는데 이는 별로 도움이 되지 않는다고 한다.

영어 학습에 민감기가 있을까

민감기 연구를 위해 흰벼슬참새white-crowned sparrow를 생후 10일에서 50일 사이에 어미 새로부터 떨어뜨려서 키우면, 그 후에는 어미 새의 소리를 들려줘도 정상적인 노랫소리를 배우지 못한다고 한다. 흰벼슬참새에게는 생후 10일에서 50일 사이가 노래를 배우는 데 결정적 시기임이 판명되었고, 이 시기가 끝나기 전에는 진짜 새소리가 아닌 녹음된 소리를 들려줘도 노래 습득이 일어나는데, 다른 종의 새소리는 진짜를 들려줘도 습득되지 않는다고 한다. 새라고 해서 노래하는 능력을 타고나는 것이 아니라 환경의 입력이 꼭 필요하다는 뜻

2004년 모스크바에서 회담을 갖는 블라디미르 푸틴과 헨리 키신저.

이다. 다른 동물들과 마찬가지로 인간에게도 결정적인 정도는 아니더
라도 특별히 민감한 시기가 있다는 주장은 아주 많다. 캐나다의 신경
외과 의사 펜필드가 주장하는 '두뇌 유연성 이론'에 따르면 외국어를
배울 때도 선천적인 언어 습득 장치의 활발한 활동이 필요하다는 것
이다. 이 언어 습득 장치는 태어나면서 점차 활성화되어 2~6세 사이
에 가장 활발하다가 만 열 살쯤에 습득력이 급격히 감소한다는 것이
다. 이러한 두뇌 유연성 이론이 우리나라에서 조기 영어 교육을 비롯
한 각종 조기 교육의 이론적 바탕이라고 하는데, 제대로 검증된 적은
없다.

위 사진은 2004년 모스크바에서 만난 러시아 대통령 푸틴과 미국의 전 국무부 장관 헨리 키신저다. 키신저는 닉슨 정부에서 포드 정부에 이르기까지 미 국무부 장관을 역임했고 베트남전에 평화를 가져온 공로로 1973년 노벨평화상을 받기도 했다. 그는 1923년 독일에서 태어난 유대인이지만 나치의 박해를 피해 열여섯 살 때 미국으로 이주했다. 그 후 미국 대학에서 공부하고 장관까지 역임하며 오래 살았지만, 그의 영어에는 여전히 독일어 악센트가 있어 원어민 발음이라고 보기는 어렵다. 그의 동생 월터 키신저는 열 살에 미국으로 건너온 셈이며 그의 영어 발음은 완벽하다. 하지만 월터는 전기설비 회사를 운영하는 경영자로서 우리나라 사람들이 보는 출세와는 거리가 먼 삶을 살았다.

키신저 형제의 예를 보면 1967년 미국의 언어학자 레네버그가 얘기한 영어 학습의 결정적 시기가 12~13세라는 가설이 들어맞는 것도 같다. 양전자단층촬영PET으로 일찍부터 두 가지 언어를 사용하며 자란 아이들과 뒤늦게 배운 아이들의 뇌를 비교한 결과 늦게 배운 아이들은 모국어 습득에 사용하던 두뇌 부위와 다른 부위를 사용하는 데 반해, 일찍부터 배운 아이들은 두 언어가 같은 부위를 사용한다고 한다.[1] 하지만 서울대 영어교육과 이병민 교수가 『당신의 영어는 왜 실패하는가?』[2]에서 제시하는 그래프는 좀 다르다.

옆 페이지의 왼쪽 그래프는 미국에 이민 간 사람들이 언제 갔느냐에 따라 영어 실력이 어떻게 차이 나는지 보여준다. 늦게 갈수록 영어

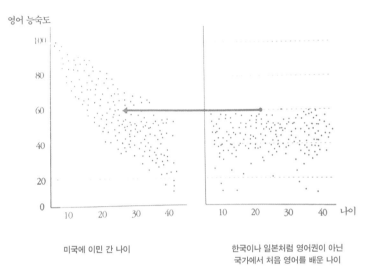

영어 능숙도

미국에 이민 간 나이

한국이나 일본처럼 영어권이 아닌
국가에서 처음 영어를 배운 나이

영어를 배우기 시작한 나이와 영어 능숙도

영어 공부, 언제 어떻게 시킬까

실력이 떨어지는 것은 분명한데 결정적 시기 같은 것은 없다. 그러니까 우리가 유념해야 할 점은 이민 간 상황ESL하고 한국에 살면서 영어를 배우는 상황EFL이 다르다는 것이다. 오른쪽 그래프는 한국이나 일본에서 영어 공부를 처음 시작한 나이에 따른 영어 실력의 차이를 보여준다. 일찍 시작했다고 영어 실력이 좋아지는 경향은 전혀 발견되지 않는다. 어찌 된 일일까?

언어 학습을 음운론phonology, 통사론syntax, 의미론semantics의 세 가지 측면으로 나누어서 보면 위 현상을 이해하는 데 도움이 될 것이다. 키신저 장관의 발음은 음운론적 측면인데 일찍 배울수록 유리한 게 사실이다. 하지만 언어 학습에는 음운적인 측면만 있는 것이 아니며, 집중력과 자기통제 같은 능력도 중요하다. 여섯 살 학생이 한 시간 영어 공부한 효과보다 열여섯 살 학생이 한 시간 영어 공부한 효과가 훨씬 더 크다. 열 살 아이가 춤 연습을 한 시간 하는 것보다 열여덟 살 아이가 춤 연습을 한 시간 하는 것이 훨씬 더 향상도가 높다. 결론적으로 발음을 제외하고는 조기 영어 교육의 이점은 없다. 집중력을 비롯한 학습 능력이 갖추어진 다음 나중에 시간을 충분히 투자하면 다른 사람보다 절대 뒤처지지 않을 것이다.

일본과 한국을 포함해서 아시아 사람이 r 발음과 l 발음을 구별해서 듣지 못하고 말하지 못하는 현상은 오래전부터 관심의 대상이었다. 한국 사람만 하더라도 모두 'ㄹ'로 차이 없이 말하고 듣기 때문에 구별이 어렵다. 일본 갓난아기의 귀에 long-long-long을 계속 들려주다가 long-wrong으로 발음을 l에서 r로 바꿔 들려주면 아기들이 순간 젖병을 세게 빠는 모습을 보인다. 소리가 달라졌음을 안다는 증거다. 이러한 구별 능력은 계속해서 영어에 노출되지 않으면 12개월 후에 없어진다. 그래서 아기에게도 영어로 말하고 영어 동요를 많이 들려주려는 한국 어머니가 많다. 그러나 아이들 뇌는 새로운 영어 단어를 자신의 모국어 어휘에 대응되는 단어와 맞춰보려 하기 때문에, 모국어 어휘가 빈약하면 외국어 어휘 또한 빈약할 수밖에 없다. 또한 워싱턴대학 뇌과학연구소 언어청취과학과 교수인 퍼트리샤 쿨 교수의 연구[3]에 따르면 18개월이 되어도 모국어뿐 아니라 외국어의 발음을 구별하는 능력을 유지한 미래의 이중언어 구사자bilingual들은 30개월 때, 또 초등학교에 들어가서도 또래보다 구사할 수 있는 어휘가 적었다고 한다. 조기 영어 교육에는 이점만 있는 것이 아니다.

우리나라 부모들은 아이가 영어를 콩글리시가 아닌 원어민 수준으로 발음하기를 바라며 나쁜 발음은 망신의 대상이라는 믿음을 가지고 있다. 학교 원어민 교사가 캐나다 사람이면 나쁜 발음을 배운다며 항의하는 부모도 있다고 한다. 이제 영어는 미국의 언어가 아니고 국제 언어가 되었으므로, 호주 영어, 인도 영어, 싱가포르 영어를 변방의 영어로 취급해서는 안 된다. 피자가 이탈리아에서 나왔지만 이제 각 나라에 맞는 피자를 만들어 먹을 뿐 이탈리아식 피자를 똑같이 따라 만들려 하지 않는 것과 비슷한 이치다.

영어 교육의 새 경향, 문해력

지난 세기만 해도 영어 교육이 문법과 독해를 중심으로 읽고 쓰기에만 치중한 나머지 길거리에서 외국인을 만나면 꿀 먹은 벙어리가 되는 일이 많았다. 이에 대한 반작용으로 말하기, 듣기를 중심으로 한 기능적 의사소통으로 영어 교육의 초점이 옮겨졌다. 그리하여 원어민 교사와 자연스레 대화를 주고받거나, 직접 그 나라에 가서 생활해 보는 것이 최고의 언어 습득 방법으로 여겨지기도 했다. 최근 유튜브 같은 미디어가 유행함에 따라 읽고 쓰기, 그리고 읽은 것으로부터 의미를 구성하고 생각을 적절히 표현하는 능력인 문해력literacy 교육으로 영어 교육의 중심이 다시 옮겨지는 추세다. 문해력이 최근 다시 중요해진 이유는 세계어로서의 영어 문해력을 갖춰야만 세계 커뮤니티의 일원으로서 상호작용하며 주체적으로 살 수 있게 되었기 때문이다. 페이스북, 유튜브, 트위터 같은 앱을 사용해본 사람이라면 이 점을 실감할 것이다. 아울러 새로운 직업이 많이 생겨나고 그 직업을 수행하는 데 필요한 지식이 과거에 비해 빠르게 변하기 때문에, 어린 시절 배운 지식만으로는 버틸 수 없는 상황이 되었다. 직업 교육이 빠른 속도로 학교 너머로 확장되고 있으며, 학습은 죽을 때까지 평생 해야 하는 것이 되었다.

문해력의 기본은 문자 언어다. 문자 언어는 음성 언어와는 달리 자연적으로 습득되지 않으며, 교육과 학습을 통해서 습득되는데 어떤 아동은 비교적 쉽게 또 어떤 아동은 상당히 어렵게 습득한다. 문자 교육을 시작할 무렵인 만 5세 아동이라면 6000 단어 정도를 듣고 이해할 수 있는 듣기 어휘력을 갖추고 있다고 한다. 이 듣기 어휘력을 읽기 어휘력으로 바꾸는 것이 초기 문해력 학습의 주된 목표가 된다. 그 다음부터는 많은 글을 읽으면서 점점 단어의 다양한 의미와 복잡한 문장 구성에 노출될 필요가 있다. 그러다보면 좋은 문해력을 가지게 될 것이다.

국어든 외국어든 상관없이 문해력 발달을 떠받치는 다섯 개의 기둥이 있는데, '음소 인식phonemic awareness, 글자 - 소리 대응phonics, 읽기 유창성, 어휘력, 독해' 능력이 바로 그것이다. 1943년에 교육의 질적 개선을 위한 정보와 훈련을 위해 설립되고 미국에 본부를 둔 비영리단체인 ASCDAssociation for Supervision and Curriculum Development는 지속적으로 교사용 지침서나 교육 실용서를 발행해왔는데, 우리나라에도 30여 종이 나와 있다. 이 중에서 ASCD가 2007년에 발간한 *Research-based Methods of Reading Instruction for English Language learners: Grades K-4*[4]는 영어를 제2언어로 배우는 학생들을 위한 지침서 중에서 가장 과학에 근거한 책으로 유명한데, 이 책의 내용을 바탕으로 과학적 영어 교육법에 관해 다섯 개의 기둥을 중심으로 논의해보겠다.

1. 음소 인식

음소란 말소리의 가장 작은 단위를 말한다. 그리고 음소 인식이란 단어의 소리를 하나씩 분절할 수 있으며 그 소리 단위 하나만 분리해 내거나 조작할 수 있다는 것을 이해하는 능력을 말한다. 음소 인식의 첫 단계는 특정 음소가 있는지 인지identification하는 것이다. 한 낱말의 첫 음소가 무엇이며 끝 음소나 중간 음소는 무엇인지를 구별하는 능력이다. 그다음에는 분절segmentation과 합성blending 능력인데, 예를 들어 sat은 /s/ /æ/ /t/ 세 음소로 쪼갤 수 있고, /k/ /æ/ /t/을 cat으로 합쳐 자연스럽게 이어서 발음하는 능력이다. 문자를 따로 교육하지 않아도 쉽게 읽는 방법을 습득하는 아동들은 어른이 읽어주는 것을 보고 듣는 와중에 거기 나오는 sing, sat, salt 같은 단어의 공통 첫소리 성분이 /s/ 소리임을 알아차리는데, 이때 초성 분절이 된다고 한다. 초성 분절이 되기만 하면 글자 꾸러미는 술술 풀리며 뒤이어 나오는 모음과 자음도 다른 단어에 나오는 모음, 자음들과 공통점이 있음을 알게 된다.

이런 능력은 타고나는 것으로, 행여 충분히 타고나지 못한 아동이라도 짧은 시간의 교육만 받으면 글 읽기를 배우는 데 필요한 만큼은 훈련시킬 수 있다고 알려져 있다. 낱자의 소릿값 지식을 가르치기 위해서는 시각적으로 낱자를 구분할 수 있어야 하고 청각적으로 음소를 개별적으로 구분할 수 있어야 한다. 그래야만 일대일로 낱자와 소리를 대응시킬 수 있다. 이때 서로 다른 글자를 시각적으로 구분하기 힘들어하는 경우는 거의 없고, 서로 다른 소리(음소)를 청각적으로 구별하기 어려워하는 아이가 대부분이라고 알려져 있다. 음소 인식 능력은 유전되는 경향이 있는데 지능과는 별개이므로 머리가 좋아도 음소 인식은 나빠 읽기를 느리게 배우는 영재가 있을 수 있으며, 지능이 나빠도 말보다 글을 먼저 배우는 아이가 있을 수 있다.

아동이 1분 동안 영어 단어 20개 이상을 읽는다거나 이미 모어로 글을 읽을 줄 안다면 영어 음소 인식 지도는 건너뛰고 낱자-소리 대응 지도로 넘어가도 무방하다. 영어에 대한 기초 지식이 전혀 없이 바로 초등학교에 입학했거나 아직 글자-대응 지식이 완전하지 않은 아동이라면 '문자를 이용한 음소 인식 지도'를 하는 것이 좋다.

문자 교육에서의 대논쟁

영어 교육에 관심 있는 부모라면 '잠수네 영어 교육법'[5]에 대해 들어본 적이 있을 것이다. 1997년 초등학교에서 영어를 정식 과목으로 가르치면서 영어 사교육이 갑자기 늘어났고 초등학생에게 마치 고등학생에게 하듯 영어를 가르치는 모습에 심한 거부감을 느낀 일부 부모는 아이가 영어를 모국어처럼 자연스럽게 습득하도록 엄마가 일상에서 영어를 꾸준히 들려주고 말해주는 '엄마표 영어'에 매력을 느끼기 시작했다.

1999년 '잠수네 커가는 아이들'이란 유료 교육 정보 사이트가 문을 열었고, 많은 엄마표 영어의 성공과 실패 경험이 쌓이기 시작했다. 한글 책 많이 읽어주기, 영어 노래 듣기, DVD 흘려듣기, 쉬운 집중 듣기, 영어 그림책 읽어주기, 스스로 읽기 같은 활동을 통해 자연스럽게 아이의 흥미를 유발함으로써 선풍적인 인기를 끌었던 적이 있다. 잠수네 영어 교육법을 문자 교육 방법 측면에서 분류하자면 총체적 언어 접근법Whole Language Approach에 해당된다고 할 수 있다. 이 접근법에서는 이야기책을 가지고 문자 교육을 시작할 것을 권장한다. 어른이 들려주는 이야기를 통해 아이들은 이야기의 맥락을 이해하고, 거기서 사용된 어휘와 문법 표현을 익히며 인위적이지 않고 자연스럽게 친숙해지도록 권장한다. 언어를 철자, 어휘, 독해로 나누어서 가르치지 않고, 학습 초기부터 의미 있는 상황 속에서 언어 기능을 통합하여 지도하는 것을 권장한다.

의미 중심 교육법이라고도 불리는 총체적 언어 접근법과 반대되는 것은 발음 중심 교육법이라고도 불리는 포닉스 접근법Phonics Approach이다. 이야기부터 시작해 문자, 단어, 낱자를 습득하게 하는 총체적 방식과는 반대로 자모 낱자의 발음 방법부터 배우기 시작해 단어-문장-이야기순으로 점차 큰 단위로 올라간다. 어느 방법이 좋은지 지금까지 꽤 논쟁이 있었고, 여기에 물리학에서 우주의 크기에 대한 논쟁으로부터 나온 용어를 붙여 대논쟁Great Debate이라 부르기도 한다.

최근 대논쟁은 2000년대 전후 관련 연구가 축적되면서 포닉스 접근법이 좋다는 쪽으로 차차 정리되고 있으나 총체적 언어 접근법에 익숙한 교사나 지식인의 반발도 만만치 않다. 포닉스는 교사가 학생에게 일방적으로 가르치는 면이 크나 총체적 방식은 학생이 스스로 내용을 구성하는 측면이 많으므로 훨씬 더 민주적으로 보이기 때문이다. 우리나라도 아직 초등학교 영어 교육에서 총체적 방식을 적용하고 있다.

2. 글자-소리 대응

대논쟁은 포닉스 접근법 쪽의 승리로 마무리되어가고 있으나, 글자-소리 대응 관계를 언제 어느만큼 어떻게 가르칠지에 대해서는 아직 결론이 나지 않았다. 아이에게 알파벳 문자 이름 26개를 가르치는 것이 포닉스라고 생각하는 사람이 많다. a는 '에이', h는 '에이치'처럼 문자의 이름을 아는 것이 포닉스의 시작이긴 하나 그게 전부는 아니다. 포닉스란 글자와 소리의 관계를 가르쳐서 읽기에 적용하도록 해주는 모든 활동이다. 영어는 다른 문자에 비해 글자-소리의 관계가 매우 복잡하고 불규칙적이다. 영어의 음소는 약 44개로 알려져 있고, a, b, c 같은 낱자뿐 아니라 sh, ee, oo 같은 2~3개 문자의 조합도 포함해서 문자소라고 하는데 대략 71개 정도 있다고 알려져 있다. 이렇게 44개의 소리와 71개의 연결 조합은 211가지가 된다고 한다. a만 해도 읽는 방법이 여섯 가지나 있고 /에이/란 소리를 쓰는 방법도 여섯 가지나 있기 때문이다.

따라서 약 80퍼센트의 어휘에만 적용되는 낱자-소리 대응 규칙을 가르치고, 가르친 규칙에 충실한 단어와 이야기만 학생이 읽도록 지도하는 교사도 적지 않다. 포닉스 규칙을 조금씩 가르친 후 쉬운 단어 목록을 만들어 충분히 연습할 시간을 마련해준다. /i/ /t/ /p/ /n/ /s/ 를 가르친 후라면 it, in, pit, pin, sit, sip, tip 등의 단어를 주고 개별 단어를 읽는 연습을 할 수 있다.

그러나 no나 one처럼 영어에서 자주 쓰이는 단어는 규칙을 따르지 않는 경우가 많다. 이 때문에 낱자-소리 대응이 규칙적인 어휘로만 부자연스럽게 만들어진 글phonetically controlled texts을 주로 읽힌다면, 읽기에 대한 아이의 동기와 태도가 나빠질 수 있고 읽기 지도법이 획일화될 수 있다는 우려가 있다. 그러므로 포닉스와 함께 고빈도 일견단어를 하루에 2~3개씩 가르치면 좀더 자연스러운 글로 읽기 연습을 할 수 있다.

포닉스 접근도 낱자-소리 대응을 어떻게 가르치느냐에 따라 합성식 포닉스synthetic phonics와 분석식 포닉스analytic phonics로 나뉜다. camp라는 단어를 읽는 법을 배울 때 합성식 포닉스라면 c, a, m, p를 하나하나 소리 낸 다음, 4개를 합쳐서 이음새 없이 자연스럽게 발음 blending하도록 할 것이다. 분석식 포닉스라면 'camp'를 'c'와 'amp'

로 나누고 amp로 끝나는 다른 단어들인 damp, lamp와 연관지어 규칙성을 찾게 하는 방식을 사용한다. 어떤 포닉스 접근법이 좋은가 하는 논쟁에 대한 결론은 다음과 같다. 읽기 발달이 부진한 아이에게는 합성식 포닉스가 좋으며 지문 읽기와 포닉스 내용이 섞여 있는 embedded phonics 프로그램보다 체계적인 포닉스systematic phonics가 더 효과적이다.

심화 포닉스 교육

난독증 아이를 비롯해 초기 영어 학습이 어려운 아이를 위한 프로그램인 영어 자신감[6]은 우리나라 학생들이 어려워하는 포닉스 분야를 학습할 때 도움이 되는 책이다. 포닉스 지도의 최종 목표는 '알파벳 원리'를 터득하게 하는 것인데 다음 세 가지 인식이 이뤄지면 터득되었다 할 수 있다.

(1) 하나의 음소는 하나 또는 둘 이상의 글자(예: sh, th, oo, oa)와 대응한다.

(2) 하나의 음소에 대응하는 문자소는 여러 개일 수 있다 (예: to/shoe, bed/said).

(3) 동일한 철자의 조합이 하나 이상의 음소를 나타낼 수 있다(예: mean/deaf, said/afraid).

그리하여 '영어 자신감' 프로그램은 다섯 단계 수준으로 나누어 진행되는데, (1) 하나의 낱자와 하나의 소리가 대응되는 자음, 모음으로만 이루어진 단어 (2) sh, th, ee, oo처럼 2개 이상의 낱자가 하나의 소리에 대응되는 단어 (3) fr, fl, ay, ar처럼 한국어 소리 체계에는 없는 자음이나 모음 2개가 연속되는 단어 (4) 단어 분석word analysis을 통해 2개 이상의 음절로 구성된 다음절 단어를 한 음절씩 나누어 읽는 방법 (5) 하나의 소리를 표현하는 다양한 철자 규칙을 공부하는 것이다. 이렇게 공부하다보면 영어 단어 중 90퍼센트 이상이 불규칙이 아닌 규칙을 적용해서 읽는 단어가 되는데, 단순히 암기하는 것보다 단어의 철자가 오래 기억되는 효과를 낸다.

알파벳 원리를 학습하는 과정에서도 영어가 모국어가 아닌 아동들은 모국어 문자 체계 특성에 따른 차이를 보인다. 한국어 모어 배경을 가진 아동이 처음 영어 알파벳 원리를 학습할 때는 다음과 같은 음소 지도에 유의해야 한다고 한다. b, l, long o, ow, p, r, sh, th, l-clusters, r-clusters.

3. 읽기 유창성

유창성이란 '주의력을 사용하지 않고 단어의 발음과 의미를 자동으로 알아내어 내용 이해에 주의력을 온전히 사용할 수 있는 상태'라 할 수 있는데, 이처럼 유창성은 단어 재인과 내용 이해 사이에서 다리 역할을 한다. 실제 소리 내어 유창하게 읽는 능력과 읽기 이해력 사이의 상관도는 81퍼센트에서 90퍼센트에 이른다. 사람의 집중력이나 작업 기억력 같은 내적 자원은 무한하지 않고 제한된 양이 있어 하나의 일을 처리하는 데 인지 자원이 사용되면 다른 과정에 투입할 인지 자원이 줄어들기 때문이다. 아동의 읽기가 유창한 수준이 아니라면 글에 나오는 단어를 읽는 데 많은 작업 기억과 집중력을 투입해야 하므로 읽은 내용을 이해하는 데 이들 능력을 사용할 여유는 줄어든다. 따라서 읽고 나서도 그 내용을 이해하거나 기억하지 못하게 된다.

유창성의 또 다른 측면은 표현력이다. 티머시 라신스키[7]는 유창성을 '단어를 의미 있는 구Phrases나 절Clauses 단위의 덩어리로 만들고, 소리의 높낮이, 강세, 억양을 적절히 사용하며 작가의 의도에 맞는 감정을 정확히 전달'하는 것으로 묘사한다. 반면 유창하지 못한 독자를 '너무 느리고 길게 띄어 읽거나 로봇처럼 빨리 읽으며, 단조롭고, 단어를 하나하나 읽거나 읽기가 고르지 않으며 운율 사용이 어색한 사람, 끊어서 읽지 못하고 숨이 가쁜 것처럼 읽는 사람, 단어나 구를 여러 차례의 시도 끝에 읽는 사람, 매우 느리고 힘겨운 속도로 읽는' 사람으로 묘사한다. 독자가 글을 더 표현력 있게 읽을 때 읽은 정보가 작업 기억에 더 많이 오래 유지되므로 이해력에 도움이 될 것으로 추측된다.

라신스키가 제시한 읽기 유창성 지도의 기본 원칙은 다음과 같다.

1) 교사나 다른 아동의 유창한 읽기 시범
2) 아동이 바르게 읽지 않았다면 즉시 고쳐주기
3) 주어진 글 반복해서 읽기 연습하기
4) 통사적으로/구문적으로 적절하고 의미 있는 어절 단위를 표현력 있게 읽기

아동의 현재 읽기 수준에 맞춰 좋은 책을 고르는 일도 중요하다. 아이 영어 교육에 관한 대표 블로거가 쓴 『우리 아이 영어책 지도』[8]는 아이의 수준에 맞춰 다양한 영어 도서를 분류하고 추천해놓았다. 이 책에는 그림책, 리더스북, 챕터북, 그래픽 노블, 소설, 논픽션순으로 추천 도서 목록이 나와 있다.

4. 어휘력과 독해

모국어 독해를 배울 때와 외국어 독해를 배울 때는 세 부분에서 차이가 있다. 첫째, 어휘력의 차이다. 모국어로 된 글에서 만난 단어는 기존에 듣고 배운 어휘일 가능성이 크므로 단어의 의미를 아는 데 어려움이 없었다. 반면 외국어로 된 글에서 만난 단어는 소리 내어 읽을

수는 있어도 예전에 들어본 적이 없는 단어일 가능성이 크므로, 단어의 의미에 대한 추가 학습이 필요하다. 초등학교 2학년 말에 읽기가 유창한 학생 집단과 낮은 학생 집단을 비교해보니, 두 집단 사이에 알고 있는 단어 차이가 약 4000개였다. 그 차이는 시간이 지날수록 더 크게 벌어졌다고 한다.[9] 초등학교에 갓 입학한 원어민 아동의 듣기 어휘는 6000~1만 단어에 이르지만 외국어로 배우는 아동의 어휘는 이와 비교도 되지 않을 만큼 빈약하다.

둘째, 원어민 아동은 어려서부터 동화와 요정 이야기 같은 문화 콘텐츠가 담긴 문어에 많이 노출됐다. 외국어로 배우는 아동은 다양한 담화 구조나 비유, 상징 같은 사전 지식의 양이 부족하다.

셋째, 원어민에 비해 구문에 대한 인식 능력 또한 부족하다. 이 경우 '간섭' 현상이 나타나는데 기존에 학습한 언어 지식이 새로운 언어를 배울 때 간섭을 일으키고 방해하는 것을 말한다. 우리말은 주어 - 목적어 - 서술어순으로 문장이 구성되지만, 중국어와 영어는 주어 - 서술어 - 목적어순으로 문장이 구성되므로 간섭이 일어나기 쉽다.

제2언어로 영어를 배우는 아이라면 어휘력 발달을 위해 음소 인식을 공부할 때부터 제시된 단어들의 의미를 늘 학습하고 넘어가도록 한다. 예를 들어 'slip'이란 단어를 가지고 음소 인식 활동을 했다면 'slip'이란 단어가 무슨 뜻인지 모국어로 가르쳐준다. 또 포닉스 규칙을 가르칠 때 나온 단어도 그 의미를 확인시켜주면서 진행해야 한다. 독해를 하다가 모르는 단어가 나왔을 때 먼저 문맥에서 그 의미를 추측해본 후 정확한 의미를 찾아보는 것이 도움 된다고 한다. 모르는 단어가 나오면 단어의 의미를 즉시 알려주는 것이 더 효과적이라고 한다. 우리나라 영어학원에서는 단어 목록 50개 이상을 기계적으로 외우게 하고 기준을 통과하지 못하면 통과할 때까지 시험을 다시 보게 한 뒤 집으로 돌려보내는 곳이 적지 않다. 영어 단어를 의미가 연결된 글에서 문맥과 관련하여 접하는 것이 가장 학습 효과가 높은 반면 문맥 없이 기계적 암기를 하는 것은 비효율적이라는 비판이 많다. 하지만 외국 언어학자들은 외국어를 배울 때 매일 많은 단어를 외우고 잊어버리는 과정이 상당한 도움이 될 거라고도 한다.

우리나라 아이들이 영어로 된 글을 정확하고 빠르게 읽을 수 있다 해도, 이를 제대로 이해한다고 여겨서는 안 된다. 초기에는 사진, 도표, 몸짓, 연기 같은 비언어적 보조 자료를 많이 사용하면 좋다. 또 처음에는 소리 내어 읽어주는 게 좋은데, 감정을 가득 실어서 천천히 말하는 것처럼 읽어주다가 조금씩 속도를 높여간다. 같은 작가가 쓴 책이나 비슷한 유형으로 된 자료를 읽히면 새로운 단어를 마주쳐도 의미 유추가 쉬워 학생들이 읽기에 자신감을 가질 수 있다.

미국의 국립읽기위원회National Reading Panel는 이해 전략을 함께 가르쳐야 아이들의 독해 능력이 향상된다고 권고했다. 이해 전략에는 주요 개념 파악하기, 원인과 결과 알아내기, 비교 및 대조하기, 자기 수정하기, 추론하기, 단어 해독하기, 문장 다시 읽기, 몇 개의 문장으로 요약하기, 작가 관련 혹은 텍스트 관련 주요 내용 질문하기 등이 포함된다.

1. 영어 교육의 중점은 문해력으로 이동하고 있다.
2. 한국에서 영어를 배운다면 민감기는 중요하지 않다.
3. 문해력 발달을 떠받치는 다섯 개의 기둥은 음소 인식, 글자-소리 대응, 읽기 유창성, 어휘력, 독해 능력이다.

외국어 교육 관련 지식 퀴즈 (그렇다 혹은 아니다로 답해보세요)

1. 학생이 흥미를 갖고 말하기, 듣기 공부를 충분히 하다보면 읽기, 쓰기도 자연스럽게 늘 수 있다.

☐ **그렇다**
☐ **아니다**

정답은 아니다. 국어에서 그렇듯이, 말하기/듣기를 잘해도 읽기를 배우는 건 어려워하는 아동이 적지 않다. 말하기/듣기 훈련을 많이 한다고 저절로 읽기가 늘진 않으므로 읽기를 위한 훈련을 따로 받을 필요가 있다. 외국어 학습의 대가 스티븐 크라센 교수[10]는 '읽기는 언어를 배우는 최상의 방법이 아니다. 그것은 유일한 방법이다'라면서 외국어 학습에서 읽기의 중요성을 강조한 바 있다. 외국어 문해력을 늘리기 위해서는 읽기 능력을 일찍 갖추고 자발적으로 많은 책을 읽는 것이 최선이라는 얘기다. 미국에서는 ELL 아동을 지도할 때 세 가지 주의 사항이 있다. 첫째, ELL 아동의 구어가 능숙하지 못하거나 영어 노출 경험이 부족하다고 해서 영어 읽기 교육을 지연시키지 말아야 한다. 둘째, 그들의 영어 사용 능력의 미숙함을 보고 학습 능력도 미숙할 거라 예단하지 말아야 한다. 셋째, 그들에게 기초적인 단어 읽기-쓰기와 같은 단순 반복 학습에만 많은 시간을 할애하고 독해나 복잡한 인지 능력을 요구하는 과제를 덜 시키는 실수를 범하지 말아야 한다.

2. 한글 학습을 배우는 데 적기가 있듯이 영어 읽기를 배우는 데도 적기가 있다.

☐ **그렇다**
☐ **아니다**

정답은 아니다. 영어 읽기를 배우는 데 적기는 음소 수준 음소 인식 능력이 되는 시기인데, 적기가 올 때까지 기다리지 말고 음소 인식 능력을 적절히 훈련하면 영어 학습에 필요한 기반을 미리 갖출 수 있다. 읽기 학습에서 초기부터 어려움을 겪는

공부하는 뇌, 성장하는 마음

아동들은 의욕이 없고 수동적 태도로 학습하는 경향이 있다. 학습 의욕이 저절로 생길 순 없다. 이때 단지 기다리기보다 아동이 가진 어려움을 이해하고 이를 뛰어넘을 수 있도록 학습 내용을 조정해 아동이 초기부터 성취감을 얻도록 해주는 것이 중요하다.

3. 한글과 영어를 같이 배우면 서로 간섭을 일으켜 방해가 된다.

☐ 그렇다
☐ 아니다

정답은 아니다. 읽기를 처음 배울 때부터 자신의 모국어와 영어로 동시에 읽기를 가르쳐도, 아동들은 두 언어 사이에서 혼란스러워하기는커녕 오히려 양쪽 언어 모두에서 읽기를 더 잘 배울 수 있다는 연구 결과가 많다. 아동이 문자를 배우는 방식은 아동의 모국어가 무엇이냐에 따른 차이점보다는 보편적인 공통점이 더 많다고 알려져 있다. 모국어에서 문자 교육을 제대로 받았다면 그 과정에서 익힌 능력이 다른 언어의 문자를 배울 때도 전이된다고 한다. 이를 상위 언어 인식metalinguistic awareness이라 하는데, 언어의 본질과 기능에 대해 생각하고 반영하는 능력으로 정의된다. 상위 언어적으로 인식한다는 것은 구어의 구조적 특징을 이해하고 다양한 방법으로 활용하는 것, 단순히 문장을 이해하고 산출하는 것을 넘어서 언어를 사고의 대상으로 다루는 것, 그리고 화자가 의도하는 바를 마음의 눈으로 볼 수 있고 청각적 신호와 의미를 분리해 말을 이해하기 시작하는 것이다. 음소 인식 능력도 상위 언어 인식 능력의 하나로 볼 수 있는데, 한국어와 같은 음소 언어의 문자를 충분히 습득한 아이라면 음소를 기반으로 한 다른 나라 언어(예를 들면 스페인어나 영어)의 문자 습득 원리도 거뜬히 깨칠 수 있다. 음소 인식력은 언어 간 전이가 매우 높은 영역 중 하나다. 즉 한 언어에서 음소 인식 능력을 갖췄다면 그 지식이 다른 언어를 습득할 때도 효과적으로 활용되므로 포닉스 방식으로 한글을 배우면 영어 문해를 배우는 데도 도움이 된다.

4. 미국으로 이민 간 한국 학생에게 영어를 가르칠 때 모국어를 병행해서 교육하는 것이 모국어 교육을 마친 후 영어로 완전히 넘어가는 교육 방식보다 좋다.

☐ 그렇다
☐ 아니다

정답은 그렇다. 이중 언어 교육은 크게 두 가지 방식으로 나뉘는데, 과도적transitional 교육과 영어 - 모어 병행 교육이 그것이다. 과도적 이중 언어 교육에서는 처음에 학생이 100퍼센트 모어로 문해력 교육을 받은 후 모어 문해력이 충분히 갖춰졌다고 판단됐을 때 영어 문해력 교육을 받는 것이다. 영어 - 모어 병행 교육은 하루에 비슷한 시간을 영어와 모어로 '번갈아 가며' 지도받는 것이다. 연구 결과 '영어 – 모어 병행 교육' 방식이 조금 더 효과적인 것으로 나타났다. 이제 막 읽기를 배우는 아이에게 자신의 모국어와 제2언어인 영어로 동시에 읽기를 가르칠 때, 아이들은 두 언어 사이에서 혼란스러워하기는 커녕 오히려 양쪽 언어 모두에서 읽기를 더 잘 배울 수 있다는 점을 고려하면 꼭 한글이 어느 정도 된 후 영어를 교육할 필요는 없다고 추론할 수 있다.

5. 영어는 포닉스 방식의 교육이 필요하지만 한글은 글자–소리 대응이 규칙적이므로 포닉스 교육이 필요 없다.

☐ 그렇다
☐ 아니다

정답은 아니다. 한글도 영어와 같은 음소 문자 체계를 가졌으며, 음소 문자 체계를 배울 때 글자 – 소리 대응 관계에 대해 명시적으로 지도하는 방식의 포닉스 교육을 하면, 그렇지 않은 경우보다 읽기를 담당하는 뇌가 효율적으로 활성화된다고 알려져 있다. 글자 – 소리 대응을 배우지 못한 학생은 모르는 글자의 소릿값을 문맥을 이용하여 추측해서 읽는 습관이 생기므로 향후 유창성 발달에 방해가 될 수도 있다.

6. 한글 난독증 학생이나 영어 발음이 나쁜 경우가 아니라면 영어 음소 인식을 따로 지도할 필요가 없다.

□ 그렇다
□ 아니다

정답은 아니다. 모국어의 음소 인식 능력이 외국어를 할 때도 전이되긴 하나 아직 영어의 소리 체계에 익숙지 못한 우리나라 아동들은 영어 읽기 교육 초기에 음소 인식 지도를 하면 읽기 학습이 빨리 발전한다. 음소 인식을 교육할 때 발음 교정과 혼동하지 말아야 한다. 특정 영어 음소를 듣고 구별하며 인지할 수 있는데도 그것을 정확히 발음하지 못하는 학생이 적지 않다. 한국 학생들은 /d/를 무성음에 가깝게 발음하거나 th에 해당되는 발음을 제대로 못 할 수도 있다. 이런 순간에 어른이 한두 번 정확한 발음을 입술 모양이나 혀 등을 크게 움직여 시연한 뒤 학생들이 개별적으로 연습하도록 약간의 시간을 주고는 곧 다시 음소 인식 지도로 돌아가도록 한다.

7. 원어민 발음을 많이 듣고 따라하는 연습이 좋은 영어 발음에 필수다.

□ 그렇다
□ 아니다

정답은 아니다. 부모라면 아이가 원어민 발음에 가깝길 원해 원어민에게 배우거나 원어민이 말하는 것을 자주 들려주려고 한다. 원어민의 발음을 아무리 많이 들었다 해도 정작 아이는 발음을 단순히 따라 하는 직접 모방법을 사용할 수밖에 없다. 원어민 발음은 음소 인식과 유사한 특별한 재능이 있지 않는 한 반복만으로는 어려운데, 원어민의 소리를 흉내 낼 때 결국 우리말과 비슷한 소리로 만들어버리는 경향이 생기기 때문이다. 직접 모방보다는 음성학적 정보와 체계적이고 정확한 피드백을 함께 제공하는 것이 발음 공부에 좋다. 음성학적 정보란 발음하는 입 모양 그림, 애니메이션 같은 것이다. 영어와 한국어의 차이를 대조해서 가르쳐주는 어른이 필요할 수 있다. 예를 들어 /ㄷ/ 소리와 /d/ 소리는 비슷하지만 조금 다르다. 영어의 [d]는 모음을 만나기 전에 혀를 약간 뒤로 더 올려 꺼칠꺼칠한 층이 있는 부분에 혀를 닿았다 떨어뜨리면서 나며 성대가 울리면서 발음된다는 점이 다르다. 영어를 배울 때 모국어인 한국어 습관이 간섭interference을 일으키기 때문에 두 언어를 체계적으로 비교·분석해 차이점과 유사점을 얘기해주면 아이가 저지를 오류를 예방할 수 있다. 민금준[11]은 영어의 마찰음 중에서 /f, v, θ, ð, z, ʃ, ʒ/는 한국어에 없는 음소이기 때문에 한국어에서 비슷한 음소로 대체해 발음하는 경우가 많다고 했다. /f/는 /ㅍ/으로, /v/는 /ㅂ/으로, /z/과 /ʒ/은 /ㅈ/으로 /ʃ/은 /ㅅ/으로 발음하며 변별해서 듣지 못한다. 특히 한

국인이 가장 어려워하는 음소는 번데기/θ/와 돼지 꼬리/ð/
라 했고 /θ/를 /ㅅ, ㅆ, ㄸ/로 다양하게 발음하며 /ð/를 /ㄷ/
로 발음하는 경향이 있다고 한다.

**8. 한국어 발음기호를 달아주면 한국어스러운 발음을 하게 만들고
또 발음기호에 의존해 스스로 읽지 못하게 되므로 해롭다.**

☐ **그렇다**
☐ **아니다**

아니다. 중국에서 한자를 가르칠 때 초기에 영어로 병음을 달
아주는 것이 읽기 학습에 도움이 되었다는 연구 결과가 있다.
사전마다 다른 발음기호보다는 한글로 영어 발음을 표시해주
면 읽기 학습이 촉진되어 나중에는 발음기호 없이도 더 잘 읽
을 수 있다. 만약 아동이 계속 한글 발음기호에 의존한다면 글
자-소리 대응의 학습 능력이 느려서 그런 것이지 의존해서
읽기 때문이 아니다. 이런 경우일수록 한글 발음기호가 더 필
요하다. 또 한글 발음기호를 배우면서 원어민 발음과의 차이
를 학습하면 오히려 발음이 더 좋아질 수 있다.

9. 한글을 어려워했던 아이는 일본어든 영어든 외국어를 모두 어려워한다.

☐ 그렇다
☐ 아니다

아니다. 글자 – 소리 대응의 규칙성 순위를 기준으로 문자마다 학습의 어려움에 대해 예측해볼 수 있다. 이탈리아어를 어렵게 배운다면 프랑스어나 덴마크어는 당연히 더 어렵다. 덴마크어를 어렵게 배운다면 영어는 당연히 더 어렵겠지만 이탈리아어는 쉽게 배울 수도 있다. 이 순위를 한글에 적용한다면, 한글을 어려워할 경우 영어는 당연히 어렵겠지만 일본어나 한문은 쉽게 배울 수도 있고 어렵게 배울 수도 있다. 한글을 배울 때 어려워했으나 영어를 쉽게 배우는 아이도 적지 않다.

영어 공부, 언제 어떻게 시킬까

민호는 초등학교 5학년 남자아이로 부모 모두 대학을 졸업했고 영어에 능숙한 편으로 교육에 관심이 많아 교육열이 높은 지역에서 줄곧 자랐다. 다섯 살 때부터 영어유치원을 다녔으며 규칙을 잘 지키고 성격이 온순해서 교사나 또래로부터 항상 좋은 평을 받았다. 여섯 살 때 한글을 가르치려 했는데 아이가 관심 없어해서 아직 적기가 아닌가 싶어 그만두기도 했다. 일곱 살 후반이 되고 초등학교 입학 날이 다가오자 어머니는 마음이 급해져 야단쳐가면서 한글 교육을 시켰고, 민호는 간신히 한글을 뗀 후 입학했다고 한다. 초등학교 1학년 때는 받아쓰기 시험도 보지 않고 알림장 받아쓰기도 시키지 않아서 큰 어려움 없이 지냈다고 한다. 2학년이 되어도 한글을 읽을 때 조사를 빼거나 어미를 마음대로 바꿔서 읽는 모습이 자주 보였는데, 아이가 집중하지 않아서 또는 읽는 게 귀찮아서 그런 거라 생각했다고 한다. 그래도 학교 시험 성적은 괜찮고 특히 수학에서 뛰어났다고 한다. 받아쓰기 시험은 제대로 연습만 하면 100점도 자주 받아오는 편이었다고 한다. 집에서 책 읽기를 싫어해 만화책만 보려 하고 글밥이 많은 책은 한 페이지를 채 읽지 않고 핑계를 대면서 빠져나가기 일쑤였다고 한다. 영어유치원에 이어 초등학교 1학년 때부터 유명한 프랜차이즈 어학원에 꾸준히 다녔는데 초등학교 4학년 때 학원 선생님으로부터 전화를 받았다고 한다. 아이의 독해력 점수는 좋은데, 철자 시험 점수가 나쁘다면서 국어 점수는 어떻냐고 물었다고 한다. 국어도 이해는 곧잘 하지만 맞춤법이 자주 틀려서 더 집중해서 쓰라는 얘기를 자주 한다고 했다. 영어도 밤마다 아이 책상 옆에 어머니가 붙어 앉아 반복해서 읽히고 외워서 쓰도록 하며 숙제와 시험 준비를 해왔는데 과제를 할 때 시간이 점점 늘어나 저녁 시간에는 아이와 어머니 모두 지치고 예민해진다고 했다. 아이가 혹시 조용한 ADHD가 아닌가 의심되어서 검사를 받아볼까 하던 참이라 대답했다고 한다.

어머니는 전화 통화 후 걱정되어 소아정신건강의학과를 찾아 검사를 받아봤다. 아이는 한글을 읽을 때 자기 학년에서 하위 80퍼센트 수준의 속도와 정확도를 보였다. 추측해서 읽을 때가 자주 있었고 곧잘 조사를 빼먹고 읽기도 했다. 영어에서는 p와 q, b와 d 알파벳 이름 명명하기에서 머뭇거리고 헷갈려했으며 비단어 읽기와 일견단어 읽기에서 큰 수행 격차를 보였다. always와 같이 자주 나오지만 수준 높은 일견단어까지도 어려움 없이 읽었지만, slen, prud 같은 의미 없는 단어를 조합해서 읽을 때는 많은 오류를 보였다. 영어 발음도 좋은 편이고 문장 외우기도 곧잘 하는데 처음 보는 3, 4음절 단어는 자신 없어하면서 아주 작은 소리로 읽으려는 모습을 보였다. 지능도 우수한 수준이고 주의력 검사도 정상 소견이었다. 병원에서 들은 소견은 다음과 같았다.

1. 한글과 영어 모두에서 경계 수준의 난독증 소견.

2. 국어에서는 추측 읽기 교정을 위해 부모가 감독하는 가운데 소리 내어 읽는 연습과 받아쓰기 연습을 지속할 필요가 있음.

3. 한글 받침 중 소릿값 지식 일부(ㅁ과 ㅂ, ㄱ과 ㄷ)가 완전하지 못하므로 추가적인 지도가 필요함.

4. 영어에서 현재 하는 수업과 함께 포닉스 지도를 병행할 필요가 있음.

5. 앞으로 중점을 기울여야 할 글자 또는 글자 조합은 다음과 같다.
이중 자음consonant blends, 특히 bl, pl, fl, br, pr, fr 같은 l과 r 계열 이중 자음, 그리고 장모음long vowel뿐 아니라 university 같은 다음절multi syllabic word 단어를 음절 단위로 분절하여 읽고 철자하기.

6장

감정 조절을 잘하는 아이가 거두는 성취

김은주

강남세브란스병원 교수

감정 조절을 잘해야 공부를 잘한다

학습에 영향을 주는 요인에는 여러 가지가 있지만, 크게 인지 능력과 감정 조절 능력으로 나누어볼 수 있다. 인지 능력에는 지능, 집중력, 기억력, 언어 능력 등이 있는데 이 부분은 앞 장에서 다뤘으니, 이장에서는 감정 조절 능력에 대해 집중적으로 살펴보고자 한다. 여기서 말하는 감정 조절 능력이란 더 넓은 개념으로, 목표를 달성하기 위해 자신의 열정과 집념을 발휘해 노력할 수 있는 힘과 재능이나 잠재력을 실제 상황에서 발휘하게 하는 퍼포먼스 능력까지 포함한다. 즉, 불안·우울·스트레스 등의 정서 관리 능력, 동기, 자신감, 열정, 끈기, 소통, 나아가 좌절을 딛고 일어서는 회복탄력성까지도 넓게는 감정

조절 능력의 범주 안에 든다.[1]

나는 지난 8년 동안 대치동에서 진료하면서 부모들이 아이의 학습 관리에 매진하는 모습을 봐왔다. 그러면서 많은 부모가 아이를 사교육 로드맵에 따라 빈틈없이 공부를 시키면서도 정작 아이의 공부에 대한 감정을 다치게 해 학업 실패는 물론 부모-자녀 관계까지 틀어진 사례를 너무나 많이 봤다. 이런 사례들을 통해서 기초 학습 능력이 형성되는 유치원과 초등학교를 거쳐, 학업의 난도가 급격히 상승하고 시험이라는 실전에서 자기 실력을 실수 없이 발휘해야 하는 중·고등학교 시절까지 학업을 꾸준히 해나가려면 공부에 대한 좌절을 겪더라도 다시 일어나게 하는 감정 조절 능력이 매우 중요하다는 것을 절감했다. 학습 관련 연구 결과에 따르면, 학생의 감정 조절 능력은 공부를 잘하는 데 중요한 요소로서, 학습을 잘해나가는 데 필요한 인지 능력과 대인 관계 모두에 큰 영향을 끼친다. 연구에서 감정 기복이 심한 학생은 사회성, 정보를 받아들이는 능력, 문제 해결 능력이 모두 낮게 나타났는데, 실제로도 학생들은 감정 조절이 잘 안 되어 학교 생활, 친구 관계, 공부에서 심각한 어려움을 겪는다. 특히 초등학교 때까지 엄마의 관리 하에 공부를 곧잘 하다가도 중고등학교에 들어가 학업과는 담쌓고 지내는 아이들을 잘 살펴보면, 사춘기를 거치며 감정 조절 능력이 떨어지거나 정서 관리를 잘하지 못해 학업을 회피하는 경우가 많았다. 그런데도 현실에서는 대부분의 교육이 감정 조절 능력은 무시한 채 인지 능력 개발에만 치우쳐 있으니 안타까울 따름이다.

따라서 자녀들이 공부해나가는 과정에서 학습에 대한 감정 반응의 종류와 특성은 무엇인지, 이러한 감정이 아이들의 학습과 성취에 미치는 영향은 어떤지, 또한 아이의 감정 조절 능력을 높이기 위해 부모가 어떻게 도와줘야 할지, 나아가 어떤 경우에 전문가의 도움을 받아야 하는지에 대해 다뤄보고자 한다.

우선 두 아이의 사례를 살펴보자. 두 사례는 대조적이지만, 아이가 학습 과정에서 해온 경험과 그때 느끼는 감정이 성적에 어떤 영향을 미치는지를 잘 보여준다.

사례 1: 명문 자사고생 민우의 감정 기복, 불안, 좌절감

민우는 기질적으로 예민하고 겁이 많은 편이다. 어릴 때부터 엄마가 정해주는 대로 학원도 열심히 다니고, 성실하게 생활해왔다. 엄마는 본인이 명문대를 진학하지 못한 것이 못내 아쉬워 외아들인 민우만은 기회를 놓치게 하고 싶지 않았다. 이에 교육열 높은 엄마들과 교류하면서 팀도 짜고 학년마다 필수라는 학원은 과목별로 두루 보내는 편이었다. 민우는 초등학교, 중학교 시절까지는 학업에 두각을 나타내 명문 자사고에 진학했다. 문제의 발단은 고 1이 되어 처음 본 중간고사였다. 1, 2점으로 내신 등급이 갈리는 치열한 경쟁 속에서 나름 죽어라 공부했는데도 1학년 1학기 내신 등급 평균은 몹시 실망스러웠다. 중학교 때까지는 한 번도 받아본 적 없는 처참한 성적에 민우는 '해도 안 되는구나'라며 좌절에 빠졌다. 민우 엄마는 아무리 자사고라지만 아이의 노력이 부족한 건가 싶어 더 시간이 길고 테스트 관리가 철저하다는 학원으로 옮기며 아이를 닦달했다. 이때부터 민우는 부쩍 방문을 닫고 혼자 들어앉아 있더니 점점 휴대폰이나 게임을 하는 시간이 늘었다. 엄마는 답답해서 '이 성적으로는 명문대 진학이 힘들고, 그러면 우리나라에서는 사람 구실 하기 힘들다'는 말로 다그쳤다. 그러면 민우는 잠깐 동안은 공부를 더 하는 듯했지만 이내 멍을 때리거나 몰래 다시 휴대폰을 하다 걸리는 등 엄마의 마음과는 반대로 가기만 했다. 엄마가 특히 이해할 수 없었던 점은 민우가 시험 기간에 평소보다 더 공부를 하지 않고 잠만 자거나, 엄마에게 심하게 짜증을 내며 분노를 터뜨리는 것이었다. 중학교 때까지만 해도 사춘기가 안 오나 싶을 정도로 엄마 말에 순종했던 터라 민우 엄마는 아들의 변화를 받아들이기 힘들었다. 1학기 기말 성적은 더 떨어져서 이제 수시 전형은 현실적으로 포기해야 할 지경이었다. 수시로 대학 가기 좋다는 말에 내신 불이익을 감수하고 자사고로 진학시켰는데, 결국 정시를 치르게 생겼으니 일반고로 전학을 해야 하나 싶어 민우 엄마는 고민에 빠졌다. 게다가 착하던 아들이 성격까지 나빠진 듯해 속상한 마음에 아이를 데리고 소아정신건강의학과에 내원했다.

나중에 이야기를 들어보니, 민우는 어릴 때부터 '명문대에 진학하지 못하면 인생에서도 실패자가 될 것이다'라는 생각이 뇌리에 박혀 있었는데, 가장 중요하다는 고등학교 내신 성적이 흔들리니 심한 좌절을 느꼈다. 특히 민우는 시험 기간이 다가올수록 자신감이 떨어지고, 불안이 너무 심해져서 책을 도저히 펼 수가 없었다. 불안할 때 유튜브를 시청하거나 게임하거나 잠자면 덜 괴로워서 마음과는 달리 자꾸만 도피했던 것이다. 더욱이 시험 기간이면 압박을 더 세게 가하는 엄마 때문에 스트레스를 받았다. 또 학원을 옮기면서 숙제가 많아졌고, 숙제를 다 못 하면 엄마의 잔소리가 심해져 공부만 하려 하면 답답증이 일어 집중하기가 힘들었다. '이걸 다 언제 풀지' '나만 숙제를 안 해가는 건 아닌가' 싶어 걱정도 되고, 닦달하며 불안해하는 엄마의 얼굴이 떠올라 더 공부가 안 되었다. 그러잖아도 감정 기복이 심하고 조절이 어려운 청소년기에 학업에 관한 좌절이 생기니 민우는 힘에 부쳐 결국 학습에 가장 중요한 시기에 공부를 놓아버린 것이다.

사례 2: 그림 실력이 뛰어난 소연이가 학습에서도 성과를 거둔 이유

소연이는 어릴 때부터 영리하다는 이야기를 들었지만, 학업보다는 주로 운동이나 그림 그리기, 만들기 등에만 관심을 보였다. 책을 늘 끼고 사는 아이였지만 학업 면에서는 별다른 두각을 나타내지 못했고, 대신 그림을 잘 그려 초등학교 다니는 내내 미술대회에 나가서 상을 휩쓸었다. 소연이 엄마는 아이를 예중과 예고에 진학시켜야 명문대 가기가 수월하다며 입시 미술을 시키라는 주변 엄마들의 권유에 '재능 있는 아이를 엄마가 욕심을 덜 내 앞길을 막는 것은 아닌가' 싶어 고민이 되었다. 하지만 5학년 때부터 밤 10시 넘어서까지 미술학원에 앉아 있어야 할 딸을 생각하면 딱한 마음이 들어 영 내키지 않았다. 소연이 아빠와도 상의하니 '앞으로는 지금보다 학벌이 덜 중요해질 거야. 아이가 좋아하는 것을 하면서 밥벌이하면 되지 아이한테 너무 욕심내지 마라"고 이야기해줘 마음이 편해졌다. 또 그림 그리기를 워낙 좋아해서 학교 미술반과 동네 학원에서 열심히 배우고, 시키지 않아도 어려운 대회까지 도전하는 딸이니만큼 알아서 잘하겠거니 하는 믿음도 있었다.

그러다 중학교에 진학한 소연이는 학업에 열심인 주변 친구들을 보면서 '그동안 미술을 더 많이 했고 공부는 제대로 해본 적 없으니 대회 나가듯이 한번 공부를 해볼까'라는 생각이 들었다. 중 2가 되어 본 첫 시험에서 소연이는 전 과목 A를 받고 '그림이건 공부건 열심히 하면 나도 잘할 수 있구나'라는 뿌듯함을 느꼈다. 또 선생님과 주변 친구들의 인정도 받고 하면 된다는 재미를 느끼니 공부에 집중하는 시간이 좀더 늘었고, 더 잘하고 싶어졌다. 소연이 엄마는 초등학교 때 공부 실력은 별로였지만, 미술을 통해 얻은 성취감과 자신감, 실력을 향상시키기 위한 집요한 노력 및 성실함이 소연이가 자존감을 지키는 데 큰 도움이 되었다고 생각했다. 소연이의 성적이 오른 것 자체도 기쁘지만, 이런 경험을 통해 아이가 학습에 대한 긍정적인 인식과 하면 된다는 자신감을 갖게 된 것이 앞으로의 어려움을 극복해나가는 데 자양분이 될 것 같아 뿌듯했다. 이런 태도로 열심히 공부한 덕분에 소연이는 중학교를 전교 20등으로 졸업했다.

학습 감정: 성취와 좌절에 관여하는 중요 감정

학습은 보통 인지적인 것이라 여기기 쉽지만, 실제로 학생들은 공부하면서 여러 긍정적·부정적 감정 또한 느낀다. 학습과 관련된 감정은 학생들의 집중력과 학습 동기, 학습 전략의 선택을 좌우하고, 나아가 성격 발달, 정체성, 신체적·심리적 건강에 영향을 끼쳐 학업 성취도를 결정하는 주요인이 된다. 따라서 교육 과정에서 학생의 정서적 웰빙은 그 자체로 중요한 목표가 되어야 하며, 선진국일수록 인지적 학습뿐만 아니라 스트레스 관리, 감정 조절 능력, 사회성 향상 등 사회적-감정적 학습socio-emotional learning에도 큰 관심을 기울이는 추세다.

학습과 관련된 감정은 매우 다양하다. '학습 감정' 자체는 우리에게는 낯선 개념이긴 하나, 아이들이 학습 과정에서 느끼는 다양한 감정이 어떤 것인지 엄마들도 알아야 공부를 대하는 아이의 마음을 잘 헤아려볼 수 있으므로 감정을 학업이라는 맥락에서 한번 살펴보고자 한다.

먼저 독일의 교육학자 페크런은 '학습 감정Academic Emotion'이라는 용어를 사용했으며, 이를 네 가지로 분류하고 있다.[2]

• 성취Achievement 감정

학습 활동의 성공 및 실패와 관련된 감정으로서 성취 경험에서 생기는 희망과 자부심, 실패에서 생기는 불안과 수치심 등이 있다. 성취

감정은 학생들에게 성공과 실패의 중요성을 명확히 강조할 때 증가한다.

- 인식Epistemic 감정

인지적 과제에 의해 유발되는 감정으로, 새로운 과제를 대할 때 느끼는 놀라움이나 호기심, 어려운 문제를 풀 때 느끼는 혼란과 좌절감, 노력 끝에 문제가 풀렸을 때의 기쁨 등이 그것이다. 인식 감정은 새롭고, 일상적이지 않은 과제를 접할 때 중요한 감정이다.

- 주제Topic 감정

공부하는 내용이나 그 주제와 연관된 감정으로, 예컨대 소설 속 인물의 심리에 대한 공감, 해부학과 같은 의학적 내용을 공부할 때 느끼는 징그러움, 혐오감 등이 있다.

- 사회적Social 감정

교실에서 선생님과 또래들에게 느끼는 감정으로, 이들과 상호작용하며 생기는 사랑, 공감, 찬사, 경멸, 질투, 분노, 대인 불안 등이 있다.

한편 학습 감정은 감정 자체가 긍정적·부정적이냐, 그러한 감정이 학습을 활성화·비활성화하느냐의 측면에서 다음과 같이 분류해볼 수도 있다.

감정 조절을 잘하는 아이가 거두는 성취

긍정		부정	
활성화 감정	**비활성화 감정**	**활성화 감정**	**비활성화 감정**
즐거움 희망 기쁨	안도감 이완	분노 불안 수치심	좌절 지루함 시험불안

- 긍정 활성화 감정 : 즐거움, 희망, 기쁨

학습과 관련된 긍정 감정은 집중력을 높이고, 배우고자 하는 동기를 불러일으키며, 깊이 있는 학습 전략과 자기주도 학습을 촉진시킨다. 따라서 부모와 교사는 학습 과정에서 학생들이 긍정적인 정서 경험을 하도록 도움으로써 공부를 하고 싶다는 동기를 유발하고 자신감을 얻도록 해야 한다.

- 긍정 비활성화 감정 : 안도감, 이완

사랑에 빠지는 것, 안도감, 이완과 같은 감정은 불안을 낮추는 긍정적인 감정이지만 학습 면에서 늘 긍정적 효과를 가져오는 것은 아니며, 오히려 학업에 대한 집중력을 떨어뜨려 성적 저하를 가져올 수도 있다. 여키스 - 도슨 법칙에 따르면, 적절한 수준의 불안감은 학생의 주의력과 각성도를 최적으로 유지하게 해 성취도를 높이지만, 지나치게 높거나 낮은 불안은 학습에 적절한 각성도 유지에 방해가 된다.

- 부정 활성화 감정 : 분노, 불안, 수치심

부정적인 정서는 그 감정의 종류에 따라 학습에 대한 동기 유발 효과가 다양하다. 분노, 불안, 수치심은 대체로 학습에 대한 흥미와 동기를 감소시키지만, 때로는 학생이 다음번의 실패를 피하기 위해 혹은 자존심을 지키기 위해 더 노력하도록 동기를 부여하기도 한다. 또한 어려운 문제를 접할 때 생기는 혼란감도 때로는 문제를 풀고야 말겠다는 동기를 북돋우기도 한다.

- 부정 비활성화 감정 : 좌절, 지루함, 시험불안

실패에 대한 좌절감, 지루함, 시험불안과 같은 감정은 융통성 있는 사고와 행동을 할 수 있는 능력을 감소시키고, 단순 암기와 같은 비효율적인 학습 전략을 선택하게 하며, 자기주도적 학습 능력을 저하시켜 대체로 학습에 방해가 된다. 이런 감정을 느끼는 학생들은 집중을 못 하고, 노력을 피하고, 과제를 미루고, 시험을 망치고, 학업을 포기하게 된다. 수많은 학생이 공부 때문에 좌절해서 자신의 잠재력에 도달하지 못하며, 성격 발달 및 자존감에 문제가 생기고, 심지어 자해나 자살과 같은 심각한 지경에까지 이른다.

감정 조절을 잘하는 아이가 거두는 성취

부모가 아이의 감정 조절을 돕는 방법

따라서 부모는 자녀가 학습과 관련되어 과도한 부정적 감정을 느끼고 있지는 않은지 주의 깊게 살펴야 한다. 아이가 현재 공부에 대해 무슨 생각을 하는지, 어떤 감정을 느끼고 있는지 소통되지 않은 상태에서 진도만 나가면 아무리 좋은 학교나 학원을 다녀도 성적은 오르지 않는다. 대화를 통해 아이가 공부하면서 느끼는 감정을 헤아려 보고, 학습에 대해 긍정적인 감정을 느낄 수 있도록 격려하며, 때로는 부정적인 감정에서 촉발되는 에너지를 학습 동기를 유발하는 데 사용할 수 있도록 소통하는 것이 중요하다.

특히 학생들은 과제의 난이도와 개인 실력에 따라서도 다양한 감정을 느낄 수 있다. 옆쪽 그림[3]에서 보듯이, 과제 난도와 실력이 너무 낮은 상태는 학업에 대한 무관심을 유발하기 쉽고, 실력은 낮은데 과제 난도를 높이면 불안이 올라가며, 실력이 좋은 학생에게 너무 낮은 난도의 과제를 주면 권태가 유발된다. 학업에 대한 몰입도와 즐거움, 자신감을 높이려면 개인의 실력에 맞는 적절한 과제 난이도를 맞춰주는 것이 중요하다. 따라서 부모나 교사는 아이가 어느 정도 수준의 과제에서 도전의식을 갖는지, 아니면 의욕을 잃고 포기하는지 파악해야 한다. 만약 아이가 과제를 너무 어려워한다면 좌절하지 않도록 난이도를 조율해야 한다.

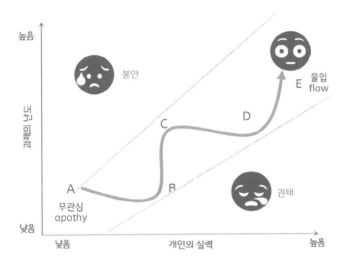

감정 조절을 잘하는 아이가 거두는 성취

감정 조절의 발달: 전두엽 발달과 억제 기제

그렇다면 우리 아이의 감정 조절 능력은 어떻게 발달하는 것일까? 감정 지능의 개념은 무엇이며, 아이가 성장하면서 학습 관련 감정 조절의 발달에 영향을 미칠 수 있는 요인들로는 무엇이 있을까?

학습에 중요한 감정 조절 능력의 발달에는 다른 모든 발달에서와 마찬가지로 유전적·환경적 요인이 복합적으로 작용한다. 특히 아이들이 지금 좋은 성적을 받는 것은 나의 장래를 위해 이득이 된다는 점을 이해하고, 당장 놀고 싶은 마음을 누르고 공부하기 위해서는 충동 억제를 관장하는 전두엽 기능이 발달되어야 하는데, 전두엽은 학습이 가장 중요해지는 청소년기에 급속도로 발달한다.[4]

옆쪽의 그림을 보면, 청소년기에는 전두엽 기능이 본격적으로 발달하면서 자기조절 능력도 향상되기 시작한다. 한편 호르몬 변화의 영향을 받아 감정 및 중독 행동을 조절하는 뇌(변연계-보상 회로) 기능의 발달이 전두엽 기능 발달 속도보다 더 빠르게 이루어진다. 따라서 청소년기에는 전두엽의 억제 기능이 상대적으로 부족해져 사춘기에 여러 중독성 행동에 탐닉하거나 짜증을 내고 심한 감정 기복을 드러내는 등 소위 '중2병'의 정서적인 미숙함과 행동 변화를 보이기도 한다. 특히 부모 세대에 비해 학습량이 매우 많아지고, 사회적 관계에서의 소통도 더 복잡해졌기에 요즘 시대의 소아청소년들은 아직 완성되지 않은 전두엽 기능을 동원해 제 나이에 감당하기 어려운 스트레스를

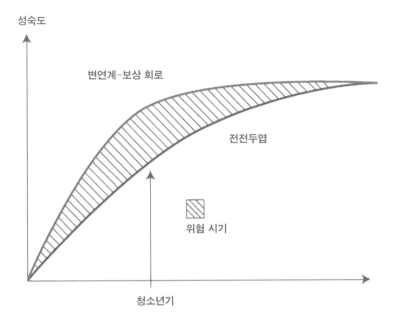

변연계-보상 회로

전전두엽

위험 시기

청소년기

성숙도

감정 조절을 잘하는 아이가 거두는 성취

견뎌야 하므로 이에 따른 부작용도 커지고 있다.

감정 지능이 높은 아이의 학업 성취도

감정 지능Emotional Intelligence, EI은 자신과 타인의 감정을 잘 인식하고 여러 종류의 감정을 잘 변별해 이를 토대로 자신의 사고와 행동의 방향을 결정하는 능력이며, 미국의 심리학자인 대니얼 골먼이 쓴 책을 통해 대중에게 널리 알려졌다.[5] 감정 지능을 설명하는 여러 모델이 있는데, 여기에는 공통적으로 다음과 같은 요소들이 포함되어 있다.

- 감정 인식

자신과 타인의 감정을 정확하게 인식하는 것

- 감정 이용

의사결정을 할 때 감정을 적절하게 고려하는 것

- 감정 이해

감정의 원인과 결과에 대한 지식, 감정을 묘사하는 어휘력

- 감정 조절

원하는 목표를 달성하기 위해 긍정적인 감정은 강화하고, 부정적인 감정은 감소시키는 능력

감정 지능과 학업 성취도의 관계에 대한 연구는 오래전부터 활발히 이뤄져왔으며, 위의 요소 중 특히 감정 이해와 감정 조절 능력은 학업 성취도를 높이는 데 중요하다고 알려져 있다.[6] 감정 지능이 높은 학생들은 선생님이나 또래와 좋은 사회적 관계를 만들고 유지하며, 학습과 관련된 감정을 잘 조절한다. 또한 감정에 대한 지식은 인간의 동기, 감정 및 상호작용에 대한 이해를 요구하는 인문학 과목과 내용이 겹치므로 감정 지식이 풍부한 학생들은 학업 성취도가 높은 경향이 있다. 나아가 단체 활동과 사회성-감정 기술(리더십, 소통, 팀워크, 타문화 이해력)을 강조하는 최근의 교육 흐름으로 인해 학업 성취 면에서 감정 지능의 중요성은 더욱 강조되고 있다.

학습 감정에 영향을 미치는 요인과 감정 조절 능력을 높이는 방법

다양한 학습 감정에 영향을 끼치는 요인을 하나씩 자세히 살펴보자. 또한 부모나 교사가 학습 내용을 어떻게 구성해야 아이들의 긍정적인 학습 감정을 촉진시킬 수 있는지 그 방법도 살펴보자.

1. 학업효능감

학업효능감(학업적 자기 효능감academic self-efficacy)[7]은 자신에 대한 긍정적인 평가로서 학업적 자기 효능감이 있는 아이들은 스스로 공부를 잘해낼 수 있다는 믿음뿐 아니라 성공과 실패의 원인을 알아내 자신이 해결할 수 있다는 긍정적인 태도를 지니고 있다. 당연히 자신감이 높을수록 학습 동기는 올라가고, 어려운 과제에도 도전하는 과제 집착력이 강해져 학습을 포기하지 않고 지속하게 된다. 따라서 자녀가 공부를 꾸준히 하길 바란다면 잘할 수 있을 거라는 자신감을 계속 불어넣어주어야 한다. 자신감 향상을 위해서는 특히 아이들 수준에 맞는 난이도의 학습을 하도록 세심히 신경 써야 하는데, 실제로 아이들은 공부가 잘될 때 가장 하고 싶어하기 때문이다. 공부를 하려 해도 잘 안 되고 노력 대비 성적이 잘 안 나온다고 생각할 때 아이들은 자신감이 떨어지면서 불안이 심해지고 마침내 공부를 싫어하게 된다. 무작정 옆집의 잘하는 아이를 따라 선행학습과 진도 경쟁에 몰두하기보다는, 내 아이가 성취감을 느낄 만한 난도의 학습을 제공해 작은 성공 경험을 쌓도록 돕는 것이 자신감 향상에 중요하다. 또한 성적 자체보다는 꾸준한 노력과 과정을 칭찬함으로써 아이가 실수를 수치스러워하지 않고 배움의 기회로 삼도록 격려하는 것이 향후 중고등학교 시기에 마주칠 좌절을 딛고 일어서는 회복탄력성 향상에도 큰 도움이 된다.

2. 과제 가치

과제 가치task values에는 내재적 가치intrinsic values(학습 자체에 대한

공부하는 뇌, 성장하는 마음

흥미와 관심을 강조), 성취 가치attainment values(성취하는 것의 중요성을 강조), 이용 가치utility values(원하는 결과를 얻기 위한 수단으로서 학업 수행의 가치를 강조) 등 다양한 종류가 있다. 학생들에게 성취 가치와 이용 가치만을 강조한다면 좋은 성적을 받지 못했을 때 심한 좌절과 수치심 같은 부정적 학습 감정을 느낄 것이다. 따라서 성적에 상관없이 자신의 흥미와 관심을 우선시하는 내재적 가치를 발달시키도록 돕는 것이 긍정적인 학습 감정의 형성이나 학습에 대한 동기 유발 면에서 더 중요하다. 교육학자나 심리학자들의 연구에 따르면 학생의 자기 효능감, 성실성, 내재 동기가 높을수록 시험불안은 낮아진다고 한다. 반면 시험불안은 성취 가치, 이용 가치를 강조하는 분위기에서 대개 심해진다.

3. 감정 조절 능력[8]

감정 지능 중 특히 감정 조절 능력이 학업 성취도와 밀접한 관련이 있다고 한다. 감정을 조절하는 전략에는 크게 네 가지가 있다.[9]

• 감정 지향 조절

감정을 직접적으로 조절하는 것으로, 불안할 때 심장이 두근거리거나 떨리는 등의 신체적 반응, 혹은 주의력 조절을 목표로 한다. 예를 들어 긴장을 줄이는 이완 훈련, 불안을 줄이기 위해 주의를 다른 곳으로 돌리는 주의 분산 훈련 등이 있다.

- 평가 조절

감정을 유발하는 특정 상황에 대한 자신의 생각이나 평가를 바꾸는 것이다. 인지행동 치료에서 널리 쓰이는 기법으로, 자신의 왜곡된 인지를 발견해 우울이나 불안에서 좀더 벗어날 수 있는 대안적 사고로 전환하는 훈련이 그 예다.

- 능력 지향 조절

과제 난이도와 개인의 능력에 따라 다양한 학습 감정이 유발되므로, 능력 지향 조절에서는 과제에 능숙해지도록 개인의 능력을 향상시키는 것을 목표로 한다. 학습에서는 기초 인지 능력이나 학습 기술 등을 잘 갖추도록 돕는 것이 그 예다.

- 환경 조절

환경을 선택하거나 바꾸는 것을 통해 개인이 느끼는 감정을 조절한다. 학생의 욕구와 성향에 맞는 학교 선택, 적절한 도전의 수준과 과제 난이도 등을 선택하거나 바꾸는 것 등이 그 예다.

감정 조절에 대한 교육과 훈련은 어릴 때 시작할수록 효과가 더 좋다. 어릴 때부터 아이에게 본인이 느끼는 감정을 물어보고 표현할 기회를 자꾸 주어야 아이가 감정이 무엇인지 알게 되고, 상황에 맞게 표현하며 조절하는 힘이 생긴다. 이런 힘이 있는 학생은 시험불안이나 입시 스트레스가 본격화되는 시기에도 공부를 싫어하거나 두려워하지 않고 불편한 감정을 잘 다스려나가게 된다.

4. 목표 구조, 성취 기준과 감정[10]

학업 성취를 정의하는 데 사용되는 기준과 목표는 학생들의 학습 감정과 성취에 큰 영향을 미친다.

• 숙련 목표

배우는 내용이나 과제 자체를 더 잘하게 되는 것을 목표로 하는 것이다. 숙련 목표에서는 과제 숙련도에 대한 기준을 제시하고, 과거와 비교해 현재의 수행도 향상을 강조하는 '개인적 기준'을 설정한다. 숙련 목표는 학생들이 배움에 대한 즐거움을 느끼게 하고, 처음에 비해 발전하는 느낌을 주므로 지루함도 줄어든다.

• 수행 목표

자신의 수행에 대해 다른 학생과 비교해 우열을 평가하는 것으로 자기 주변의 학생들보다 더 잘하는 것, 혹은 남보다 못하는 것을 피하는 게 목표다. 우리나라 고등학교의 상대평가 등급제 내신이 대표적인 예다. 수행 목표는 타인의 수행과 비교하기 때문에 경쟁적인 분위기를 조성하고, 경쟁에서 이긴 일부 학생은 자부심 등의 긍정적인 감정을 경험하기도 하지만, 나머지 대부분의 학생은 실패감과 자신감 저하를 겪게 된다. 따라서 아이들로 하여금 주변의 다른 학생들과 비교하는 습관을 버리고, 과제 자체를 처음보다 더 잘하는 것을 일차 목표로 삼는 습관을 들이도록 어릴 때부터 이끌어주어야 한다.

- 협동 목표

학생들의 협력을 통한 집단의 성취를 목표로 하며 '집단 기준'을 사용한다. 협동 목표는 집단의 성취에 대한 단체로서의 자부심, 다른 학생들을 향한 공감, 집단에 협조하지 않는 학생들에 대한 분노 등의 사회적 감정을 유발한다.

이런 내용을 적용해 학생들의 긍정적인 학습 감정을 북돋우려면 숙련 목표를 도입하고, 숙련도의 기준을 구체화해 제시하는 것이 바람직하다. 명확한 도전 목표를 제시하는 것은 노력하도록 동기를 유발할 수 있지만, 과제는 학생들이 감당할 수 있는 수준이어야 한다. 지나치게 높은 성취를 기대하면 높은 수행불안을 유발해 학업 스트레스를 증가시키기 때문이다.

5. 가족 관계와 감정[11][12]

부모는 학령 전기와 학령기 전체에 걸쳐 자녀의 학습 감정 및 성취 가치 발달에 지속적으로 커다란 영향력을 끼친다. 어린아이가 갖는 성공에 대한 자부심과 실패에 대한 수치심은 부모의 기준에 영향을 받아 형성된다. 어린 시절 아이들이 공부를 열심히 하는 이유는 부모님께 사랑과 인정을 받고 싶은 욕구 때문인데, 성적에 집착하는 부모와의 관계에서 문제가 생기면 아이는 사랑과 인정을 상실한 듯한 느낌을 받으면서 공부 목적이 흔들려버린다. 따라서 아이들이 이루기 어려운 높은 성취에 대해 부모가 과도한 기대를 하거나, 실패에 대해 아이들을 처벌할 때 부정적인 학습 감정이 많이 생기며 아이들은 학습에 부담과 두려움을 느끼면서 공부하려는 동기를 잃어버린다.

유치원이나 초등학교 시절에는 부모가 아이를 직접 가르치는 식으로 학습에 개입할 수 있지만, 중학교 이후로는 학업의 난도가 만만치 않고 독립을 추구하는 청소년기 발달 단계의 특성상 아이들이 거부감을 드러내 부모의 학습 개입은 점점 힘들어진다. 따라서 학원 스케줄과 숙제 관리에 치우친 학습 매니저로서의 역할보다는 부모가 아이의 감정을 헤아리기 위해 노력하고, 부모-자녀 관계를 탄탄히 구축하는 것이 자녀가 어려운 학업을 포기하지 않고 장기적으로 지속해 나가는 데 있어 가장 중요하다. 아이들은 자신을 감정적으로 격려해 주고 지지하는 멘토가 있어야 역경을 헤쳐나갈 수 있는데, 대부분은 부모가 지지의 원천이 된다. 부모는 자녀가 낯선 상황에서 어떻게 대처하는지, 무엇이 아이를 두렵고 슬프거나 행복하게 하는지, 그리고 스트레스를 많이 받는 순간에는 어떻게 긴장을 풀 수 있는지에 대해 누구보다 더 잘 알기 때문이다.

안타깝게도 최근에는 부모-자녀 관계의 긴장이 높아지고 있다. 요즘 학생들은 부모, 선생님, 또래들로부터 성취에 대한 압박을 점점 더 많이 받고 있으며, 그 결과 부모와 자녀 모두 더 높은 스펙을 쌓기 위해 더 많은 시간, 노력, 자원을 투입하면서 번아웃 상태가 된다. 이런 상황에서 학생들의 스트레스, 우울, 불안감은 점점 더 증가하고 있으며 과한 기대를 하는 부모와의 소통 부족이나 정서적 단절 문제도 심각하다. 이렇듯 부모 자녀 관계에서 더 커지는 거리감이나 소외감을 극복하려면 직접적인 소통이 중요하며, 부모는 아이들이 공부하는 동안 지치고 소진되지는 않는지 주의 깊게 살펴야 한다. 또한 성취에 대한 균형 잡힌 시각을 가질 필요가 있는데, 부모가 지위를 인성이나 성실성보다 더 높이 평가한다고 아이들이 느낀다면 학업 성취에 대한 부담을 더 심하게 느낀다. 따라서 부모는 아이들에 대한 과도한 기대를 줄이고, 아이들이 지나치게 많은 것을 하도록 압박하지 말아야 한다.

그렇다면 이러한 사회적 분위기 속에서 부모의 적절한 역할은 어떤 것일까?

1) 우선순위 정해주기: 아직 어리고 미숙한 아이들은 할 게 너무 많으면 고민만 한다. 우선순위를 정해 아이가 해야 할 일을 줄이고, 구체화해서 보여줘라(예: ○○만 하면 오늘 네가 할 일은 다 한 거야).

2) 성공 경험을 돕기: 아이가 공부에 대해 좋은 감정을 갖도록 하려면 먼저 아이 수준에 맞는 난도의 과제를 주고, 공부를 잘할 수 있는 방법으로 지도해줘야 한다. 이로써 아이는 작은 성공 경험을 하며 자신도 공부를 잘할 수 있다는 '학업 효능감'을 갖게 되고, 공부에 대한 부정적인 감정이 긍정적인 것으로 바뀌면서 공부가 하고 싶어지거나 몰입하게 된다.

3) 부모 자녀 관계 증진시키기: 부모가 아이의 정서적 상태를 이해하고 위로와 사랑, 안정감을 제공하는 것은 아이들이 학습 과정에서 부딪힐 난관을 극복하게 하는 힘이 된다. 아이들은 힘든 시기에 믿을 수 있고 사랑받는다고 느낄 수 있는 가까운 이들이 곁에 있어야 불안이 줄고 안정감을 얻기 때문이다. 부모는 어릴 때부터 아이와 함께 많은 시간을 보내면서 비슷한 관심사를 공유하고, 부모가 내 편이라는 것을 아이가 느끼게 해줘야 한다. 그래야 힘든 상황이 오더라도 아이가 부모에게 마음을 솔직하게 털어놓고 도움을 구하니 문제 해결은 더 수월해진다. 다음은 부모가 자녀의 동기를 강화할 수 있는 소통 방법이다.

부모의 동기 강화적 의사소통 방법[13]
· 부모가 자녀의 이야기를 경청해주기
· 긍정적인 태도로 인정하고 공감해주기
· 장기적인 자녀의 목표와 현재 자녀의 행동 사이의 불일치한 점 찾아주기
· 논쟁을 피하기
· 결과보다는 자녀의 노력과 작은 긍정적인 변화에 대해 칭찬과 격려해주기

감정 조절을 잘하는 아이가 거두는 성취

6. 또래 관계와 감정

학교에서 아이들이 느끼는 감정에 또래 친구들은 큰 영향을 끼친다. 또래들 사이의 성적 경쟁은 시험불안을 높이는데, 이는 아이들이 대체로 주변 친구들의 성취도를 기준으로 자기 성취에 대한 평가를 하면서 여러 감정을 느끼기 때문이다. 그런 까닭에 시험에 대한 학생들 간의 경쟁이 치열한 특목고나 상위권 학교 학생들의 시험불안이 일반적으로 더 높다고 알려져 있다.[14]

이렇듯 학교와 교육 시스템의 특성은 학생들의 또래 관계와 학습에 대한 긍정적·부정적 감정에 큰 영향을 미친다. 예를 들어 어린 나이에 미래의 직업 기회 등에 중대한 영향을 끼칠 수 있는 시험을 치르고, 그 결과에 따라 학생들을 성취 수준별로 나누어 분리하도록 설계된 교육 시스템에서는 학생들의 경쟁심이 심해지고, 시험불안이 일찍부터 생긴다. 교육은 각 나라와 사회의 여러 특성이 복합적으로 반영된 산물이기 때문에 단순하게 말할 수 없지만, 학업 스트레스 측면에서만 본다면 이런 유의 배치고사는 학생들의 실패에 대한 좌절과 수치심, 미래와 관련된 불안과 희망 없음, 또래에 대한 지나친 경쟁의식과 질투 등의 부정적 감정을 늘리므로 별로 바람직하지 않다. 따라서 OECD 국가 중 최하위권의 행복감 및 세계 제일의 자살률을 보이는 한국에서는 학생들이 학습에 대해 어떤 감정을 느끼는지 훨씬 더 큰 관심을 가져야만 한다. 또한 성적 경쟁이 치열한 교육 현장에서 아이의 관계성, 공감 능력, 의사 표현 능력 등 대인관계에 있어 어려움은 없는지, 아이가 상처받지 않고 원만한 또래 관계를 이뤄가는지에 대해 관심을 가져야 한다.

인지력, 집중력, 학습 동기를 떨어뜨리는 정서 문제

아이가 가끔 우울하거나 불안해하고 스트레스를 받는 것은 정상적이지만, 이런 감정이 몇 주 이상 거의 매일 지속된다면 이는 심각한 정서 문제의 징후일 수 있다. 부모와 자녀가 생각해낼 수 있는 쉬운 해결책이 없거나 시간이 지남에 따라 정서 문제가 더 악화될 때는 전문적인 도움을 구해야 한다. 여기서는 학업 수행에 심각한 영향을 미칠 수 있는 대표적인 정신 건강 문제 몇 가지만 살펴보고자 한다.

1. 우울, 불안 등의 정서 문제

아이에게 우울, 불안 등의 정서 문제가 생기면 집중력 및 학습 동기, 인지 속도가 떨어져 성적에 부정적인 영향을 준다. 뿐만 아니라 또래 관계에서 위축되고, 교사나 부모와 같은 주변 어른들과의 관계에서도 문제가 발생한다. 주의할 점은 소아청소년 우울증은 반드시 우울한 기분으로 나타나는 것이 아니며, 심한 감정 기복이나 짜증, 분노, 비행이나 일탈 행동, 신체 증상 호소 등 흔히 다른 모습으로 나타난다는 것이다. 특히 청소년 우울증은 '기분 반응성'이 있어, 친구들이 부르거나 재미있는 일이 있으면 기분이 반짝 좋아지며 놀러 나가니 부모 눈에는 전혀 우울한 것으로 비치지 않을 수도 있다. 이 때문에 부모는 아이가 보내는 위험 신호를 뒤늦게 알아차린다.

이외에도 소아청소년기에 흔한 불안 문제 가운데 분리불안이 있으면 아이는 부모와 떨어지는 것을 힘들어하고 등교 거부를 하기도 한다. 범불안장애를 앓는 아이는 모든 일에 대해 걱정이 많고 늘 긴장하는 모습을 보인다. 사회불안장애가 있는 아이는 수행평가 등 발표를 해야 하거나 또래와 대화를 하는 데 지나치게 긴장하므로, 이런 상황이 두려워서 학교에 잘 못 가기도 한다. 이처럼 적절한 정도를 넘어서는 과도한 불안으로 인해 아이들은 학업에 집중을 못 하거나 학교 적응에 어려워해 결국 학업 수행 능력이 심각하게 뒤떨어진다.

전문적인 도움이 필요한지 판단하는 기준

아이들은 스트레스 상황에서 보통 대처할 방법을 찾지만, 자신이 감당할 만한 수준을 넘어서면 심각한 정서나 행동 문제를 보일 수 있다. 다음은 아이들이 전문적인 도움을 필요로 할 때 나타내는 행동 징후들이다.

☑ 2주 이상 하루 종일 슬퍼하거나 심하게 짜증과 화를 낸다

☑ 부모가 평소에 쓰던 방법으로 달래거나 위로하는 것이 어렵다

☑ 학교 공부나 취미, 또래 관계에 평소보다 관심이 훨씬 떨어졌다

☑ 눈에 띄게 행동에 변화가 있거나 평소와 다르게 행동한다

☑ 몸무게가 증가/감소하거나 혹은 식욕에 변화가 있다

☑ 에너지 저하나 피로로 인해 고통받는다

☑ 수면에 지속적으로 어려움을 겪는다

☑ 자해나 자살 사고에 대해 이야기한다

☑ 심한 불안, 긴장, 초조를 보인다

이런 모습은 치료가 필요한 우울증의 징후일 수 있다. 소아정신건강의학과 의사나 임상심리사 등의 정신건강 전문가는 어려운 시기에 여러분의 자녀에게 도움을 줄 수 있으니, 주저 말고 도움을 구해 치료 가능한 문제들을 해결해야 한다.

2. 시험불안

시험불안은 많은 학생이 겪는 흔한 현상으로, 시험에서 제 실력을 발휘하는 데 결정적인 영향을 미치므로 이를 잘 다스리는 것은 성공적인 학업 수행을 위해 매우 중요하다. 먼저 시험불안증이 반복적으로 일어나지 않도록 하려면 학습과 관련된 감정에 영향을 미치는 요인들에 관심을 기울여 아이가 공부를 마음 편히 할 수 있도록 도와줘야 한다. 특히 시험이나 평가 방법, 시험 후에 제공되는 피드백은 학

업 성취도는 물론 학생의 감정에도 큰 영향을 끼친다. 소아청소년기는 자신의 노력에 대한 보상과 인정에 민감한 시기이므로, 학업 성취도에 대한 피드백은 아이 자신의 노력과 결과에 대한 태도를 결정하며, 성취와 관련된 감정을 발달시키는 데 있어 가장 강력한 요인 중 하나다. 성공에 대한 피드백을 반복해서 제공하는 것은 아이의 자신감을 높이고, 자부심과 미래에 대한 희망 같은 긍정적 감정을 증가시킨다. 반면 실패에 대한 반복적인 피드백은 자신감을 떨어뜨리고 실패에 대한 불안, 수치심, 희망 없음과 같은 부정적 감정을 증가시킨다. 따라서 가능한 한 아이에게 실패보다는 성공에 대한 반복적인 피드백을 주어야 하는데, 학업 성취도를 높이기 위해 효과적인 피드백을 주는 방법은 다음과 같다.

· 학업 수행을 평가할 때 가능한 한 숙련 기준을 사용하고 상대평가를 피해야 한다.
· 아이가 어떤 부분을 어려워하는지, 어떻게 하면 숙련도를 향상시킬 수 있는지에 대한 정보를 얻을 목적으로 시험이나 평가를 사용하는 문화를 조성해나가야 한다.
· 실수는 능력 부족이라기보다는 배움에 대한 기회로 간주되어야 한다.
· 성공과 실패에 대해 평가적인 피드백을 넘어서서, 학생들이 어떻게 학습 능력을 향상시키고, 지식이나 기술의 숙련에 도달할 수 있을지에 대한 구체적인 방법을 알려주어야 한다.

우리나라의 학교나 학원의 평가 문화는 등수나 백분위에 기반한 상대평가로서 공부 잘하는 소수 외에 대다수 학생의 학습 동기를 저하시키고, 시험불안을 조장하는 쪽으로 흘러가고 있는 것 같다. 전체적인 교육이나 입시제도를 하루아침에 바꾸는 것은 불가능하지만, 부모가 현실을 탓하기보다 집에서라도 위에서 제시한 대로 학습에 대한 피드백을 주다보면 아이가 공부를 부담스럽거나 피해야 할 것으로 여기지 않고 마음 편히 해나갈 수 있을 것이다.

가벼운 시험불안은 유산소 운동, 스트레스 관리, 긍정적 정서 향상, 명상, 기도, 등수가 아닌 계획 달성 여부를 목표로 삼기(예: 명문대 진학이 아닌 '후회하지 않는다'를 목표로 삼기) 등의 방법을 통해 평정심을 키우면서 해결되기도 한다.

이처럼 일반적인 방법으로 해결되지 않는 심각한 수준의 시험불안이 있다면 전문가의 도움을 받아야 한다. 특히 고 3 수험생이나 N수생들은 한국 입시제도가 엄청난 심적 부담을 주기 때문에 더욱 그렇다. 시험불안을 완화하는 심리치료 기법이 많이 개발되어 있으며 치료 효과도 좋은 편이다. 시험불안에 대한 개입은 대체로 이완 훈련, 시험과 관련된 왜곡된 인지를 다루는 인지행동 치료, 학업에 대한 자신감을 떨어뜨리는 학습 능력 부족을 해결하기 위해 학습 전략을 향상시키는 훈련 등이 결합된 형태로 이뤄진다.

학습에 대한 긍정 감정을 높이는 방법

내가 근무하는 병원은 서울의 주요 학군 지역에 위치해 있어 학교와 학생 수가 많고, 대학 진학 실적이 매우 좋은 편이다. 반면 부모님이나 학생들의 궁극적인 목표가 명문대나 의대 진학인 경우가 많아 유치원 시절부터 여러 사교육을 시키고, 학교에서의 점수 경쟁도 치열해 이에 대한 부작용으로 학업 스트레스를 심하게 겪는 학생도 많다.

이 지역에서는 '관리'라는 이름하에 어릴 때부터 커리큘럼, 과제, 시험, 오답 노트 등 학습의 모든 부분을 부모나 학원이 챙겨준다. 요즘은 인공지능을 활용해 학생이 틀리는 부분만 집중적으로 분석해 각자의 문제집을 만들어주는 서비스까지 인기를 끌고 있다. 하지만 이처럼 최첨단화된 사교육 서비스에도 불구하고, 실제로는 공부에 흥미를 잃고 포기하는 학생이 많다. 청소년기에도 아이 공부에 대해 부모가 지나치게 간섭하고 관여하는 것은 아이의 자율성을 저해해 동기를 떨어뜨릴 우려가 있으므로 피해야 한다. 당장의 학원이나 학교 성적에 집착하지 않고, 멀리 보고 작은 일부터 계획을 세워 스스로 실천해나가는 훈련을 초등학교 때부터 한다면 아이는 학습 계획을 세우고 계획을 달성했을 때의 뿌듯함과 성취감을 느낄 것이다. 이런 성취감을 맛봐야만 아이는 공부를 하고 싶어하며 학습의 동기도 올라간다.

내재 동기와 심리적 자원이 풍부한 아이들[15]

많은 교육자가 어떻게 하면 '공부를 하고 싶다'라는 긍정적 감정을 학생들에게서 이끌어낼 수 있을지 고민하고 있다. 실제로 학습 동기는 어려운 공부를 해나가는 데 있어 매우 중요한 요인이다. 대체로 초등학교 시기까지 아이들은 외재적 동기, 즉 '게임기 사준다' '용돈 준다' 등의 외적 보상, 부모나 선생님, 친구들의 칭찬이나 인정을 받기 위해 공부를 한다. 하지만 중고등학생이 되면 본인이 하는 일에 재미나 의미를 느껴 열심히 하는 성향인 '내재 동기'의 역할이 점점 더 중요해진다. 학년이 올라갈수록 학업의 난도가 높아지고 과제에 들여야 하는 시간이 늘어나므로 웬만한 노력과 시간 투자로는 잘한다는 칭찬이나 인정을 받기 힘들어지기 때문이기도 하고, 청소년기에는 자아정체성, 독립심 등이 중요해지면서 인생이나 공부의 의미에 대해 나름 답을 찾기 위한 고민을 시작하기 때문이다.

공부에 있어서 내재 동기란 '공부는 해야만 하는 것이니 어쩔 수 없이 한다'는 느낌이 아니라, '내가 선택해서, 내 인생을 원하는 대로 의미 있게 살기 위해 하는 것이다'라는 생각이다. 자율성을 지지하는 환경을 만들어줄수록 아이는 자기가 하는 공부에 대해 더 강한 내재 동기를 갖게 된다. 공부 안 하면 인생이 망할 것 같은 두려움이나 압박감 속에서는 자율성에 기반한 내재 동기가 생겨날 수 없다. 성적이 잘 나오든 안 나오든 학창 시절에 공부를 포기하지 않고 해나감으로써 성실성과 끈기가 키워지면, 성인기의 현실적인 문제나 난관을 헤쳐나갈 힘이 생긴다는 인식을 심어주고, 스스로 공부 계획을 세우며 그 계획을 달성했을 때의 뿌듯함을 경험케 하는 것이 바로 공부의 목표다. 이런 과정을 거치면서 명문대 진학 등의 결과가 있다면 금상첨화지만, 성적이 잘 나오지 않아도 스스로 계획하고 실행하는 능력이 향상된다면 그 자체로 아이들 성장에 큰 의미가 된다. 교육의 목표는 바로 이 자율성과 성취의 느낌을 아이들에게 지속적으로 심어주는 것이며, 이런 목표가 달성된다면 성적이 좋지 않은 학생도 공부에서 의미와 보람을 찾을 수 있을 것이다.

이런 측면에서 접근하면, 공부에 관심 없는 아이들의 경우 운동이나 예술, 그 외 본인의 관심사를 꾸준히 해나가도록 독려하는 것 역시 자율성과 실행 기능 향상에 큰 도움이 된다. 하나를 끝까지 잘한 경험이 있는 아이들은 무언가를 잘하는 데 필요한 인내심, 감정 관리, 대인관계, 회복탄력성, 집요함 등 심리적인 자원이 풍부해질 수 있다.

부모가 해야 할 일

1. 안전 기지

아이가 정서적으로 안정된 상태에서 어려운 학업도 포기하지 않고 도전할 수 있게 키우려면 부모는 어떤 역할을 해야 할까? 먼저 아이의 '안전 기지secure base'가 되어주어야 한다. 안전 기지란 무슨 일이 있을 때 도망쳐서 숨을 수 있는 장소로, 아이가 집 밖에 나가 온갖 도전을 하다가 실패해서 상처를 입어도 돌아와 휴식하고 위로받을 수 있는 공간이다. 아이는 이런 휴식을 통해 마음이 편해지고, 마음이 편하면 다시 공부하고 싶어하는 의욕이 생기기 때문이다. 아이가 스스로 도전하려 할 때 뒤에서 조용히 지지하며 지켜봐주는 것이 안전 기지의 가장 중요한 역할이다. 트라우마와 회복탄력성에 대한 여러 연구는, 역경을 이겨내는 아이들에게는 자신의 말을 들어주고, 위로해주며, 품에 안아주고 놀아준 확실한 애착 대상이 최소한 한 명은 있었다는 것을 밝혀냈다. 가족은 아이들의 성취에 대한 가치관과 학업 부담에 큰 영향을 끼친다. 이전 세대보다 해야 할 것이 너무 많은 요즘 아이들이 학교와 학원에서 돌아오면, 집에서만이라도 위안을 얻고 신체적·정신적 휴식을 취할 수 있도록 부모는 안전 기지 역할을 해야 한다. 부모의 이런 역할이 집에서조차 닦달하며 숙제를 시키고 시간표 관리를 하는 것보다 부모 – 자녀 관계, 인생의 성공을 위해서는 훨씬 더 득이 된다.

2. 칭찬과 격려

학습 효능감을 높이기 위해서는 칭찬과 격려가 필요한데, 어떤 방식으로 해야 할지 잘 몰라서 오히려 아이에게 독이 되는 칭찬을 하는 부모도 많다.

감정 조절을 잘하는 아이가 거두는 성취

도움이 되는 칭찬을 하려면, 재능이나 결과가 아니라 '이렇게 해내는 것을 보니 정말 많이 노력했구나'라며 아이의 노력과 과정을 구체적으로 칭찬해주는 것이 중요하다. 노력을 칭찬받은 아이들은 두려움 없이 훨씬 더 적극적으로 어려운 문제에 도전하며, 행여 실패할지라도 자신이 발전하는 기회라고 생각한다. 아이들이 공부를 잘해나가려면 '꾸준히 노력하다보면 내 능력이 향상될 수 있다'는 성장에 대한 믿음과 긍정적인 태도가 뒷받침되어야 한다. 자신의 능력에 관한 믿음은 은연중 부모로부터 자녀에게 전달된다. 자녀의 능력에 대한 믿음이 부족한 부모일수록 아이를 들볶고 스트레스를 주는데, 안타깝게도 부모로부터 스트레스를 받은 아이는 자라면서 학습에 대한 자신감을 점점 잃는다. 아이들은 아직 성장 과정에 있으므로 여러 면에서 자기 조절력도 부족하고 보완해줘야 할 부분이 많지만, 부모가 자녀를 신뢰하면 자식은 결코 부모를 속이지 않는다. 꾸준히 하다보면 지금보다는 더 나아지리라는 성장 믿음을 아이에게 계속 심어주는 것이 부모의 역할이다.

3. 원만한 또래 관계 형성 돕기

어릴 때 또래 집단과 어울려 재미있게 노는 것은 인간의 두뇌 발달에 결정적인 도움을 주며, 공부 잘하는 아이들은 대체로 긍정적이며 원만한 인간관계를 유지하는 경향이 있다.

특히 사춘기 청소년들은 또래 관계에 대단히 민감한 시기이므로 친구들과의 사소한 갈등만으로도 어른이 상상할 수 없을 만큼 큰 스트레스를 받으며 감정 조절에 실패해 공부를 놓아버릴 수 있다. 따라서 아이의 소통 능력을 강화하고 인간관계 맺는 능력을 키워주는 것이 스트레스에 대한 자기 조절력을 키우며, 학습 동기를 향상시키는 매우 중요한 요인이 된다.

대인관계 능력은 물론 가족 관계에서 시작된다. 부모는 어려서부터 아이의 감정을 세심히 살피고, 긍정적이거나 부정적인 감정 모두 편안하게 드러낼 수 있도록 감정 표현을 격려해야 한다. 또한 어린 시절에는 즐겁게 놀아줘 타인과 같이 노는 것이 즐겁다는 생각과 가족 관계에서 따뜻함을 느끼도록 해주어야 한다. 이런 경험을 통해 아이는 다른 사람들과의 관계에 대해 긍정적인 감정을 갖게 된다. 타인을 배려해야 내가 행복해지고, 내가 행복해져야 공부도 잘할 수 있다.

―――――

나는 대학 1학년을 마치고 군 복무 중인 큰아들과 현재 수험생인 둘째 아들을 키우고 있다. 여느 엄마들처럼 명문대를 보내고 싶은 마음에 사교육을 시키기도 했고, 일하는 엄마라서 아이의 학습을 뒷바라지 못 하는 것에 대한 미안함 때문에 직장생활을 계속해야 하나 하는 갈등을 겪기도 했다. 아직 둘째의 입시가 몇 달 남아 있는 지금

감정 조절을 잘하는 아이가 거두는 성취

'어릴 때 공부를 더 많이 시킬걸' 하는 아쉬움보다는, 유치원이나 초등학생 때는 좀더 놀아주고 시간을 같이 보낼걸, 중고등학교 시절에는 혼자 생각으로 불안해하지 않고 좀더 아이를 믿고 지켜봐줄걸 하는 후회가 든다. 지나고 보니 입시는 그 요란한 준비 과정과 불안감에 비하면 덧없는 통과의례일 뿐이라는 생각이 든다. 오히려 두 아들의 학창 시절 동안 학습과 입시를 앞두고 고군분투해온 세월을 내 아이와 나 자신의 '성장 게임'이었노라고 정의해보고 싶다.

어린 나이부터 세계에서 가장 경쟁이 치열하다는 한국에서 공부를 지속해나가는 것은 누구에게나 만만찮은 일이다. 또 이런 교육제도로 인해 공부에 흥미를 잃고 정신적 고통에 시달리는 아이들과 부모를 만나는 입장에서 입시제도 개선의 필요성을 누구보다 절감하고 있다. 하지만 한편으로는 인간은 좌절을 통해서 바쁘게 가던 걸음을 멈추고, 문제점을 성찰하며, 치유를 위한 시간을 가질 수 있다고 생각한다.

다행인 것은, 대부분의 학생과 부모는 이런 고통스러운 감정과 좌절을 나름대로 응원하며 잘 이겨내고 있다는 점이다. 이를 잘 극복한 아이들은 성적의 좋고 나쁨에 상관없이 성숙해지는 데 필요한 인내심, 감정 관리, 집요함, 회복탄력성 등의 심리적 자원을 보유할 수 있을 것이다. 어려운 상황 속에서도 차분함을 보이고, 사랑을 주고, 옆에 같이 있어주고, 안심시키는 부모와 가족은 자녀가 공부를 해나가는 데 가장 큰 힘이 된다는 것을 기억하라. 오늘도 아이를 위해 인고

공부하는 뇌, 성장하는 마음

와 희망이 섞인 날을 보내고 있을, 공부를 통해 성장통을 겪고 있을 모든 아이와 부모님을 진심으로 응원한다.

감정 조절을 잘하는 아이가 거두는 성취

7장

환경이 바뀌면 좋아지는 것들

박지인

연세소울정신건강의학과 원장

생애 초기 스트레스와 지능, 학업 성취도의 관련성

「금쪽 같은 내 새끼」「결혼지옥」과 같은 방송에 정신건강의학과 전문의가 출연해 심리적인 주제를 둘러싸고 개인의 발달사나 가정사를 공개할 정도로 우리 사회는 정서에 대한 이해와 관심이 높아지고 있다. 과거에는 아이를 잘 키운다는 게 잘 먹이고 가르치는 것을 뜻했지만, 지금은 아이의 마음까지 편안하게 해주고 성숙하도록 돕는 것을 강조한다. 이 때문에 요즘 엄마들은 고민이 많고 체력도 쉽게 고갈된다.

진료실에서 만난 내 딸 또래의 아이들 이야기를 듣다보면 엄마의 애타는 마음도 이해되는 한편 내 딸도 내 말에 상처받고 서운했을까

봐 괜히 미안해진다.

아이의 출생과 더불어 부모와 형제가 겪는 변화는 어마어마하다. 불확실한 돌발 상황에 대비하려면 아이를 돌보는 데 필요한 시간과 노동력 외에도 여러 사람의 지원, 경제적 자원, 사회 시스템이 필요하다. 나 역시 첫아이 출산 후 하루 종일 아이와 함께한 시간이 참 길고 고독하게 느껴졌다. 잠투정 부릴 아이를 생각하면 밤이 오는 게 두려웠고, 부부의 리듬도 무너진 데다 과연 엄마로서 잘하고 있는지 확신 못 해 늘 긴장되고 불안했다.

스휘르만스의 연구에 따르면 생애 초기 스트레스는 낮은 지능지수 및 학업 성취도와 관련이 높고, 향후 사회적·정서적 발달 및 문제 수준에서도 좋지 않은 예후로 이어졌다.[1] 0~3세의 영유아기는 신체, 인지, 정서 등의 영역에서 뇌가 오감을 통해 가장 활발하게 발달하는 시기다. 아이를 둘러싼 환경과 보호가 전적으로 엄마에게 달려 있다보니 아이의 발달을 위해서는 산모의 건강 회복과 정서적 안정이 무엇보다 중요하다. 진료실에서는 육아 때문에 가족 간에 피로가 쌓이고 부부 사이의 소통이 줄면서 감정의 골이 깊어진 이들을 만난다. 여기에 조부모의 병환이나 경제적 어려움이 겹치면서 위기를 겪는 가정도 많다. 특히 영유아기에는 아이의 리듬이 시시각각 변하고, 불확실한 상황이 이어지면서 보호자 역시 지치고 외롭다. 그렇지만 부모와 상호작용하며 접하는 여러 경험과 자극이 아이의 성격과 지능, 사회성에 영향을 주기 때문에 훗날 심리적 후유증이나 문제 행동을 겪지 않으려면 이 시기를 잘 거쳐와야 한다.

아이들은 세상의 낯선 것들을 접하면서 겁먹을 때 부모라는 안전한 피난처에 기대어 신체적·심리적 안전감을 얻고 스스로 두려움을 조절할 수 있게 된다. 그러려면 부모가 가까이서 아이가 보내는 신호를 민감하게 이해하고 즉각 반응할 수 있어야 한다. 이로써 아이는 애착 대상과의 관계 안에서 정서 조절하는 법을 익히며, 부모가 중시하는 것에 대한 의미를 함께 깨우친다. 물론 주기적으로 관계 균열의 위기가 닥치지만, 부모가 인내심 있게 받아들여 관계가 지속되리라는 안전감을 심어주는 것이 중요하다.

아이는 안전감을 느낄수록(안전 기지) 세상을 더 탐색하고 싶어한다. 탐색 과정에서 안전감을 느끼지 못하면 다시 애착 욕구(안전한 피난처)가 활성화된다. 영아들은 애착 행동을 활발히 할 때는 부모를 통해서 정서를 조절하거나 편안함을 느끼고, 탐색 활동을 활발히 할 때는 부모와 함께 발견joint discovery과 의미 형성meaning making에 참여하면서 세상을 배워간다. 부모가 아이의 관심사를 주시하면서 아이가 정서 조절을 잘 못 할 때도 침착하게 내적 상태를 살피고 반응한다면, 아이 역시 정서를 조절하고 표현하며 타인에 대한 공감 능력을 발달시키게 된다.

네 살 민혁이는 어린이집에서 친구들과 잘 어울리지 못하고 고추를 만지거나 자기 전에 엉덩이에 힘을 주곤 해 병원에 왔다(아이의 이런 행동에는 여러 원인이 있다). 엄마를 따라 들어온 민혁이는 낯선 나를 힐끗 보면서도 인사를 받지 못한 채 내 관심을 부담스러워하는 소극적인 모습이었다. 그렇다고 엄마에게 안겨 있거나 장난감 바구니를 탐색하지도 못하고 엉거주춤한 자세로 엄마와 나의 상담을 듣고 있었다. 아이는 엄마를 적극적인 놀이 친구로도, 이 낯선 상황의 어색한 긴장을 해소하기 위한 지원군으로도 잘 활용하지 못하는 모습이었다. 어머니는 원래부터 체력이 약했고, 민혁이를 낳은 후에는 산후 우울증을 겪었다고 했다. 다행히 요즘에는 아이의 하원이 늦춰져 그사이 에너지를 조금 회복해 아이와 놀이터에서 놀아주려고 애쓴다.

아이들을 주인공으로 만나는 내 진료실에서는 엄마가 중요한 협력자로, 모든 치료에서 결정적인 역할을 한다. 요즘 엄마들은 책임감으로 아이들을 먹이고 어린이집에 보내는 일을 다 하지만, 2~3년간 이어지는 육아에 번아웃을 겪다보니 소중한 자녀가 요구하는 관심사를 함께할 에너지와 의욕이 없을 때가 많다. 엄마가 무기력하면 아이는 비언어적 반응과 신호에 관심을 유지하거나 공동으로 정서를 나누는 일을 못 하게 되어 정서 조절 능력 저하와 불안, 우울, 사회성 발달 지연이 생긴다. 엄마들에게 우울증 치료를 권하면 대부분 "그 정도로 심하지는 않아요"라면서 선뜻 받아들이지 않으신다. 인생에서 가장 많은 역할을 할 때이지만 시간과 비용 여유가 없다보니 상담을 받는 경우는 드물다. 엄마가 자신의 상태를 인정하기까지 오랜 시간이 걸려 만성적인 경과를 거치는 것은 참으로 안타깝다. 비상 탈출 시 구명조끼를 보호자가 먼저 착용하고 아이들을 구하듯, 보호자인 엄마에게 정신적인

환경이 바뀌면 좋아지는 것들

여유와 안정감이 있어야 자녀를 돕거나 이끌 수 있는 것이다.

아이의 내면을 이해하고 부담 줄여주기

임신과 출산, 육아, 입시로 이어지는 과정에서 엄마의 역할이란 평생 배우고 느끼고 변신해야 하는, 마음 소모가 심한 일임에 틀림없다. 이 일이 어려운 이유는 말로 잘 표현 못 하는 아이를 관찰해 관심사나 감정을 알아차리고 소통해야 할 뿐 아니라, 아이의 발달 수준에 맞춰 어른이 끊임없이 변화해야 하기 때문이다. 오로지 나만 바라보는 자녀는 기쁘고 뭉클한 감정과 버겁고 지치는 감정 모두를 안겨준다. 내심 아이가 독립적이길 원하지만, 엄마가 아이의 특성을 이해하고 선택을 돕고자 노력하지 않는다면 자녀와의 건강한 마음 분리는 점점 더 어려워진다.

아동의 나이가 여섯 살쯤 되면 어휘가 늘고 기억력도 좋아져 슬슬 어른과의 대화가 자연스러워지며, 이에 따라 교육에 대한 부모의 고민도 늘어난다. 낯선 환경에 대한 불안과 두려움이 큰 아이들은 어릴수록 엄마의 정서 반응과 태도를 그대로 모방하거나 그에 의존하곤 한다. 이 시기 아이들에게는 학습의 내용 자체보다 아이의 기질 및 심리에 대해 민감한 이해를 갖춘 상호작용과 신뢰감을 심어주는 것이 더 중요하다. 같은 또래여도 감정 조절 능력이 다르다보니 좌절을 견디고 도전하는 데는 개인차가 많이 난다. 뜻대로 안 되면 우는 아이도 있고, 실패할까봐 미리 포기하는 아이도 있다. 이런 아이일지라도 엄마와의 상호작용을 통해 새로운 것을 접했을 때 도전하려는 용기를 내며, 한 가지 활동에 충분히 몰입하고 집중하는 과정을 익히면서 자율성과 호기심을 충족시키게 된다.

나 역시 어릴 때 별명이 울보였을 정도로 예민하고 까다로웠다. 같이 자다가 엄마가 먼저 일어나기만 해도 금세 깨는 '엄마 껌딱지'였다. 낯설면 울고 변화를 싫어하는 성격이어서 소아과에 가 엉덩이 주사를 맞을 때면 의사, 간호사 선생님, 엄마 가리지 않고 밀치며 소리쳤던 기억이 난다. 이때 엄마는 나를 비난하기보다 불안 상태를 금세 알아차리고 마음을 진정시켜줬으며, 내 몫을 끝까지 다 마치도록 도우셨다. 엄마와 함께라면 아무리 춥고 더럽고 낯선 공간도 아늑하게 느끼며 도전할 수 있었다.

아이들은 엄마의 따뜻한 관심과 보호 속에서 학습과 놀이의 구분 없이 많은 활동을 함께하고 배운다. 이때 중요한 점은 엄마와의 활동이 사랑과 재미의 시간이라는 인상을 심어주는 것이다. 요즘은 워낙 엄마표로 할 수 있는 콘텐츠와 정보가 많다. 이때 엄마의 기대에 부응하려는 아이의 마음, 부모에게 밀착해 의존하고 싶은 마음이 맞물려 배움이 이뤄진다.

학교 적응을 위해서라면 정적인 활동을 조금씩 바꿔 아동용 놀이 책상에 앉아 함께 작업하는 게 좋다. 여전히 교구와 물건을 만지고 조작하길 좋아하는 반면 종이와 연필을 잡는 데 지루함을 느낀다면, 점 잇기나 색칠하기, 재활용 종이 박스를 활용해 만들기를 해보는 것도 좋다. 아이가 가장 함께하고 싶어하는 엄마의 관심을 받으며 어려워 보이는 일을 완수하도록 독려하는 것이다. 거기에 가장 쉬운 단어들, 예컨대 자기 이름을 써서 꾸미는 와중에 아이들은 성취감을 느끼며, 집중하는 시간을 늘려 좋아하는 것을 즐기기 시작한다. 이런 경험과 활동은 또 하나의 훈련이 된다.

첫아이의 육아가 그렇듯 첫아이의 학교 준비 역시 쉽지 않다. 남들은 가르쳐주지 않아도 척척 한글도 읽는다던데 느린 제 자식을 지켜보는 엄마는 조바심이 난다. 엄마가 잠시 자리만 떠도 금세 지루해하고 딴짓을 하다보니 아이 곁에 앉아 집중을 독려하고 엉덩이 힘을 키워줘야 할 시기도 있다. 이렇게 엄마의 기대와 기다림 속에서 아이들은 조금씩 태도를 배우고 꾸준히 변한다. 엄마 역시 첫아이 때 시행착오를 많이 하면 둘째를 키우면서는 느긋해지며, 작은 변화에도 기특해하고 여유를 느낀다. 같은 부모에게서 났어도 아이마다 성향이 다르기 때문에, 어느 정도의 시간과 주기가 아이의 체력과 적응력에 맞는지 엄마가 세심히 관찰해 조정해주는 것도 도움 된다.

간단한 자조 기술이 늘고 상황에 대한 예절을 지키며 단체 생활과 규칙을 익힐 수 있으면 아이들은 또래와 경쟁하고 서로 모방하며 배우려는 욕구가 늘어간다. 겁을 내던 것을 친구에게 의지해 도전해보기도 하고, 그룹의 규칙과 어른의 지시를 따라 목표가 있는 활동을 끈기 있게 수행할 수 있게 된다. 아이들은 힘세 보이거나 남보다 많이 갖고 싶어하는 등 자기중심적인 면이 많다보니 좌절과 포기도 쉽게 한다. 소극적이거나 너무 예민하고 부모의 걱정이나 불안이 커서 재미 위주의 체험활동만 하는 아이도 있는데, 자라면서 감정 조절이 늘고 자조 기술, 문제 해결 능력이 생기면 인내를 갖고 할 수 있는 활동을 늘려가는 게 집중력 향상에 도움이 된다.

무엇보다 엄마표 학습의 묘미는 아이가 자기 행동의 의미를 알고, 만족감을 느끼며, 삶에 대한 가치와 마음 자세를 배우는 것이다. 학습 과정에서 아이가 하는 행동에 스스로를 괜찮은 사람으로 만들어주는 가치와 의미(성실, 책임감)가 있고 다른 가족에게 기여하거나 도움을 주는 가치와 의미(배려, 존중)가 있음을 알려주면 아이는 뿌듯함을 느낀다. 사람은 이유도 모른 채 남이 시키는 일을 계속하고, 더 잘하도록 강요당하면 무력해지기 쉽다. 진료 상황에서도 아이와 부모의 관계가 호전되어 가정 내에 자율성을 존중하는 분위기가 형성될 때는 아이들이 부모의 표현을 강요나 통제처럼 느끼지 않고 그 가치를 따르는 쪽으로 변화한다.

부모는 아이의 일과에 우선순위를 세워 완급을 조절할 타이밍을 알고 있어야 한다. 엄마가 정한 과제를 잘 완수하는 아이라면 포기하지 않고 자기 일을 다 하는 태도가 얼마나 중요하고 대견한지 말해주는 것도 도움 된다. 도움과 안내 없이는 시작조차 어려워하는 아이들도 있는데, 학습자와의 수동적인 관계를 받아들이지 못한다든가 양에 압도되어 시작을 못 한다든가 하는 등 이유는 다양하다. 어릴수록 불편한 마음을 참고 지적인 활동을 하기란 어려워 아이의 자율성을 위해서는 되도록 기회를 많이 주기(힘 빼기), 특정 시간에 시작하는 것을 미션으로 정하기, 5~10분 동안 한자리에서 연속적으로 집중하기(힘 주기) 등을 목표로 삼아야 한다. 좀더 큰 아이라면 마음속에 회피하려는 저항이 일 때 작은 일부터 시작하는 것만으로도 충분한 용기라고 말해줘보자. 이런 가치와 태도에 대한 이야기는 효과가 즉각 드러나진 않으므로 자칫 설교나 비난조가 담기지 않도록 가볍고 일관되게 하는 것으로 충분하다. 아이가 부모의 격려를 이해하는 것 같다면 무반응이라도 괜찮다.

지나영 교수의 『본질 육아』[2]에도 아이를 지탱해주는 삶의 가치와 태도에 대한 설명이 나온다. 근면, 성실, 책임감, 긍정적인 삶의 자세 등 부모가 자녀에게 심어주고 싶은 가치는 참 많다. 너무 많은 가치를 강조하지 않아도 아이가 자기 행동에서 의미를 발견하고 결과에서 만족감을 얻으면 힘든 상황에서도 회복탄력성을 갖고 절망하지 않을 수 있다. 엄마표 학습은 그 양과 정확도를 매일 체크하는 것이 아니라 아이가 어려워하는 순간에 "포기하지 않고 시작하느라 애썼어"(인내), "빨리 해치우려는 것보다 한 문제씩 차근차근 푸는 동안 우리 ○○가 생각하는 힘이 많이 생겼겠구나"(충동 억제), "○○ 못 하게 돼서 속상하긴 한데, 그럼 지금부터 우리가 할 수 있는 건 뭐가 있을까?"(긍정적 대안적 사고) 등등 아이가 감정을 조절하고 사고를 전환할 수 있게 곁에서 이끌어주는 것으로 충분하다.

집중 양육이 대세가 된 한국의 가정들

아이의 형제관계, 산모의 건강을 돕는 시스템 외에 부모의 경제적인 능력도 아이들 뇌 발달과 경험에 영향을 미친다. 유난히 좋은 것만 주고 과보호하는 부모가 있는가 하면, 환경이 열악해 아이에게 줄 자극과 경험의 양질 모두가 부족한 부모도 있다.

아네트 라루는 『불평등한 어린 시절』에서 1990년대 미국 가정을 계층과 인종으로 범주화한 다음 자녀의 일상생활의 구성, 언어 사용, 가족과 교육기관 사이의 상호작용, 기저에 깔린 부모들의 믿음에 대해 비교 분석했다.[3] 그의 주장에 따르면 노동자 계층과 빈곤 계층은 자연적 성장을 통해, 중산층은 집중 양육 전략을 통해 자녀를 키우는 경향이 있다. 두 계층 간에는 하교 후 이뤄지는 학교 밖 활동의 수, 방학 기간에 진행되는 학교 밖 교육, 가족 생활의 흐름, 가족의 경제적 고민, 자유롭게 놀며 보내는 일상 놀이 시간, 자녀의 활동에 대한 부모의 관심, 부모 삶에서 자녀의 활동이 차지하는 비중, 부모에 대한 자녀의 예속 정도에서 큰 차이가 났다.

노동자 계층과 빈곤층 가정의 자연적 성장을 통한 양육 방식은 자녀의 성장에 관심을 갖고 노력을 기울이지만 자녀의 속도에 맞춰가는 교육 방식이다. 아이들은 자기들끼리 놀이를 주도하고, 어떤 활동을 누구와 할지도 스스로 정한다. 아이들은 비교적 느린 속도로, 정형화되지 않은 형태의 하루를 보내며 어른들의 발언에 대해서도 질문이나 대응을 거의 하지 않고 그저 말을 잘 따르도록 교육받았다. 부모들 역시 자녀의 다양한 흥미나 재능을 계발해주는 것을 필수로 여기지 않았으며 자녀 교육에 대한 의무감도 크지 않았다. 부모들은 안전을 위한 규칙을 정해주긴 하지만, 어른과 아이들 세계가 뚜렷이 구분돼 있어 학교 밖 활동을 위해 자녀를 자동차로 데려다주거나 활동을 지도해주는 경우는 드물었다. 친인척이나 이웃과 교류를 많이 하면서도 아이들 교육은 전문가와 기관에 맡기고 부모로서의 영향력은 행사하지 못하는 모습이었다. 가족은 자녀 앞에서도 재정 문제를 숨기지 않았고, 아이들 역시 부모가 자신에게 얼마의 돈을 투자할 수 있는지 알고 원하는 바를 어른에게 직접 요구하기 어려워했으며, 규칙과 제약에 익숙해지면서 성장하는 경향이 있었다.

반면 중산층 가정은 자녀 위주의 집중 양육을 통해 경제적, 사회적 역량을 갖추고 사회에서 가치를 인정받을 수 있는 행동 양식을 훈련시킴으로써 자녀가 미래 사회에 좀더 유리하도록 돕는다. 아이들이 도움을 청하면 부모는 헌신적으로 대하며 관심을 주려 하고, 체계적인 학교 밖 활동을 통해 자녀의 재능과 능력을 고양하고자 능동적으로 노력했다. 가정 내 활동은 아이 중심으로 돌아가고, 자녀들은 어른의 관리하에 다양한 활동을 경험하며, 식사나 여행지도 아이를 중심으로 선택되곤 했다. 가족 간 대화에서 아이들은 어른의 발언에 능동적으로 대응하고, 어른들도 설득과 지시를 통해 자녀와 의견을 조율하는 논리적 대화를 지향했다. 부부 역시 좋은 본보기가 되려고 애쓰는 모습이 강했다. 이런 본보기를 통해 활동의 우선순위를 정하거나 일정을 관리하는 법, 낯선 이와 악수하는 법이나 팀 활동에 참여하는 법, 낯선 어른과 자연스레 눈 맞추고 효과적으로 협력하는 법 등 훗날 도움이 될 기술 역시 스며들듯 가르쳤다.

우리 사회를 미국과 직접 견주기에는 무리가 있지만, 핵가족화되고 소득 수준이 높아진 오늘날은 이전 세대와 달리 집중 양육을 통해 자녀를 지원하는 모양새다. TV 드라마 「그린마더스클럽」을 보면 초등학생 자녀를 물심양면으로 돌보는 여러 가정의 모습이 나온다. 드라마에서도 가정마다 가치관과 문화가 다르다보니 자기 기준에 따라 최선을 다해 자녀들을 키우려고 노력한다. 좋은 학군에 보내 아이의 재능과 경험의 기회를 늘려주고 싶어하는 부모의 헌신이 당연시되는 것을 보며 자녀 양육에 대한 부모의 관심과 집착이 과열되고 있지는 않은지 우려스럽다.

라루의 연구에 따르면 집중 양육 방식 역시 부작용이 있었다. 아이들의 빽빽한 일정 탓에 둘 이상의 자녀를 둔 부모는 각자의 활동이 겹치면 중재하느라 많은 에너지를 쏟아야 했고 생활 리듬 면에서도 교대근무를 하는 것처럼 역할이 분담되기 일쑤였다. 자녀들이 각자에게 어울리는 삶을 살도록 지원하려는 마음에 때로 가족 전체의 시간이나 부부만의 시간은 부족해졌다. 아이들의 여가 시간 역시 계획된 활동 사이에 끼어 있는 자투리 시간일 때가 많았고, 축구 대회나 조직적인 외부 활동이 생기면 부모의 시간과 노동, 인내심은 더 많이 요구됐다. 부모의 시간보다는 아이의 과외활동이 끝날 시간에 맞춰 1~2분 내에 도착해야 하는 상황은 부모에게 엄청나게 힘든 일이지만, 자녀들은 자신이 이런 지원을 받을 수 있는 특별한 존재라 여기며 성장한다는 것이다.

사례 1: 집중력이 떨어지는 나은이

사립초 3학년생인 나은이는 최근 집중력이 떨어지고 피곤해 상담을 받으러 왔다. 학교 셔틀을 타고 등교하려면 중학생 언니들처럼 아침 7시에는 일어나야 한다. 친구 엄마들은 아이가 좀더 잘 수 있도록 교문 앞까지 태워다주지만, 나은이는 친구랑 만나서 가는 게 좋아 셔틀을 고집한다. 원어민 선생님들의 영어 방과후 수업까지 하면 오후 3시가 훌쩍 넘고 그다음에는 영어와 수학 학원에 가야 한다. 학원 가방이 무겁다보니 엄마가 교문이나 학원 앞으로 잠깐 와 간식이랑 학원 교재가 든 가방으로 바꿔주신다. 집에 와서도 학원 숙제를 하고 나면 금세 밤 11시가 된다. 학교에서 주 단위로 내주는 영어 원서나 인문학 책 읽기 숙제까지 하기엔 평일에 너무 바빠, 주말이나 가족 여행을 갈 때도 숙제를 챙기는 게 마음 편하다. 운동을 좋아하진 않지만 주말에 학교 친구들끼리 하는 생활체육 모임 후에 생일파티를 하거나 친구들과 놀이터에서 놀기 때문에 그만두고 싶지는 않다.

사례 2: 발달장애 형을 둔 우진이

발달장애 형이 있는 초등학교 2학년생 우진이는 형에게 양보하라는 엄마 때문에 늘 서운하다. 아빠는 아침마다 엄마가 힘드니 엄마 말잘 들으라고 당부하고는 출근한다. 하교 후에는 엄마가 형과 치료실에 가야 하기 때문에 태권도 학원을 다녀와 엄마가 준비해둔 간식을 먹고 엄마에게 전화한다. 말이 잘 안 통하는 형은 우진이가 싫다는데도 자꾸 뭔가를 주려 하고 이상한 소리를 내며 박수 치거나 집 안을 왔다 갔다 한다. 이제는 혼자서 놀이터도 가고 반 친구들처럼 놀고 싶은데, 엄마는 우진이가 조금만 늦게 와도 걱정한다. 엄마는 형이 안쓰러우면서도 우진이가 친구들에 비해 방치되고 있는 것을 보면 속상하다. 남편이 우진이를 조금 보살피고 공부도 봐주면 좋겠는데 남편은 아내가 너무 예민하게 군다며 나무란다.

내 가족 역시 마찬가지다. 아이들에게 좋은 추억을 심어주려고 다녀왔던 휴가 사진을 보다가 남편과 나는 우리의 지친 얼굴을 보고 놀란 적이 있다. 많은 워킹맘이 아이들의 좋은 경험과 체험을 위해 시간을 쪼개서 가족 여행을 간다. 자녀와 어떻게 상호작용했는지 날짜와 시간대별로 자세히 기록한 노트를 진료실에 들고 오는 엄마도 더러 있다. 그런 엄마의 열정과 사랑은 존경스럽지만, 아이만 가족의 주인공인 건 아닐 텐데 무엇을 위한 삶인지 회의감이 들기도 한다. 집중 양육 분위기는 어쩔 수 없이 가정의 피로감을 늘린다. 아이들은 부모의 노력과 헌신을 특권으로 여겨 부모와 자녀 사이에 혼란스러운 부분이 생기기도 한다. 자녀의 문제 행동이 마치 자기 탓인 양 울먹이고 미안해하는 엄마들을 종종 만난다. 이 문제로 병원에 오기까지는 큰 용기가 필요했을 것이다. 지금까지 이미 최선을 다했으니, 이제부터는 가족 전체와 서로를 좀더 깊이 살펴보며 나아가길 권한다.

사회 계층에 따른 학교 환경과 부모 소통의 차이

OECD 국제학업성취도평가 보고서에 따르면 한국의 사회·경제적 배경에 따른 학교 내 성취 격차의 증가는 일본에 이어 높은 수준이었다.[4] 동일한 사회·경제적 배경을 가진 학생은 어느 학교에 다니느냐에 따라 기대되는 성취도가 달라질 수 있다. 이는 성취도 측면에서 학교 간 서열화가 누그러지면서 학교 내 다양성은 증가했으나, 개별 학생 맞춤형 교수 학습 전략이 적절히 이뤄지지 않는 학교가 있다는 뜻이다.

또한 이 연구에 따르면 한국에서는 같은 학교에 다녀도 상위권 학생이 학교 분위기를 더 경쟁적으로 인식하는 반면, 경쟁에 대한 자신의 태도는 적극적이지 않다고 여기고 있었다. 적정 수준의 성취 압력은 성적 향상의 동기가 될 수도 있으므로 학업 및 시험 스트레스를 관리할 역량, 과도한 스트레스를 완화하기 위한 회복탄력성, 자기 관리와 같은 사회 정서적 역량을 높일 수 있도록 교육적 노력이 필요하다고 보고서는 지적했다.

또한 읽기 수업에 대한 학생들의 인식을 살펴보면, 우리나라는 수업 분위기를 저해하는 교사나 학생의 행동이 많다고 응답한 학생의 비율이 90퍼센트 이상으로 OECD 평균보다 높게 나타났다. 교사 지원과 관련된 설문의 응답에서는 국어 교사가 자신의 학습을 돕고 있다고는 인식하나, 모든 학생의 완전한 학습이나 맞춤형 학습을 지원하고 있다는 인식은 상대적으로 약했다. 교사의 열정과 관련된 설문의 응답 결과를 살펴보면 국어 교사가 가르치는 내용을 즐거워하고 주제에 대해서도 호감을 느끼지만 교사의 열정이 자신의 학습 의욕 고취시키긴 못한다고 인식하고 있었다.

진아는 학교 도움반 선생님의 권유로 병원에 내원했다. 엄마는 오래전에 헤어져서 기억에 없고 어린 남동생이 둘이나 있다. 아빠와 큰아빠가 아이들을 돌보고 있지만 같이 내원한 아빠는 아이의 숙제, 학교 교과에 대한 지식이 거의 없었다. 아이는 머리를 손질해줄 어른이 없어서인지 머리가 단정치 않아 아이들 사이에서 눈에 띌 것 같았다. 면담 시 질문하면 수줍게 웃으며 자기 의견을 말하기 어려워했다. 보호자에게 심리검사를 해야 하는 이유와 절차, 미리 준비해올 자료에 대해 여러 차례 설명했는데 심리적, 교육적 용어를 어색해하거나 다소 어려워하는 기색이어서, 서류별로 잘 분류해 인덱스로 표시해주고 당부해서 보냈다. 심리검사 결과를 설명하는 자리에는 학교 관계자도 동반할 수 있게 안내했다. 일차적으로는 보호자와의 상의가 우선이지만, 심리 결과가 학교 선생님에게 잘 전달될지도 우려돼 선생님 역시 함께 상의하는 게 좋을 듯했다. 지역사회와 학교에서 여러 프로그램을 지원받고 있었지만, 보호자 입장에서 효과를 고려해 우선순위를 정하고 아이의 스케줄을 관리·설계하기는 어려워 보였다. 담당 복지사와 학교 도움반 선생님이 모여 하교 후 아이의 일정과 교육 시간 및 공부 내용, 이용할 시설의 또래 분위기, 방학 중 지원되는 프로그램에 대해 고민을 나누었다. 이로써 아이들이 받고 있는 인지 학습, 정서 상담, 교육 지원이 언제부터 누구와 진행되고 있는지 보호자를 통해 들었던 것보다 더 세세히 알 수 있었고, 장기적으로 아동의 심리 상태를 고려해 중복되거나 소모적인 활동을 하지 않도록 우선순위를 세우고자 했다.

나는 지역 정신보건센터와 위Wee 센터 자문의로 활동하면서 교육기관과 소통하고 개입하는 능력 및 태도 면에서 보호자 간에 많은 차이가 나는 것을 느꼈다. 병원에 스스로 예약하고 자녀를 데려오는 부모는 대부분 아이 문제를 그냥 넘기지 않고 적극적으로 방법을 찾는다.『불평등한 어린 시절』에서는 교육기관과 소통하는 보호자의 태도도 사회 계층에 따라 차이 난다고 했다. 일반적으로 교사는 학생들이 학교에 올 때 옷을 갖춰 입고 배우러 오길 기대하며, 가정에서 부모가 긍정적인 태도로 자녀의 숙제를 돕고 검사해주기를 바랐다. 부모로서 자녀의 학교생활에 적극 참여하고 교육적인 리더십도 보이되 학교와 교사에 대해서는 예의 바르고 협조적인 태도를 드러내길 원한다는 것이다. 이러한 교사의 기대와 달리 교육기관과 소통하는 부모의 태도는 사회 계층에 따라 극명하게 달랐다. 중산층 부모들은 행사 참여와 학부모회를 통해 학교에 좀더 영향력을 행사하고 아이에게 기회를 주려는 반면, 노동자 계층과 빈곤 가정의 부모는 교육 관련 소통에서 유독 소극적·수동적이며 전문가에게 의존하는 태도를 보인다는 것이다. 그 이유로는 교사가 쓰는 전문 용어들이 익숙지 않고 부모로서 교사와 대화할 때 충분한 어휘를 사용하는 데 무력감과 제약을 느끼다보니 이런 저항과 태도가 생겼을 것이라 추정했다.

사례 1: 빈곤 가정 부모의 학교와의 소통

초등학교 5학년생 성준이는 수줍음이 많고 말 없는 학생이었다. 돌 때부터 아빠가 지방 근무를 하면서 주말에만 만나다보니 엄마와 성준이는 유독 가까운 편이다. 엄마는 아들이 체육대회나 소풍 때만 되면 배 아프다고 해서 걱정이고 친구들 무리에서 따로 떨어진 모습을 보면 속이 상했다. 아이는 자기표현이나 요구를 먼저 하는 편이 아니지만, 엄마는 성준이가 또래 사이에서 기죽을까봐 유행하는 게 있으면 미리 사서 준비해주는 편이었다. 엄마는 누구보다 아이에게 관심이 많지만, 학교에서 부모 상담 신청 기간이 되자 아이가 새 학기에 눈에 띌 정도로 문제 있는 것 같진 않고 선생님도 성준이에 대해서 파악 못 했을 거란 생각에 상담 신청을 하지 않았다. 2학기 때도 큰 문제가 없을 듯해 신청하지 않았는데 선생님도 따로 연락이 없는 것을 보고 안심하고 있었다.

사례 2: 다문화 가정 엄마의 의사소통 문제

초등학교 1학년 지아의 엄마는 베트남 사람이다. 한국 생활이 익숙지 않아 신혼 때는 시댁과 같이 살았는데, 시댁의 간섭과 요구가 심하다 보니 아이 앞에서도 부부끼리 다투는 일이 많았다. 아이가 크면서는 아이의 주장과 고집이 세져 한국어로 설득하고 조율하는 일이 어려워졌다. 아이가 학교에 입학하고는 힘에 부쳐 엄마가 직접 숙제까지 봐주진 못한 반면, 작은 일에도 목소리 높여 회초리 들고 화내는 일이 많아졌다. 아이와의 관계를 회복해보려고 몇 개월째 놀이 치료 중이지만, 남편과 자주 싸워 감정이 격해지면 집 밖에 나가 몇 시간이고 삭이고 오는 일이 잦아졌다. 엄마는 한국의 교육 분위기를 따라갈 자신도 없고 고향 사람들과 만나도 서로 비교하고 경쟁하다 보니 마음 맞는 친구를 만나는 것 역시 쉽지 않다고 했다. 아이와 놀아주기에는 소통에 어려움이 많으며 아이가 내내 휴대폰에만 집착하고 훈육조차 통하지 않을 때는 이제 아이도 엄마를 무시하나 싶은 생각이 든다고 했다.

디지털 시대에 아이와 살아남기

2019년 OECD 국제학업성취도평가 연구에 의하면 우리나라 학생들은 주중에 학교에서 인터넷을 25.9분 사용하고, 학교 밖에서는 100.8분간 사용하며 주말에 학교 밖에서는 165.1분간 사용하는 것으로 나타났다. 이는 2012년과 비교할 때 각각 16.6분, 60.2분, 71.0분 증가한 수치다. 다만 OECD 평균과 비교하면 한국 학생들의 인터넷 사용 시간은 주중이나 주말, 학교에서나 학교 밖 모두 더 적은 것으로 나타났다.

디지털 문화는 이미 우리 삶의 모든 부분에 깊숙이 스며 있고, 팬데믹 시대에는 전 연령층에게 더더욱 깊은 영향을 미쳤다. 한글 읽기도 떼지 못한 어린 연령의 아이들도 온라인 수업을 하게 되었으며, 사회적 거리 두기로 가정 안에서 놀이를 해야 하는 상황에서 아이들은 화려하고 속도감 있는 영상에 홀려 디지털 매체를 사용하는 시간이 늘었고, 단조롭거나 정적인 활동에는 싫증 내는 모습을 보인다. 『디지털 시대, 위기의 아이들』의 저자인 어데어와 바커가 관찰했듯이, 아이들이 디지털 활동에서 벗어날 때 가장 흔히 내뱉는 불만은 "심심해"다.[5] 아이는 디지털 기기의 전원이 꺼지면 한동안 멍하니 있거나 우울해하고, 속상한 마음을 진정시키는 데 어려움을 겪는다. 어떤 아이는 혼잣말로 화내고, 어떤 아이는 순간적인 화를 참지 못하거나 자기 자신을 때리는 방식으로 좌절과 분노를 드러낸다. 감각적인 자극에 반복 노출됨에 따라 중독과 유사한 증상이 생기면 부모들 역시 걱정하면서 급기야 화를 내고 뭔가 단호한 결단을 내려야 하나 싶어 고민한다. 우리 자녀들의 시대에는 이처럼 강렬한 자극과 감정에서 서서히 마음을 식히고 일상의 놀이로 복귀하는 법을 잘 다루도록 돕는 학습 과정이 중요해졌다. 이런 불편한 감정을 빨리 잊도록 서두르기보다는 아이들이 오프라인 놀이로 자발적으로 전환해가도록 회복 시간을 주고, 스스로 노는 법을 알려주며, 스크린 바깥 세계로 나와서 노는 환경을 마련해줘야 한다.

디지털 매체의 활용은 가난, 질병으로 인해 일반적인 교육을 받지 못한 아이도 다양한 내용을 접하고 발달 자극을 받을 수 있다는 점에서 유용하다. 다행히 코로나19로 인한 온라인 수업을 위해 학교에서 디지털 기기의 접근성과 지원이 늘어왔고, 아이들은 훨씬 더 빠른 속도로 이 환경에 적응하고 있다. 좋은 학습 콘텐츠와 시설, 프로그램이 많다보니 엄마들은 아이가 어떤 부분에서 흥미를 느끼는지, 어떤 도움과 효용을 줄 수 있을지 고민하고 이를 시행할 적절한 시기를 결정하는 역할을 해야 한다.

과거에는 디지털 매체에 최대한 늦게 노출시키는 것만으로도 충분했지만 지금의 디지털 환경에서는 놀이와 학습의 경계가 모호해지고 기기의 종류와 수 역시 많아지면서 노출 시기 조정만으로는 아이의 환경을 통제하기가 어려워졌다. 젊은 부모들 역시 디지털 문화 속에서 데이트하고 여가를 보내며 성인기를 맞아 디지털 환경을 차단하

거나 제한한 환경에서 지내는 것은 고통스럽다. 잘 먹이고 잘 교육시
킨다는 부모의 역할이 이제는 아이들이 이런 강렬한 자극과 욕구를
적절히 조절하고 사용하도록 감독하며 이끄는 것으로 바뀌었다고 할
수 있다.

디지털 매체가 주는 편리함 및 기대감과 더불어 아이들의 뇌 발달
에 미치는 심층 효과에 대한 연구가 많이 있다. 매리언 울프가 쓴 『다
시, 책으로』에 의하면 미래의 아이들은 검색을 통해 쉽게 정보를 얻을
수 있다보니 지식을 많이 알고 기억하기 위해 애쓰기보다는 다른 전
략을 쓴다고 한다.[6] 이미 읽기 회로와 실행 기능 뇌 회로가 완성된 부
모와 달리 아이들은 아직 형성되지 않은 인지적 구성 요소가 디지털
매체에 의해 바뀌고 영향받을 수 있다. 고도의 읽기 능력을 정교하게
개발하지 못한 아이들은 전전두엽이 제대로 발달되지 못한 상태이기
에, 디지털 자극과 주의 분산의 영향을 끊임없이 받다보면 주의력이
흐트러지면서 새로운 자극을 찾아 애쓰게 된다. 이런 특성은 하던 일
을 계속하고 노력과 주의를 기울여 장기적인 보상을 얻고 싶어하게
만드는 전전두엽 피질의 발달에 해로운 영향을 준다. 미디어를 통해
뇌 시각피질이 반복적으로 자극받아 반응성 집중력이 강해질수록 지
루한 말이나 글에 집중하는 능력은 저하되는데, 실제로도 게임하는
시간이 늘면서 책 읽기를 거부하고 충동성이 심해지는 아이들을 많
이 보게 된다.

가디 리삭의 연구에 따르면, 과다한 디지털 매체의 사용은 신체적,

심리적, 사회적, 신경 발달적 영향을 미친다고 한다.[7] 사용 시간, 매체의 내용, 야간 사용, 디지털 기기의 종류와 수가 화면에 노출되는 시간을 결정하는 요소였다. 과도한 사용 시간은 수면의 질을 떨어뜨리고 심혈관 질환, 비만, 고지혈증, 인슐린 저항성 발생의 위험성을 높이며, 시력 저하와 골밀도를 낮춘다는 결과도 있었다. 또한 수면 부족으로 인한 우울 증상과 자살 사고 및 ADHD 유사 행동 문제, 폭력적·반사회적 활동의 위험 등 심리적인 문제와도 관련 있었다. 미디어 중독은 사회 기술의 발달을 저해하고, 물질 의존과 유사한 갈망을 동반했다. 실제로 ADHD로 진단받은 아홉 살 남자아이의 미디어 노출 시간을 줄이자 ADHD 관련 행동 문제가 많이 감소하기도 했다.

디지털 자극에 대한 욕구를 스스로 조절하는 성인이 되도록 부모가 자녀를 돕는 과정은 몹시 힘들다. 이미 어느 정도 억제 체계를 갖추고 조절할 수 있는 부모와 달리 아이는 어떤 기준으로 사용 못 하게 하는지 이해 못 해 갈등이 빚어진다. 부모에게 통제받고 의존해야 하는 아이 입장에서는 본인의 욕구가 좌절될 때 감정적으로 압도되곤 한다. 이런 아이에게 제한을 가하겠다고 말할 때 부모의 표정에서 단호하되 중립적인 감정이 드러난다면 교육적인 분위기가 될 수 있는 반면, 실망과 비난이 드러난다면 아이들은 간섭과 통제를 받는다고 느끼기 쉽다.

자녀를 집중적으로 돌보는 엄마들 사이에서도 관리가 잘 안 되는 아이일수록 유튜브 사용 시간이 많다는 이야기를 종종 할 정도로 부모의 관리 감독 역할은 중요해졌다. 아이들의 첫 디지털 경험은 아이의 요구보다는 부모가 육아 피로감을 덜기 위해 디지털 기기를 활용하면서 시작되기도 한다. 식당이나 대기실 등에서 아이를 조용히 시킬 목적으로 부모가 영상을 틀어주는 모습을 흔히 접한다. 아이들은 처음에 이런 자극을 수동적으로 받아들이지만 나중에는 점점 적극적으로 자극을 요구하게 되어 갈등이 격화된다. 진료 중에 지루함을 달래려고 엄마 손가락을 잡고 끌어와 지문 인식으로 휴대폰 잠금 해제를 하는 발달장애 아동들도 종종 본다. 부모 입장에서는 외출하는 동안 주변 사람들에게 피해 주지 않으려는 목적도 있겠지만, 아이들은 부모가 언제 디지털 기기를 더 관대하게 허용해주는지 너무나 잘 알다보니 자연스레 노출 시간이 늘기 쉽다. 대기실에서 기기 사용을 허용해줄 것인지, 외식 중에 허용해줄 것인지, 식사 중에는 식사에만 집중하게 할 것인지, 친척 집을 방문했을 때는 허락할 것인지 세세하게 규칙을 정하는 게 좋다. 명령하고 통제하기보다 미디어 사용을 잘 조절하도록 알려주고 가르쳐줘야 한다.

아이에게 처음으로 본인 소유의 휴대폰을 쥐여줄 때면 굉장히 몰입하고 조절하지 못하는 모습을 보게 된다. 우려가 현실이 되면 엄마도 점점 규칙을 더해 더 엄격히 통제하곤 한다. 아이와 정한 규칙 및 경계선을 기분에 따라 허물지 않도록 부모와 아이 모두 노력해야 하는데, 이때 부모가 억압해서는 안 된다. 규칙이 무너질 듯한 위기가 와도 비난과 처벌보다는 격려를 하고, 규칙에서 크게 벗어나지 않는다면 아이를 이끌고 나가려는 태도가 중요하다. 이런 문제로 갈등을 겪더라도 부모의 사랑과 관심은 변치 않음을 아이에게 안정적으로 느끼게 해줘야 한다.

아이가 자기 조절력을 갖추기 전에 너무 강압적인 규칙을 부여하는 것은 독이 된다. 재미있는 것도 많고 오롯이 자기 소유의 스마트 기기가 있다는 만족감도 처음 생기는 등 아이들은 행복하기만 한데, 그 모습을 지켜보는 부모의 마음은 불안해질 수 있다. 상담 중에도 부모는 통제할 권리가 있다는 논리로 아이에게서 스마트폰 뺏으며 서로 싸운다. 이런 시행착오 역시 모든 아이가 겪을 과정이다보니 서서히 조절 능력을 길러주겠노라는 인내가 필요하다. 자녀가 친구들과 연락하고 싶어하는 건지, 영상 통화나 긴 통화를 끊지 못하고 습관적으로 공허함을 달래려는 건지, 자극을 추구하며 끊임없이 새로운 영상을 찾는 건지 이야기를 나눠보자. 아이가 어릴수록 사생활을 캐묻기보다 서로 예의를 지키며 공격적이지 않게 대화해야 하고, 무슨 내용으로 누구와 어떻게 소통하고 있는지 부드럽게 나눠야만 아이가 많이 성장한다.

휴대폰 사용 과정에 있어 실제 어른들도 아이들과 함께 무언가를 익혀야 하는 상황이 많다. 중학생들 역시 몇 마디 짧은 문자 메시지의 정확한 의도를 이해 못 해 생겨나는 해프닝이 많다. 부모와의 사용 규칙 때문에 친구와 연락할 수 없을 때 친구의 오해를 풀어주려면 상대방에게 어떻게 얘기해야 할지, 모르는 사람에게 문자나 연락을 받을

디지털 기기 사용법

- 아이와 사용 시간 규칙을 정하기(음식을 먹으면서 미디어 보기 금지, 화장실에 들고 들어가지 않기)
- 사용 시간 외에는 공용 공간에 두거나 충전기에 꽂아두는 게 좋음
- 아침 식사 전까지 미디어 사용 금지(특히 공휴일과 주말)
- 방학과 공휴일에는 사용 시작 시간 정하기
- 되도록 페널티보다는 보상을 주는 방법 택하기(그렇지 않으면 억울함, 거부감, 반감을 유발할 수 있음)
- 짧고 구체적인 계획과 실천이 도움 됨
- 심부름, 숙제, 시험 성적 등에 대해 디지털 기기 사용 시간을 보상으로 주지 않기
- 몸의 신체 부위 등을 찍은 사진은 SNS에 올리지 않기

때는 어떻게 대처해야 할지도 알려줘야 한다. 개인끼리와는 달리 단톡방에서는 어떤 예절과 주제가 적절한지, 친구들과 이야기할 때 아이의 대화 패턴에 오해의 소지는 없는지, 부모와 공유하고 나누는 과도기가 필요하다. 친구들과 주로 활동하는 시간, 학원 이후 연락을 주고받는 시간 패턴을 고려해 아이들에게 사용 시간 및 에티켓을 설명해주고, 상대방에게 오해를 사지 않도록 적절하게 거절 혹은 설명하는 말들을 예시로 알려줘야 한다.

아이마다 사회적 인지 능력, 상황에 대한 이해도 차이는 크다. 과거

에는 거실에서 온 가족이 영화나 오락 프로그램을 같이 보면서 이야기를 나누는 자연스러운 분위기가 있었다. 요즘에는 각자 취향에 따라 개인의 디지털 기기로 영상을 보다보니 아이와 그런 시간을 갖기조차 쉽지 않다. 부모가 아이에게 밥을 차려주고, 일정을 관리해주며, 좋은 것들을 경험시켜주는 보호 행동 속에서 관계적인 요소, 즉 함께 머물고 있다는 따뜻함과 친밀함의 분위기를 놓쳐버린다면 스마트 기기로 인해 우리 행복은 침해받을 것이다.

평가받는 사회

초등학교 1학년도 학원에 입학하기 위해 레벨 테스트를 거치는 시대이다보니, 유아기에 재미와 체험 위주의 시간을 보낸 아이들은 수행 불안이 높아지는 등 힘들어하는 경우가 많다. 일찍이 영어 유치원을 다니며 학습에 노출된 아이라도 차츰 읽기와 쓰기 수업까지 소화해야 한다. 스트레스를 최소화하면서 공부를 자연스레 시작하게 하려는 부모의 고민은 늘고, 아이 역시 목적 지향적인 활동을 할 수 있는 태도를 길러가는 데 시간이 걸린다. 아이들은 특성상 신뢰할 만한 친밀한 어른과의 활동에 훨씬 잘 몰입할뿐더러, 지면상의 문자를 읽고 파악하며 여러 조건을 염두에 둔 채 답을 고르는 과정은 인지적 표상 능력이 충분할 때에야 수행 가능하다. 구체물을 직접 만지고 탐색하며 통제하는 것이 아니라 언어와 이미지의 상징을 보고 상상하며 재현하고 질문의 의도에 맞게 변별해나가려면 매우 복잡한 인지 과정을 거쳐야만 한다. 아이가 자리에 앉아 한가지 활동에만 집중하면서 문자로 표현된 것을 읽고 해결하는 데는 꽤 오랜 시간이 걸린다. 유명한 학원일수록 미리 들어가 준비하면 최고 학급을 선점할 수 있다는 듯이 광고해 불안한 부모 심리를 이용하기도 한다. 주변 엄마들을 따라 레벨 테스트를 보게 한다 해도 준비가 안 돼 있으면 아무 도움도 되지 않을 것이다. 아이 역시 준비 없이 이룬 성취에 대해서는 다음 행동을 위한 내적 동기나 만족감, 흥미를 유지하기 어렵다.

영재 학급과 교육청 영재원, 대학 부설 영재원, 서울과학고 영재학교 등 좀더 우수한 능력을 인정받아야 교육받을 수 있는 프로그램에 들어가려면 준비 과정 또한 만만치 않다. 아이가 꼭 영재가 아니더라도 교육을 통해 도움을 주려는 부모도 있고, 지적 호기심과 인정 욕구가 많은 아이도 있으니 이런 평가 체계는 큰 시장임에 틀림없다. 아이들의 사회생활이 점점 다양해져 부모의 칭찬만으로는 자존감이 올라가지 않다보니 시험과 평가는 자신을 객관화하는 계기나 경험으로서 도움이 되기도 한다.

어린 나이부터 많은 시간을 학업 성취에 집중시키고 결과를 평가받는 요즘 시대라면 부모로서 아이의 사회성 발달과 학업 발달을 깊이 이해해 좀더 면밀하게 자녀를 보호하고 안내해줄 수 있어야 한다. 기존 연구들에 따르면 사회성 발달과 학업 발달은 서로 영향을 주고

환경이 바뀌면 좋아지는 것들

받으면서 이뤄진다고 한다.[8][9][10][11] 사회적인 책임감을 기르고 학업을 시작하려면 사회적인 목표를 갖기 위해 지식을 교환하고, 스스로 조절하는 능력을 갖추며, 지지적 관계를 맺은 어른들의 가치와 목표를 내재화할 수 있어야 한다는 것이다.

초등학교 3학년 때의 학업 적응 및 읽기·쓰기의 성취도와 관련이 높은 다섯 살 때의 엄마의 양육 차원 특성을 연구한 미레이유 주스메에 의하면, 자율성을 지지하는 양육은 사회적인 적응 및 학업 적응·성취도와도 관련성이 매우 높았다.[12] 이 연구에서는 다섯 살 아이에게 무언가를 요구할 때 얼마나 합리적으로 설명하는지, 공감적이되 통제하지 않는 언어를 얼마나 잘 사용해 아이에게 선택을 맡기는지 등으로 자율성을 지지하는 요소를 척도화하여 평가했다. 함께 측정한 다른 양육의 차원들(칭찬하기, 보상 주기, 자녀의 성취에 집중 투자하기)과도 비교 분석했을 때, 성취에 집중하는 방식의 육아는 3학년 때 평가한 읽기·쓰기 성취도와 학업의 적응에는 도움 됐지만 사회적인 적응에는 오히려 바람직하지 못한 영향을 미쳤다.

어린 시절부터 평가받을 준비를 갖춰주고 학업에 참여시키기로 결정했다면 부모는 어떤 것이 자녀에게 가장 큰 동기가 되었는지, 아이가 이 경험을 통해 어떤 것을 느끼고 생각하는지, 이러한 경험 이후 어떻게 변화하는지 이해할 필요가 있다. 아이가 어릴수록 시험이라는 형식의 진지한 분위기와 절차 및 규칙, 시험에 좀더 편안하게 임할 수 있는 방법과 태도를 안내해주는 것도 도움 된다. 엄마가 고사장

공부하는 뇌, 성장하는 마음

에 막 나온 아이의 감정을 어떻게 살펴주고 낯선 상황에서 긴장한 아이에게 어떻게 반응해주는지에 따라 아이들이 느끼고 경험하는 바는 달라진다. 아이들은 어릴수록 언어적 표현보다 비언어적인 표현을 더 즉각적이고 강렬하게 드러낸다. 긴장하면 머리가 아프다는 아이도 있고, 많이 틀릴 것 같으면 화를 내며 시험 도중에 뛰쳐나오는 아이도 있다. 또 평소 공부를 제법 잘해내는 것에 비해 평가 상황에서 유독 과민한 아이도 있다.

경쟁에서 모든 아이가 항상 좋은 성취를 이룰 수는 없다. 그렇지만 반복적인 실패 경험으로 끝나는 게 아니라 승부에서 이기지 않아도 그 과정에서 자신이 성장하고 나아진다는 것을 느낄 수 있도록 진심 어린 눈빛으로 지지를 보내줘야 한다. 아이 스스로 뭔가를 달성하지 못해 애타고 예상에 못 미쳐 아쉽더라도 아이에게는 자신을 객관화할 시간이 필요하다. 실패해도 괜찮다고 여기는 분위기를 통해 아이들은 자아존중감을 느끼고 성장해간다.

자신을 위해 스스로 노력하는 아이

초등학교 고학년이 되면 아이들은 사회적 존재로서 객관적 자아를 느끼고 경험한다. 학교에서는 부모의 인정을 넘어 또래와 타인의 시선이 자신에게 머물면서 자신을 부러워하는 게 느껴질 때 자아 존재

환경이 바뀌면 좋아지는 것들

감이 고양된다. 외모로 주목받거나 공부를 잘하거나 악기를 잘하거나 운동을 잘하면 친구들의 부러움을 살 순 있지만, 아이들의 리더가 되지는 못한다. 또래 사이에서는 창의적이고 재미있는 놀이 규칙을 만드는 아이나 문제 해결력이 좋은 아이, 주변 친구들을 몰입시키는 사회 기술이 좋은 아이들이 리더가 된다. 이를 위해 아이들은 서로의 존재감을 드러내면서 힘을 겨루고 질투하고 견제하며, 전략적인 행동과 책략을 쓰기 시작한다. 또한 수동적인 학습자에 머물던 데서 나아가 사회적 시선과 또래 사이의 인정, 스스로를 가꾸려는 마음을 바탕으로 배움과 학습에 대한 의지를 키우기 시작한다. 끊임없이 남들과 비교하면서 더 완벽하게, 더 시간을 쪼개가며 준비해야 성공할 거라고 본인을 들볶다가는 금세 불안하고 무기력해지기 쉬울뿐더러, 학업 실패가 오롯이 자신의 가치를 드러내는 것처럼 느껴져 심리적으로 더 헤어나오기 힘들 수 있다. 교육에 대한 직접적인 압박과 통제로 인해 부모의 검열관 같은 모습이 부각될수록 아이들에게는 방어하고 반발하는 심리가 생긴다.[13] [14] [15] 그러니 통제와 억압으로 느껴지지 않는 협조적이고 민주적인 부모 자녀 관계 정도가 가장 적절하다.

진료 때 상담하다보면 방학 기간에 특강으로 바쁘게 학업을 채워가는 아이도 있고, 워킹맘을 둔 탓에 특별한 활동 없이 집에서 조부모와 단조롭게 지내는 아이도 있다. 아이들이 학습 때문에 우울하고 힘들다고 단정 짓는 것은 어쩌면 일부 모습에 지나지 않는다. 사실 아이들 역시 서열화된 평가를 지양하는 분위기에서 초등학교 시절을 보내다보면 자기 강점을 발휘하거나 스스로 노력해서 성공과 실패의 시행착오를 겪어본 적 없이 중학생이 되곤 한다. 행여 아이에게 부담과 부작용이 생길 거라 여겨 아이의 요구가 있기 전까지는 마냥 기다려주는 부모도 있다. 하지만 어린아이에게 겪어보지도 않은 일을 신중하게 선택하라고, 완벽하게 존중해주겠다고 한다면 얼마나 두려울까 싶다. 좋은 경험을 통해 결과를 성취할 수 있도록 아이와 조율해서 도전하되, 오래 못 가고 실패하더라도 최선을 다한 것만으로 용기 있는 사람임을 느끼는 게 우선이다.

영화 「4등」은 수영을 좋아하지만 늘 4등만 해서 메달을 따지 못하는 아이에 관한 이야기다.[16] 엄마는 혹독하게 훈련시키고 체벌을 해서라도 아이가 순위권에 들었으면 하고, 아빠는 아이의 매 맞은 자국을 보고 피눈물이 나지만 자식의 성공을 위해 촌지를 들고 코치를 찾아간다. 어찌 보면 현실 속의 부모는 자식 때문에 속이 타 울고 자식을 위해 갈등하며 지낸다. 진료 때 만나는 아이들 중에는 사춘기에 접어들어 부모와 갈등이 심해져 함께 있기만 해도 화난다고, 자기를 죽고 싶을 만큼 힘들게 하는 사람이 바로 부모라고 말하는 아이도 있다.

어느 날 나는 프로필 사진에 아이 성적표를 올리는 지인들이 있어 부러워하고 있는 모습을 딸에게 들키고 말았다. 내 표정에 놀라움과 부러움이 다 드러났던 것이다. 아이들은 제 부모의 눈동자 움직임, 말투, 표정 속에 함축된 감정선을 기막히게 알아차린다. 말이 나온 김에 남들 하는 영재원이나 경시대회도 좀 해봤으면 좋겠다고 넌지시 이야기했더니 딸아이가 조금 관심을 보였다. 첫 시도이기에 비교적 무난하고 쉬운 도전을 줘서 부담을 줄여주고자 했다. 아이 역시 자신을 달리 규정지을 타이틀이 생기자 태도가 적극적으로 변하고 도전에 대한 두려움이 점점 없어지는 게 보였다. 자신보다 더 못하는 아이가 많다며 늘 스스로를 합리화하던 아이가 조금씩 자신을 업그레이드하려고 마음먹는 모습을 보면서 평가가 꼭 나쁜 일만은 아니라는 걸 느꼈다.

학교에서 시행한 정서 행동 평가 결과에서 자녀의 우울 정도가 심하다는 결과를 듣고 병원을 예약한 부모들 중에는 아이에게 도움이 되라고 학원을 줄여줬다는 경우, 애완동물을 키우기로 결정했다는 경우, 하루 종일 게임만 하고 있어도 잔소리 없이 다 받아준다는 경우도 있었다. 어찌 보면 엄마들은 머릿속으로 아이들의 스트레스 1순위가 공부이고, 엄마와 있는 대신 게임을 하면 뭔가 큰 위로를 주리라 생각하는 것 같다. 병원에 내원한 십대들만 해도 공부가 우울하고 힘든 본질적인 이유가 아닌 경우가 많다. 초등학생 때만 해도 부모가 학습에 관심을 갖고 아이를 끌어주면 학습 효과가 어느 정도는 나오는 것이 사실이다. 하지만 중학교 이후 입시까지의 긴 시간은 욕구를 조절해 자기를 관리하며 목표를 향한 태도를 지켜나가야 하는 외로운 기간이다.

자기 주도적인 아이가 되려면 자기 위치가 어디쯤인지를 아는 것도 필요하다. 또한 아는 것과 모르는 것을 구별하고, 문제점을 찾아내며, 문제를 해결하는 메타 인지 능력을 발휘해야 한다. 이 과정에서 아이가 중심을 잡고 자기 주도적인 생활을 이어나가려면 스스로 고민하고 시행착오를 겪는 수밖에 없다. 자녀 스스로 결정하기 전에 부모가 앞서 결정하고 가이드해주기보다는 따뜻한 시선과 응원을 보내주는 것만으로도 충분하다. 어릴 때부터 교육을 많이 받다보면 아이 스스로 자존감이 높아지고 소속 그룹에서 인정 욕구를 채우며 자기 이미지를 형성해나가는 경우가 많다. 하지만 시작이 좋았다고 해서 꼭 해피 엔딩이 되지는 않는다. 스스로 추진력과 방향성을 갖고, 자신을 가다듬으며 조절해내야 한다. 대기만성형도 있으니, 자녀가 이런 선택받은 아이들의 궤도를 따르지 않는다고 해서 부모가 낙담할 이유는 없다. 오히려 일찍 두각을 보여 입에 오르내리고, 숱하게 경쟁하고 견제받다보면 아이가 훨씬 더 예민해지기도 한다.

진료실에서 만난 고2 민석이는 "부모님이 항상 저를 위해 기도해주시고, 할머니 할아버지도 저를 사랑하고 제가 잘될 거라 이야기해주세요. 저도 그렇게 생각해요"라고 말하는 아이다. 어찌 보면 무언가에 의지하고 싶은 불안한 심리일 수도 있지만, 인생이 꼭 그렇게 되어야 한다는 것을 내려놓으면 무겁던 마음도 가벼워질 텐데 계속 지켜보기가 안쓰럽다. 부모로서 내면의 열등감을 보상하기 위해 자녀의 자존감을 키워놓지 않아도, 아이는 스스로 만족하고 부정적인 감정을 쓰다듬으며 버티는 과정에서 성장한다. 입시를 준비하면서 '이대로만 하면 ○○에 갈 수 있을 거야'라고 간헐적으로 만족이나 확신을 느끼는 것도 성적이 떨어질 때는 독이 될 수 있다. 몇 년씩 걸리는 긴 시간을 요하는 목표보다는 지금의 문제를 풀고 얻는 성취감, 만족감만으로도 충분하다.

———

교육과 성취는 다양한 목적으로 과열되어 부작용도 많지만, 배움의 과정을 살펴보면 그 자체만으로 사람이 더 사람답게 되고 성장하는 과정임에 틀림없다. 학창 시절 낯가림 많고 걱정 많던 성향의 나는 공부를 하면 돋보일 수 있었기에 재미를 붙였다. 입시 때문에 힘들기도 했지만 달콤한 자신감을 얻기도 했으며, 그때 했던 공부가 지금까지 버틸 힘이 되어주고 있다. 1년 가까이 학습과 환경이라는 주제로 글을 준비하면서, 내 학창 시절을 돌아보고 엄마로서 두 아이를 기르며 느꼈던 갈등과 고민을 정리할 기회를 얻었다. 나 또한 배움의 과정에서 주변 어른들의 보호와 안내 덕에 지치지 않고 버틸 수 있었음을 깨달아 감사하고 겸허한 마음이 들었다. 자녀를 잘 키우기 위해 고군분투하는 엄마들과 열정 있는 선생들의 노력을 통해 미래의 아이들이 배움의 재미와 자신의 가치를 느끼며 성장할 사회가 오길 기대해 본다.

8장

공부의 영향력이 줄어드는 세대

송지혜

해솔정신건강의학과 신촌 원장

공부에 대해 글을 쓰기로 했는데 도무지 감이 잡히지 않는다. 내 능력의 문제는 아니라고 며칠째 스스로를 다독이고 있다. 이 주제는 어렵고 무거운 것이며 내가 쓰려는 내용은 어떤 방식으로 이야기해도 분란을 조장할 수 있으므로 긴 시간의 망설임은 필수라고 누가 내게 말해줬으면 좋겠다. 우리 사회에서는 공부를 잘해야 한다고 주장해도, 공부쯤 못해도 된다고 말해도 된통 야단을 맞게 된다. '공부'에 대한 전문가가 이렇게나 많고 '공부'와 관련된 산업이 이처럼 발달한 국가가 또 있나 싶다. 심지어 정신건강의학과 전문의들마저 자신의 전문 분야인 '질병'에서 벗어나 '공부'에 대한 책을 펴내기로 할 만큼 공부가 중요하지 않은가. '공부를 잘하지 않아도 괜찮다'라는 내용을 쓰기로 했는데 점점 자신이 없어진다. 과연 공부를 잘하지 않아도 정말 괜찮을 수 있을까. *생각이 활자화되어 세상에 나가면 책임을 져야 하는데 이런 글을 쓰고도 나는 괜찮을 수 있을까.* 공부를 못하면 운동하면 된다는 식의 글로 전개되면 어떻게 하나 걱정스러운 마음이지만 나와 같은 생각을 지닌 분들에게 힘이 되길 바란다. 사방에서 조심하라는 사이렌이 울리는 것을 무시할 정도로 자신만만하진 않지만 '공부'라는 뜨거운 감자를 건드려보려 한다.

공부가 인생의 성패를 좌우한다, 정말로?

"선생님 제 인생은 망했어요."

청천벽력 같은 고백을 듣는다. 내 앞에 앉아 있는 솜털이 보송한 말간 얼굴의 아이가 도무지 공감할 수 없는 고백을 한다. 명색이 정신건강의학과 전문의인데 인정하고 싶지 않은 '공감이 어려운' 고민이다. 언제부터, 어떤 방식으로, 어느 정도로, 무엇 때문에 그렇게 생각하냐고 따지고 싶은데 역시 그러면 안 되는 직업이라고, 참아야 한다고 자신을 타이르며 동업자들의 명예를 실추시키지 않기 위해 조심스레 묻는다.

"왜 그렇게 생각하는 거예요?"

"저는 공부를 못해요."

오, 하느님! 부처님!

아직 스물도 넘지 않은, 세상에 태어나서 자기 손으로 막 밥을 떠 먹은 시간이 10년이나 됐을까 싶은 '아이'가 벌써 인생이 망했다고 단언하는데, 그 선언이 투정이 아닌 정말 자신을 괴롭히고 힘들게 하는 사유의 결과물임에 의심의 여지가 없다. 나는 '망했다'에 공감을 못 할 뿐 그 생각이, 말이 현실에서 존재하기까지 아이가 겪었을 고통에 공감하지 못하는 것은 아니므로 더 괴롭다. 대체 세상의 어떤 부분들이 아이에게 공부를 못하면 십대 초반에도 인생이 망하는 경로를 걷게 된다고, 그러므로 너는 이제 꿈도 희망도 없고 낙도 없이 나머지 인생을 헉헉대며 살아가야 하는 실패자라고 믿게 하는가.

세상에 묻기 전에 먼저 아이의 마음을 바꿔야만 한다는 조바심에 온갖 전략을 머릿속에서 초 단위로 세우기 시작한다. 인생에서 공부가 전부는 아니다. 공부가 중요하긴 하나 아주 중요한 것은 아니다. 너는 아직 모르는 것이 너무 많다. 선생님 나이만 되어도 주변 누가 어느 대학을 나왔는지 아무도 궁금해하지 않는다. 고졸인지 대졸인지도 묻지 않는다. 세상에는 할 일이 많고 재미있는 일도 많다. 너는 앞으로 창창하다. 아이를 설득하기 위한 나의 노력과 열정은 가상하지만, 나의 콘텐츠는 더할 수 없이 빈약하다. 아이는 가볍게 나를 제압한다.

"선생님은 몰라요. 선생님은 공부를 잘하셨잖아요."

와, 이렇게 요점을 잘 짚어내는데 왜 공부를 못하는 걸까. 역시 한국 교육에 큰 문제가 있는 게 분명하다. 일차전에서는 나의 패배를 빠르게 인정한다. 속전속결은 포기하고 이제부터 지구전이다. 왜 그렇게 생각하는지, 망한다는 것은 어떤 뜻인지, 공부를 잘하고 싶은지, 공부를 잘하면 왜 안 망하는지, 공부란 뭐라고 생각하는지 등등 나름 정보를 끌어모으려 노력한다. 적을 알고 나를 알면 백전백승이다. 공부를 잘하려면 읽어야 하는 『손자병법』에 그렇게 적혀 있다.

이런 대화가 많게는 하루에도 몇 번씩 있다. 꼭 진료실에서 만나는 아이들뿐만 아니라 한국에서 교육받는 학생들, 그러니까 아이들 대다수는 저 경악할 문장을 한 번쯤은 진지하게 고민한다. 공부가 인생의 비교적 짧은 기간에만 주인공이라는 사실을, 어쩌면 너희가 원하지 않으면 그 시절에도 주인공은 다른 것이 될 수 있음을 아무도 모르는 것 같다. 누구도 아이들에게 이런 이야기를 해주지 않으며 어쩌면 의도적으로 정보를 은폐하는 것 아닌가 하는 의심도 든다. 그렇지 않으면 어떻게 저 영특한 아이들이 인과관계가 전혀 성립 안 되는 사건의 연속을 진실이라 믿는 기이한 현상이 만연한 것인가. 이쯤에서 나는 범사회적인 왜곡과 세뇌를 의심하곤 한다.

공부의 영향력이 줄어드는 세대

토요일 오후의 대치동은 놀라운 곳이다. '수많은'이라고 하기엔 부족하다 싶을 만큼 아이들이 건물 여기저기서 쏟아져 나온다. 가로변에는 아이들을 픽업하려는 차가 줄줄이 늘어서 있다. 대한민국 어디를 가도 이곳보다 평균 연령이 낮은 지역은 없을 거라는 확신이 든다. 풋풋한 생명체들을 바라보는 것만으로도 기분이 좋아지는 것은 잠시고 아이들이 나오는 건물의 간판들을 보고 있으면 미안한 마음이 든다. 어른인 나도 주 5일 근무를 착실히 지키고 있고 최근에는 주 4일 근무도 실험하는 듯한 추세인데 아이들은 토요일에도 학원에 간다. 이건 아동 노동력 착취라고 투덜거리며 쓸쓸한 입맛을 다신다. 그러고 보면 아이들은 학교에 다녀와서 학원에 가고 학원을 마치면 집에서 숙제해야 한다. 하루 8시간 노동도 모자라 야근에 잔업까지 하는 상황이다. 주 5일 학교에 가고 토요일, 일요일에는 보충수업을 들으러 학원에 간다. 이게 다 공부를 잘하기 위해서다. 그럼 공부는 왜 잘해야 하는가. 그보다 앞서 공부는 무엇이길래 잘해야 하는가.

나는 공부를 잘했다. 내가 공부를 잘했다는 사실은 굳이 내가 말하지 않아도 내 직업이 언제나 세상에 알려준다. 공부를 잘해야만 입성할 수 있는 직업을 가지고 있어서 과거에 성적이 어땠는지 밝히지 않아도, 아무리 어이없는 일을 저질러도 학교 다닐 때 공부를 못했을 거라고 오해받지는 않는다. 멍한 얼굴로 산발한 머리를 하고서 휴대폰만 보거나 온종일 웹툰을 읽어도 딸들은 엄마가 공부를 잘했다는 것을 알고 있고, 카톡에서 맞춤법을 틀려도 상대방은 오타라고 너그럽게 이해해준다. 설마 내가 설거지와 설겆이를 아직도 헷갈려하고 어이와 어의를 혼동한다고 의심하지 않는다. 요리를 못하고, 사회적인 눈치에 어눌하며 다소 이기적인 행동을 해도 공부밖에 할 줄 몰라서 그렇다는 고마운 이해심으로 나를 받아들여준다. 이 얼마나 손쉬운 세상살이인가. 공부만 잘하면 집안일을 동생들에게 미룰 수 있었고 성격이 좀 파탄 나도 이해받았으며 자율학습에 빠지고 선생님에게 반항적으로 굴어도 그리 혼나지 않았다. 세상 사는 데 공부는 편리함을 넘어서는 어떤 인성적 측면의 플러스 요인까지 얹어줬고 확실한 권력을 제공했다. 집안일로부터 해방된 것은 물론이고 가기 싫은 친척 모임에 빠질 핑계가 되었으며 좀 버릇 없이 행동해도 공부를 잘하는 것으로 면피가 되었다. 다들 내가 공부를 잘하는 것을 빼면 무엇 하나 칭찬할 구석이 없음을 알고 있었지만, 공부를 잘하는 것만으로도 어른들의 아이돌이 되는 현실을 당연시했다. 동생들은 이 구도에 불만이 많았지만 그들 역시 그러려니 했다. 학교에서도 좋은 도서관 자리, 선생님들의 관심, 자잘한 특혜는 원하든 원치 않든 전교 최상위권 등수 아이들의 차지이고, 더럽고 치사하면 결국 공부 잘하는 것만이 돌파구였다. 내 돈 내고 다니는 학원에서도 시험 성적으로 대우가 달라졌다. 지불하는 학원비는 같은데 왜 돌아오는 관심과 친절함의 크기는 다른 것인가. 성인이 되어서도 얼마간은 출신 대학 이름이 나를 대하는 사람들의 태도에 지대한 영향을 끼쳤음을 부인하기 어렵다. 게다가 평생의 삶의 질을 결정할지 모르는 좋은 직장을 갖는 것에 상위권 대학 졸업장만큼 든든한 보증 수표도 없었다.

학교의 교육 과정을 잘 따라가고 좋은 성적을 내는 것만으로 이 많은 것을 얻을 수 있으니 공부를 못해서 인생이 망한다는 말은 어쩌면 완전히 틀린 것은 아닐지도 모르겠다. 이쯤 되면 독자들은 내가 공부를 잘하지 않아도 괜찮다는 맥락의 글은 포기한 것이 아닌가 하는 의문이 들 수도 있겠다. 하지만 공부를 잘하는 것은 인생에서 딱 이만큼만 진도를 빠르게 빼준다. 내 글 전체에서 지금까지 쓴 정도의 길이가 인생 전체에서 공부가 지대한 영향을 끼치는 시간의 양이다. 그마저 마음만 바꾸면 영향력이 대폭 줄어들 수 있다. 공부를 잘하는 것은 인생이라는 마라톤에서 좋은 위치에서 경주를 시작하게 해준다. 당연히 잘하면 좋지만 못한다고 큰일이 생기는 것도 아니다. 냉정하게 생각해 지금 글을 읽는 분 중에 학교 때 공부를 잘한 분이 몇이나 될까. 잘했다 해도 그것이 인생 전반에 얼마나 영향을 끼쳤다고 여기는지 여쭙고 싶다. 공부를 못했다고 생각하는 분들은 공부를 못해서 인생 사는 데 많이 힘드셨는지 묻고 싶다. 공부를 잘하는 것의 기준은 무엇이며 공부를 잘했다면 그 잘한 공부가 사는 데 많은 도움이 되었는지 궁금하다.

공부를 잘하면 인생이 보장되는 것일까? 현재 사십대 중반 이상인 분들만 해도 좋은 대학을 나오면 대기업에 취업할 가능성이 높았다. 지금도 공부를 잘하면 대학은 조금 보장되는 게 맞다. SKY, 서강대·성대·한대, 중앙대·경희대·외국어대·시립대와 서울 내 4년제를 가려면 좋은 성적은 필수다. 좋은 대학에 가면 좋은 직장을 가질 수 있을까? 흠, 쉽지 않은 질문이다. 좋은 대학을 나왔다고 해서 좋은 직장에 들어가는 시대는 끝났다. 애초에 좋은 직장이 있는지도 모르겠다. 직장과 관련된 이야기를 하자면 또 끝이 없을 테니 그만하고, 그렇다면 좋은 직장에 들어가면 행복한가? 선망하는 직업을 가지면 행복한가? 그렇다면 불행한 나의 의사 친구들과 우울한 대기업 직장인들은 무엇 때문인가? 역시 이 이야기도 하자면 끝이 없으니 이 정도만 한다(절대 도망가는 것이 아니다).

요즘은 변화가 너무 빠르다. 우리 클 때만 해도 장래 희망의 큰 지분은 과학자와 의사가 차지했는데 지금은 확실한 인기 직종이 유튜버다. 이것도 곧 바뀔 듯한데, 어쨌든 프로게이머에서 유튜버로 넘어온 지 몇 년 된 것 같다. 유튜버들이 방송하는 내용을 보면, 저런 것도 콘텐츠가 되는구나 싶을 만큼 상상 이상의 것이 많다. 아무 말 없이 가족들이 둘러앉아 밥을 먹는 것만 촬영한 영상도 있고, 길고양이 구조 영상, 전자제품 비교 영상 등등 뭔가 궁금해서 검색하면 없는 것이 없다. 콘텐츠 자체가 훌륭한 직업인 경우도 있고, 내용은 별것 없지만 그걸 영상으로 제작한 게 엄청난 결과인 것도 있다. 성공한 유튜버들과 공부의 상관관계는 무정형이지 않을까 싶다. 학창 시절 공부를 잘한 것이 인생에 큰 영향을 끼치는 시대는 저물고 있다. 각 분야에서 유능한 사람들이 인정받고 학력보다는 포트폴리오에 채워진 작업물로 자신을 증명한다. 나 역시 구세대라 대학은 꼭 가야 하는 것으로 생각하고 가능하면 학위를 따는 것이 좋지 않겠냐고 조언하지만, 씩씩한 요즘 아이들이 자기 인생을 개척해나가는 것을 보면 슬며시 부

공부의 영향력이 줄어드는 세대

끄러움이 올라온다.

공부는 인생 전반기에 우리가 노력하고 획득해야 하는 많은 선택지 중 하나일 뿐이다. 공부를 잘했다고 찬란한 미래가 우리 손에 덥석 잡히는 것도 아니고 못했다고 어둠의 자식이 되는 것도 아니라는 사실을 이미 그 길을 걸어온 우리 어른들이 제일 잘 알고 있다. 아이들이 스스로 공부에 스트레스를 받는 것은 어쩔 수 없더라도 어른들까지 아이들 어깨 위에 돌덩이를 지우지는 말자는 이야기다.

학업에 대한 부모의 태도

내가 공부를 중요하지 않다고 말하는 것이라 오해하지 않았으면 한다. 심지어 나는 공부를 매우 중요하다고 생각한다. 특히 아동의 두뇌 발달에 공부는 필수적이며 열심히 해야 한다고 주장한다. 초등학교부터 고등학교까지의 교과 과정은 공부라기보다는 상식의 영역에서 생각해야 한다. 철없던 시절 나도 미적분을 왜 배워야 하는지 불평불만이 있었지만, 그건 시험만을 위해 공부하는 한국 교육 시스템의 문제이지 미적분이 교과 과정에 들어간 것 자체가 잘못은 아니다. 오묘한 미적분의 세계를 제대로 전달하기에는 우리나라의 학교 수업이 너무 빡빡하고 시간에 쫓긴다. 근본적인 미적분의 원리와 가치를 파고들며 그들이 현실 세계에 적용되는 모습을 연구하기에는 당장 풀어야 할 모의고사 문제와 완성해야 할 수행평가가 가득하다. 미분, 적분의 의미보다는 결국 수식을 풀면 어떤 답이 나오는지가 중요하다. 시의 아름다움을 가르치기보다는 시의 시대적 배경과 그 배경에서 시어가 무엇을 말하는지 묻는 시험을 보기 위한 주입식 수업을 듣는다. 10여 년간 영어를 배우고 의대를 졸업하고 영어로 논문도 쓰지만 정작 외국 레스토랑에서 소스도 제대로 주문 못 하는 나 같은 사람도 존재한다. 자본주의와 시장 원리에 대해 배우지만 자취방 월세를 계약할 때 계약서에 뭘 적어야 하는지 모르고, 납세의 의무가 국민의 의무라고 배웠지만 실제로 세금이 어떤 식으로 나에게 적용되는지도 모른다. 아르바이트할 때 계약서를 언제 쓰는지도 모르고 주휴 수당도 모른다. 천연 섬유와 합성섬유를 배우지만 옷의 라벨을 읽을 줄 모르고, 직렬, 병렬 전기 연결 문제는 풀 수 있지만 두꺼비집이 뭔지는 모른다. 이것이 교육제도 때문인지 우리가 공부를 제대로 안 했기 때문인지는 모르겠지만 아무튼 그렇다. 아이들에게 선대의 인간들이 이룩한 문명 중 꼭 필요한 부분을 압축적으로 습득할 수 있도록 하고 인간 세상에서 살아가는 능력을 길러주는 것이 학교 공부라고 생각한다. 그 과정에서 두뇌 발달이 균형적으로 이뤄지고 긴 인생에서 자신이 더 정진하려는 분야를 발굴하며 선택하는 과정이 뒤따라야 한다. 안타깝게도 현재의 교육은 이런 목적보다는 입시 전쟁에서 승리하는 데 초점을 맞추는 듯하다. 입시에 뜻이 없거나 애초에 경쟁에 특화되지 못한 아이들은 공부에 전혀 흥미를 느끼지 못하게 된다. 좋은 등수를 얻기 위한 노력을 하지 않는 것뿐만 아니라 공부 자체를 놓아버리니 속이 탄다. 상식을 배울 기회가 없어지고 지루한 것을 참을 힘이 약해진다.

학교와 사회 분위기까지야 우리가 바꿀 순 없지만, 부모로서 아이들에게 주는 메시지는 변화시킬 수 있다. 좋은 대학을 위해서가 아니라 네 교양과 상식을 위해 공부가 필요하고, 다행히 적성에 맞는다면 상위 성적을 받아서, 원한다면 대학에 갈 수 있고, 행여 진학 외에 다른 길을 택하더라도 사회 구성원으로서 필요한 최소한의 덕목은 갖추자고 설득하자. 영어 공부는 파파고와 구글을 돌리지 않고도 해외여행에서 길을 물을 수 있게 해주고, 수학은 손해 보지 않고 인생을 살아갈 지혜를 갖춰준다. 과학을 알아야 내 주변의 현상들을 이해하고 자연의 변화를 인지적으로 받아들일 수 있으며, 역사와 사회를 공부하면 현명함이 무르익는다. 음악과 미술은 인생을 풍요롭게 만들고 체육은 건강함을 선사한다. 국어는 말해 무엇하랴. 1등을 하지 않아도 된다. 경시대회 문제 따위 못 풀어도 상관없다. 학교 시험은 평균 정도는 해주면 좋겠다. 너무 못해도 다른 아이와 비교하면서 힘들 테니 평균은 하는 것이 정신 건강에 이롭겠다. 해도 안 된다면 그냥 잊자. 억지로 어떻게 할 수는 없다. 시험은 시간 안에 외우고 푸는 능력이 되어야 잘 볼 수 있으니 그 부분이 어렵다면 이해하고 습득하는 정도만 되어도 사는 데 아무런 지장이 없다. 학교 다닐 때 잘한 공부로 먹고사는 사람이 몇 명이나 되겠는가. 생각해보면 소수를 제외하고 성적은 쓸모가 없다. 그런 것 때문에 나와 내 아이의 소중한 11년을 학원과 입씨름으로 허비하지 않으시길 바란다.

공부하는 과정을 참고 견디는 것이 인성을 가다듬는 훈련이 될 수 있음을 아이와 부모 모두 깨달았으면 좋겠다. 공부 끝에 얻는 것이 꼭 성적이 아니라 지루함을 견디는 힘과 미래의 나를 위해 노력하는 능력임을 알면 공부 행위 자체를 뿌듯해하고 즐길 수 있다. 누구도 매일 달리고 스트레칭을 한다고 해서 프로 운동선수가 될 것이란 망상을 갖지 않는다. 그저 건강하게 살기 위해 하루의 일정 시간을 지루하고 힘든 운동에 할애한다. 오늘 30분 걷고 근육을 늘리다보면 나이 들어서 조금 덜 힘들지 않을까 하는 모호한 기대로, 귀찮지만 굳이 옷을 갖춰 입고 나간다. 매일의 걷기를 몇 분 안에 돌파해야 한다고 기록을 측정하는 사람은 없다. 공부도 마찬가지다. 우리 아이들이 모두 공부에 프로가 될 필요는 없다. 공부가 가져다줄 즐거움과 이득을 성적과 입시에서만 찾지 말고 공부 그 자체에서 얻으려 한다면 좀더 다채로운 접근이 가능하다.

공부도 재능이다

나는 체육을 정말정말 못했다. 평생 뜀틀을 넘어본 적이 없다. 다른 애들은 펄쩍 잘만 넘는 것을 나는 다다다다 뛰는 것은 되는데 늘 뜀틀 앞에서 얼어붙거나, 어떻게 손을 짚고 도약은 했지만 뜀틀 한가운데 볼썽사나운 꼴로 걸터앉고 말았다. 친구들은 줄넘기로 이단 넘기를 할 때 겨우 두발 뛰기를 했고, 100미터 달리기는 20초대를 간신히 주파했다. 음악 시간도 마찬가지였다. 다룰 수 있는 악기가 없었고 악보도 보지 못했으며, 심각한 음치라서 가창 시험이 있는 날에는 어떻게 하면 학교에 가지 않을 수 있을까를 고민하느라 잠을 설쳤다. 신기한 사실은 분명히 교과 과정에 있는 학업이었음에도 내가 이런 것을 하나도 성취하지 못함에 대해 걱정하는 말을 듣거나 혼난 적은 없었다는 점이다. 그저 난 지독한 몸치고 음치이고 예체능에 재능이 없다는 평가를 들었을 뿐이다. 다른 애들만큼 해야 한다는 압박도 없었다. 부모님도 선생님도 내 상태를 그대로 받아들여주었다. 나 역시 굳이 뜀틀을 넘고 싶지 않았고, 뜀틀이나 달리기를 잘하기 위해 들여야 하는 신체적인 노력이 너무 고되어서 순간의 웃음거리로 남기를 택했다. 악보를 해독하는 것도 참을 수 없이 지루했기에 손을 놓아버렸다. 반면 공부는 체육이나 음악과는 다른 범주였다. 공부하기는 쉽지 않지만 내게는 참을 수 있는 지루함이고 고통이었다. 받아들일 수 있을 정도의 고통을 감내하면 내게 주어지는 결과는 들인 노력에 비해 크다고 느껴졌다. 지금 생각하면 이것이 바로 재능인 것 같다. 노력하면 결과가 좋아지고 그 결과를 얻기까지 들여야 하는 수고를 참을 수 있는 능력 말이다.

체육, 음악, 미술은 재능이 없으면 성공하기 어렵다는 것에는 아무도 이의를 제기하지 않는다. 그런데 왜 유독 공부는 노력하면 된다며 끝없이 격려하고 또 격려하는 것일까. 운동을 못하면 재능이 없으니 어쩔 수 없는 것인데 공부를 못하면 충분히 노력하지 않아서일까. 노력할 수 있음도 재능이라고 생각한다. 정확히는 노력하는 도중에 밀려오는 고통을 참고 견딜 수 있는 것이 그 분야에 가지고 있는 재능이다. 나 같은 몸치를 빼면 100미터 달리기는 대체로 10초 중후반의 기록을 갖지만 10초 중반 안쪽으로 들어가는 것은 타고난 재능이 없으면 어렵다. 좋은 기록을 위해 끊임없이 운동하고 자기 관리를 해야 한다. 그런데도 소수점 두 자릿수의 기록도 변하지 않는 경우가 허다하다. 그런 절망의 시간도 견디고 해낼 수 있다는 믿음을 갖고 불확실한 미래를 위해 계속 노력할 수 있는 능력이 공부에도 요구된다. 평균 70점의 성과를 내는 것은 아주 어려운 일은 아니다. 즉 재능의 영역이 아니다. 우리가 공부를 잘한다고 하는 것은 상위권 혹은 최상위권을 일컫고 그 정도로 성과를 내려면 재능은 필수다. 과연 아이들에게 공부의 재능이 있을 것인지 우리는 고민하지 않는다. 그저 열심히 하면 되리라 생각하고 원하는 만큼의 성적이 나오지 않는 것은 노력이 부족해서라고 여긴다. 실제로 우리 눈에는 아이들이 전혀 노력하지 않는 것처럼 보인다. 학원만 다니면 다인가. 집에 와서 공부를 하지 않는다. 책가방을 내려놓음과 동시에 휴대폰과 한 몸이 되어 침대와 동조한다. 아무리 잔소리를 하고 화를 내도 꿈쩍 않는다. 옆집 아이는 알아서 다 한다는데 대체 우리 집 아이는 왜 이러는 걸까. 지금 이 시기 몇 년만 힘을 내주면 인생이 덜 힘들어질 텐데, 까맣게 타는 부모 속도 모르고 왜 저리 철없이 구는 것일까. 내가 걸어봐서 아는 지긋지긋한 진흙탕 길에 고무장화 하나 신겨주고 싶은 마음인데, 그 고무장화 사는 권리를 쥐어주려고 엄청난 학원비를 부담하는 건데 왜 아이는 내 노력과 돈을 허망하게 만드는 것일까.

정말 아이가 노력하지 않고 철이 없는 것인지는 자세히 살펴봐야 한다. 앞서 말했듯이 재미없는 것을 견디고 노력할 수 있는 것 자체가 재능이다. 아이가 공부에 재능이 없다면 아무리 노력한다 해도 원하는 목표에 다다르기는 힘들고 부모님이 더 많은 재력과 시간을 투자할수록 아이의 재능 없음은 더욱 극명해진다.

예체능은 재능 없음을 이유로 깨끗이 포기하면서 왜 공부에 관한 한 그것이 어려울까. 대체재 여부와 수요의 크기, 노력의 기여도 차이가 큰 요인이라고 생각한다. 먹고사는 일을 준비하는데 공부를 대체할 만한 이렇다 할 것이 없다. 그나마 학교 공부는 큰돈을 들이지 않고 하라는 대로만 하면 앞날이 예상 가능한데 이렇게 확실한 길을 제시해줄 수 있는 대체품이 없다. 공부해서 취업할 수 있는 직장이 다른 것에 비해 훨씬 많기도 하다. 공부가 기본 소양이 되는 시장이 넓다. 예체능은 시장도 좁고 정말 특출하지 않고서는 인정받기도 어렵다. 무엇보다 공부는 노력이 차지하는 비중이 다른 분야에 비해 크다. 그야말로 '노오력'하면 어느 정도 성과를 낼 수 있긴 하다. 이런 점 때문에 부모도 아이도 공부에서 아주 정을 떼기가 어렵다. 나도 정을 떼라고, 쉽게 포기하라고 종용하는 것은 아니다. 다만 공부도 재능임을 인식하고 있어야 아이들을 지나치게 몰아붙이지 않을 수 있다. 노래를 못해도 너무 상처 입지 않을 정도로, 뜀틀을 못 뛰어도 쉽게 털어낼 수 있을 정도로, 딱 그 정도로만.

사례 1: 고학력 집안에서 고졸을 택한 지현이

지현이는 집안의 골칫거리였다. 무남독녀로 아기 때부터 부모님의 사랑을 듬뿍 받았지만, 지현이가 말을 배우고 조금씩 학업에 발을 들이면서 부모님과 지현이는 오히려 말이 통하지 않았다. 부모님은 두 분 다 성적이 좋았고 친척들 모두 좋은 대학을 졸업한 고학력 집안이어서 공부를 못하는 자식은 상상할 수도 없는 일이었다. 지현이가 학업에 전혀 관심 없고 무기력하게 누워 온종일 휴대폰을 하는 것은 부모님에게 경악스러운 일이었다.

지현이는 영어 유치원부터 시작해 알아듣지도 못하는 과외에 학원까지 강요하는 부모님을 원망했고, 이 때문에 집안은 하루하루가 전쟁이었다. 지현이는 끊임없이 친척들과 비교하는 부모에게 넌더리가 났고 부모는 이런 딸아이가 이해 불가였다.

몇 번의 가출과 아동 학대 신고, 정신건강의학과 진료라는 터널을 지난 후 지현이와 부모님은 어렵게 서로가 다른 사람임을 인정할 수 있었다. 부모님도 지현이도 각자의 신념을 포기하진 않았지만, 서로를 사랑하는 마음으로 다른 삶의 방식을 받아들이기로 했다. 여전히 부모님은 지현이가 공부하길 원하지만, 지현이에게 내색하지는 않는다. 지현이는 지금 고등학교를 무사히 졸업하고 원하던 헤어디자이너의 길을 걷고 있다. 중학교 2학년 때 처음 만난 나에게 자기는 19세 이후의 인생은 생각하지 않는다고 했던 우울한 지현이는 얼마 전 봄날의 벚꽃 같은 표정으로 작별 인사를 해주었다. 이제는 선생님 없이도 해나갈 수 있겠다고 활짝 웃는 지현이를 보며 내 딸들도 이렇게 자라주길 마음속으로 살짝 빌었다.

사례 2: 대학 입학 후 완전히 번아웃된 재호

재호는 SKY 대학 중 한 곳에 다닌다. 과도 아주 좋다. 그 대학에서 제일 높은 합격 점수를 자랑하는 학과다. 일단 입학만으로도 대한민국에서 공부로는 어디서도 기죽지 않는다. 문제는 재호가 대학 입학 후 아무 의욕도 없고 이제 다 이루었으니 제발 자기를 가만 내버려두라며 방에서 나오지 않는다는 것이다. 강의에 출석하지 않아서 1학년 1학기는 학사 경고를 받았고 2학기는 병을 이유로 휴학을 했다. 재호는 부모님이 바라던 대학의 원하던 과에 합격했으니 더는 자기를 건드리지 말라고 한다. 어머니가 몇 날 며칠 눈물로 매달려 겨우 병원을 방문한 재호는 표정이 없었다. 말하는 것도 귀찮아했고 굳이 나아지기를 바라지도 않았다. 말 그대로 소진된 상태였다. 이제 막 스무 살에 이른 어린 청년이 짓는 표정이 그렇게나 공허할 수 있다는 것을 처음 알게 되었다. 재호뿐 아니라 공부를 아주 잘해서 좋은 대학에 들어간 친구들을 만나면 그중 많은 수가 자신이 얻어낸 결과물에 만족하지 못하고 오히려 불행하다고 느낀다. 더 좋은 대학에 가지 못해서 힘들고, 동기들이 더 똑똑해서 위축되며, 대학만 들어가면 조금 편해질 거라 기대했는데 더 험난한 스펙 쌓기가 기다리고 있어서 실망한다. 그들에게 내 위로는 별로 힘을 발휘하지 못한다. 나 또한 어르고 밀어대던 어른들과 같은 얼굴을 하고 있기 때문일 것이다.

사례 3: 공부 의욕은 넘치나 재능이 없는 우현이

우현이는 지금 고 3이다. 내가 글을 쓰는 이 순간에도 대입 원서를 쓰느라 정신이 없다. 우현이 부모님은 공부에 큰 뜻을 갖진 않으셨다. 그분들도 자라면서 공부가 자신의 길은 아니라고 느끼신 터라 아이들도 편하게 커서 자기 길을 찾을 수 있을 거라며 느긋하게 기다려주셨다. 문제는 우현이가 공부를 잘하길 원하는 데 있었다. 우현이는 옆에서 보기에도 인정할 수 있을 만큼 성실하게 학교 공부를 했다. 하지만 슬프게도 공부는 우현이를 별로 좋아하지 않았다. 어떻게 해도 수학에서 실수하고, 분명히 맞았다고 생각한 국어 문제는 다른 답이라고 하고, 역사 이야기는 잘할 수 있는데 시험만 보면 점수가 바닥이다. 우현이는 친구들에게 인기 있고 성격도 좋지만, 성적은 점점 떨어졌다. 부모님은 이런 우현이를 지켜보면서 많이 안타까워하셨다. 우리 주변 아이들의 대다수는 우현이와 비슷하다. 부모님이 공부를 잘하길 원하는 것과는 별개로, 아이들 자신이 공부를 잘하고 싶어하고 좋은 성적을 받기를 원한다. 그 성적만큼의 공부량을 해내든 그렇지 못하든 마음만은 상위권에 들어가고 싶어한다. 결과가 마음을 배신할 때 아이들이 좌절과 열패감을 딛고 일어서도록 도와줄 수 있는 가장 든든한 아군이 부모님이다. 우현이 부모님은 아이에게 '더 열심히 해야 한다' '공부하지 않는데 어떻게 점수가 나오기를 바라느냐' '그 성적으로 어떻게 대학에 갈래'라고 말씀하시는 대신 낙담하는 우현이를 위로하고 진심으로 마음 아파해주셨다. 공부를 잘하는 우현이가 아니라 원하는 것을 위해 열심히 노력하며 그 결과를 깨끗이 받아들이는 사람이라서 자랑스럽다고 말씀해주셨다. 결국 우현이가 공부를 잘하게 되었다면 그 나름대로 해피엔딩이겠으나 그렇지는 못했다. 공부를 아주 놓지는 못했지만, 서서히 자신의 재능은 공부에 있지 않음을 받아들였고 이전처럼 좋지 않은 성적에 미래를 비관하거나 자기비하를 하지는 않게 되었다. 우현이는 공부의 비중이 덜한 쪽으로 진로를 결정하고 특성화고에 진학해서 이제 대학 입시를 준비하고 있다.

공부보다 중요한 몇 가지

반복하지만, 학업 성적이 중요하지 않다는 것은 아니다. 괴롭지 않게 훌륭한 성적을 낼 수 있다면 그보다 더 좋을 수 없다. 조금 힘들어서 목표한 지점에 이를 수 있다면 그것도 괜찮다. 목표로 하는 점수를 위해 너무 많은 대가를 치르는 것의 덧없음을 확실히 알고 있어야 하며, 내 아이의 능력과 재능으로 제도권 교육에서 상위권을 차지할 가능성을 이성적으로 분석해봐야 한다. 학교에서 받는 좋은 성적이 소수에게는 인생의 향방을 결정할 중요한 항목이 되지만, 대다수에게는 성적 때문에 고통스러워했던 순간들이 이해할 수 없는 과거사로만 남는다.

남들 다 공부하는데 대책 없이 공부 못해도 괜찮다고 위로해줄 수만은 없는 노릇이다. 그랬다간 천진한 우리 아이들은 게임과 유튜브 시청에 십대를 전부 갖다 바칠 가능성이 농후하다. 다행히 스스로 다른 분야에 관심을 갖고 부모님께는 자신을 믿고 밀어달라고 한다면 그 점에나마 감사하며 뒷바라지하면 된다. 문제는 이런 행운이 평범한 우리와는 별 인연이 없다는 것이다. 공부에도 관심 없지만 다른 것에도 관심이 없고 특별한 재능도 없이 뭘 좋아하는지도 모르겠고 원하는 것도 없다. 세상에서 나만 제일 별 볼 일 없는 사람처럼 느껴진다. 같은 반 친구들은 다들 자기 길을 잘 찾는데 나만 산속에서 나침반도 없이 조난당한 신세 같아 처량하다. 사실 똘똘해 보이는 친구들도 속사정은 다 비슷할 텐데 그걸 깨닫기까지는 아직 몇십 년은 더 기다려야 한다. 그렇다면 우리는, 우리 아이들은 뭘 하면 좋을까? 부끄럽지만 사실 나도 잘 모른다. 매일매일 고민하고 연구하지만 내가 주장하는 것이 옳은지 나 역시 자신이 없다. 나와 내 아이의 인생은 어차피 우리 책임이니 어렵지 않은데, 시답잖은 해결책을 제시해 독자들께 혹시 폐를 끼치면 어쩌나 하는 걱정이 든다. 어떤 의견을 내놓기엔 세상이 너무 빠르게 변하고 나는 그 세상을 따라잡기도 버거운데 지금보다 더 쾌속 질주할 시대를 살아갈 아이들을 키우는 방법을 무슨 근거로 댈 수 있단 말인가.

그럼에도 몇 가지는 당부하고 싶다. 아이들은 우리가 어떻게 하든 자신의 모습으로 커간다. 우리가 할 수 있는 최선은 아직 아이들이 곁에 있을 때 평생에 힘이 될 시간으로 채워주는 것이다. 당연히 자신을 사랑해야 한다고 믿는 사람이 그 믿음을 저버리지 않는 모습으로 옆을 지켜주어야 한다. 눈을 맞추고 이야기를 들어주며 억지스러운 주장에도 허허 웃을 수 있고 내 아이가 좋아하는 아이돌이 마음에 들지 않아도 함께 응원해주는 대인배가 돼야 한다. 시험을 망치고 실망할 때 공부 좀 하지 그랬냐고, 그렇게 해서 먹고살겠냐고 핀잔하는 것보다 시험 잘 보고 싶었을 텐데 마음 아파서 어떻게 하냐며 고생했다고 웃으면서 달래주자. 아이가 독립해서 세상으로 나갔을 때 외롭고 힘든 시간을 견딜 수 있는 자양분을 만들어주자. 타인들 속에서 한없이 작게 느껴질 때도 나는 누군가에게는 제일 사랑받는 사람임을 똑똑히 느낄 만큼 아낌없이 마음을 표현해야 한다. 아이들은 말하지 않으면 생각보다 부모 마음을 모른다. 당연히 알 거라고 미루어 짐작하지 말고 낯간지럽더라도 넘치는 사랑을 염려의 단어가 아닌 지지와 애정의 언어로 직접 전달하자. 마침 이 글을 쓰기 며칠 전 대학 수학 능력시험이 끝났다. 시험을 보고 진료실에 들어오는 아이들에게 시험 잘 봤냐고 묻지 않고 정말 수고했다고, 시험 보는 그 시간을 버텨낸 것이 장하다고 이야기를 건넬 때 아이들 표정은 너무 환했다. 결과가 어떻게 나오든 그들이 지나온 날을 인정하고 사랑해주자.

공부는 안 해도 되지만, 그것이 아무것도 안 해도 된다는 의미는 아니다. 꼭 미래를 위한 활동이 아니라도 괜찮다. 취미든 운동이든 기술이든 공부든 무엇이든 다 좋다. 성취를 위해서가 아니라 그 활동의 과정을 견디고 오랜 시간 지속할 수 있도록 해야 한다. 우리가 살면서 어떤 것이든 성과를 내려면 99.99퍼센트는 참고 견디는 시간이 필수다. 인내의 즐거움과 필요성을 청소년기에 깨닫는 것은 인생의 든든한 버팀목을 마련하는 것이다. 처음에는 조금만 어려워도 그만두고 싶어하고 참는 것이 왜 필요한지 이해하지 못할지도 모른다. 그럴 때 혼자 절벽에서 올라오라고 지켜보기만 하는 사자 부모가 되지 말고 끌어주고 격려해주고 기다려주면서 어떻게든 끝까지 포기하지 않을 수 있도록 도와주자. 마침내 아이가 인내의 결과를 취하고 다음에는 스스로 도전하면서 참고 견딜 수 있다면 더할 나위가 없겠다.

인생은 즐거워야 한다. 재미가 없다면 살아가는 것은 몹시 힘들고 지난한 여정이다. 생각보다 좋아하는 것이 없는 사람이 많다. 취미도 없고 관심도 없어서 여유 시간이 생기면 텔레비전 앞에 누워 있거나 뭘 해야 좋을지 몰라서 허둥대곤 한다. 평탄하게 지낼 때는 이것이 별 문제가 되지 않는데 인생의 굽이굽이에서 우울하고 힘들 때는 위로받을 수단이 없다. 고난과 어려움이 닥칠 때 좌절감과 패배감을 유머로 승화시킬 수 있다면 다시 일어날 힘을 축적할 수 있다. 몰두할 수 있는 관심사가 있으면 잠시라도 지친 세상살이에서 벗어나 한숨 돌리고 쉴 수 있다. 우리 아이들이 즐기고 관심 갖는 것이라면 그것이 지긋지긋한 게임이라도 너무 배척하지는 말고 함께 즐겨보는 것도 좋다. 심각한 상황일수록 웃으면서 넘기는 솔선수범을 보이자. 주저앉아 울다가도 뭐 어때 하면서 일어날 수 있음을 아이들이 배운다면 공부 따위와 비교할 바가 아니다.

우리 모두에게 보내는 응원

많은 부모가 특별히 성적으로 아이들을 압박하지 않는다는 사실을 알고 있다. 학업에 지대한 관심을 갖고 아이의 성적을 관리하는 부모들도 분명 있지만 그들은 생각보다 소수다. 대다수의 부모는 아이의 성적이 좋으면 기뻐하지만 굳이 압박하진 않는다. 너무나 당연하게도 성적으로 아이들과 갈등이 있는 집이든 아니든 우리 부모들은 자녀가 원하는 분야에서 행복하고 건강하게 살기를 간절히 원한다.

성적에 다소 초연한 태도를 견지하는 부모님들께 당신들이 아이를 방관하는 것이 아니고, 세상의 다양한 가치를 균형 있게 바라보며 너그러움과 따뜻함으로 아이들을 양육하고 있으니 너무 불안해하지 않으셔도 된다는 말씀을 드리고 싶었다. 당신들의 인생관에 공감하는 사람이 많고 아이들을 위한 결정은 옳고 현명하며 감탄스럽다. 나 역시 같은 길을 가고 있으니 우리 서로 안심하고 조바심 내지 말자.

아이들과 성적으로 갈등을 겪고 있는 부모님께도 위로를 드린다. 열심히 한 공부가 독립한 후의 아이들에게 무엇보다도 큰 힘이 되어줄 것을 알고 있는 부모님의 예지가 아이들에게 의도 그대로 전달되지 않는 서글픔을 무슨 말로 표현할 것인가. 너희에게는 잔소리가 되어버릴 우리의 애끓음을 도대체 어떻게 전달할 수 있을까. 공부를 잘해서 힘들었던 어린 시절과 이별할 수 있어서 엄마는 공부가 좋다는 말을 너희는 과연 어떤 마음으로 들을까.

과연 이 책을 읽을지 모르겠지만, 공부 때문에 힘들어하고 괴로워하는 아이들에게 너희는 성적이 생각만큼 인생에서 큰 부분을 차지하지 않을 세대라는 사실을 알려주고 싶다. 엄마 아빠가 살던 세상과 너희들이 살아갈 시대는 완전히 다르다. 공부를 못한다고 세상이 망하지도 않고, 인생에 실패하지도 않으며, 너의 가치가 떨어지는 것도 아니다. 공부는 그저 하나의 선택지일 뿐이며 저녁 먹으러 가는 식당을 고르는 것과 별반 다를 바 없다. 호텔 식당에 가도 네 입맛에 맞지 않으면 전혀 좋은 식사가 아니고 집 앞 포장마차에서 떡볶이를 먹어도 네가 만족한다면 그것이 바로 성공한 것이다. 남들이 호텔 식당에 가는 너를 보고 부러워할지는 모르겠지만 그것이 너의 가치와 즐거움과 행복에 전혀 영향을 주지 못함을 하루빨리 알게 된다면 얼마나 좋을까. 게다가 대다수의 사람은 네가 가는 식당뿐 아니라 밥을 먹는지 마는지에도 관심이 없으니 그저 네가 원하는 기준과 흥미에 맞춰 살아가도 아무 지장이 없다. 안타깝게도 너를 힘들게 하는 부모님들이 절대로 네가 그런 고통을 겪길 원해서 강압적으로 대하는 것이 아니다. 그저 네가 남들만큼 잘 살았으면 하는 마음과 부모님 스스로의 어려움에서 기인한 결과이니 너만이라도 스스로를 부족한 사람으로 여겨서 절망하거나 자기비하에 빠지지 않기를 당부한다. 부모님은 네가 얼마나 힘든지 모르시는 것뿐이고, 그들의 방법이 미래의 너를 행복하게 만들어주리라 진심으로 믿고 있어서이니 네가 표현을 했으면 좋겠다. 부모님이 너를 똑바로 볼 수 있고 네 괴로움과 바람이 그들에게 닿아서 서로 화해하고 이해할 기회가 생기기를 기원한다.

이제 와서 이런 말하기 민망하지만 나도 내 아이가 공부를 잘하기를 바라는 흔한 엄마다. 학원도 보내지 않고 성적에 대해 크게 압박하지도 않지만, 수학 시험 전날이면 밤 10시까지 아이를 붙들어두고 그동안 밀린 공부를 다 하도록 호랑이 얼굴로 몰아친다. 친구랑 전화로 수다 떨면서 답이 뻔히 보이는데도 정답만 비켜서 답을 적어내는 아이들에 대해 푸념을 늘어놓기도 한다.

"아니, 어떻게 답이 손 들고 서 있는데 개를 피하지? 시력검사 해야 하나봐."

그렇지만 직업적 가르침을 실천하려고 노력하는 엄마 때문에 아이들은 엄마가 이런 생각을 하는지 꿈에도 모른다. 그러니 이번 시험에는 50점을 맞았다며 저번 시험보다 무려 20점이나 올랐다고 자랑하는 것이겠지……. 욕심을 버리기 어려울 때는 자신을 위안하는 방법을 쓴다. '그래, 내가 공부를 너무 해버려서 애들이 할 공부까지 선점한 거야. 한 집안에 공부 질량보존의 법칙이 있나보다.' 오늘도 내 불안을 꽁꽁 감추고 가두어둔다. 아이들이 나의 불안으로 인해 공부와 척지지 않고, 내 가치관의 영향에서 벗어나 자신들의 길을 개척하기를 바란다. 우리 아이들이 공부를 못하면 그들의 인생 역시 어두울 것이라는 그릇된 믿음에서 자유로워지기를 마음 깊이 소망한다.

공부의 영향력이 줄어드는 세대

1장

1. 성백효, 『논어집주: 현토완역』, 전통문화연구회, 2010.

2. 박숙희, 『뜻도 모르고 자주 쓰는 우리말 사전』, 책이있는마을, 2004.

3. 김정균, 『보카 콘서트: 세상을 보여주는 포토 영단어, 어원 이야기』, 두앤비컨텐츠, 2014.

4. 2022 개정 교육 과정, 교육부, 2021.

5. 스타니슬라스 드앤, 『우리의 뇌는 어떻게 배우는가: 배움의 모든 것을 해부하다』, 엄성수 옮김, 로크미디어, 2021.

6. 신민섭·권석만·민병배·이용승·박중규 외 11명, 『최신 임상심리학』, 사회평론아카데미, 2019.

7. R. J. Herrnstein, C. Murray, *The Bell Curve: Intelligence and Class Structure in American Life*(New York: Simon&Schuster, 1994).

8. R. E. Nisbett, J. Aronson, C. Blair, W. Dickens, J. Flynn, D. F. Halpern, E. Turkheimer, "Intelligence: new findings and theoretical developments", *American Psychologist*, 2012, 67:130-59.

9. 가나자와 사토시, 『지능의 역설』, 김준 옮김, 데이원, 2020.

10. Melita H. Terman, Lewis M. and Oden, *The Gifted Group at Mid-Life: Thirty-five Years' Follow-up of the Superior Child*(Stanford, CA: Stanford University Press, 1959).

11. T. Chamorro-Premuzic, N. Harlaar, C. U. Greven, R. Plomin, "More than just IQ: A longitudinal examination of self-perceived abilities as predictors of academic performance in a large sample of UK twins", *Intelligence*, 2010, 38:385-92.

12. 최인선 외 4명, 「OECD 국제학업성취도평가 연구: PISA 2018 상위국 성취특성 및 교육맥락변인과의 관계 분석」, 한국교육과정평가원, 2021.

13. A. Karni, D. Tanne, B. S. Rubenstein, J. J. Askenasy, D. Sagi, "Dependence on REM sleep of overnight improvement of a perceptual skill", *Science*, 1994, 265:679-82.

14. 지각추론지표는 유동적 추론, 공간 처리, 시각-운동 협응 능력, 세부에 대한 주의력 등을 측정하는 검사로, 개인이 자동적으로 수행할 수 없는 새로운 문제를 해결하는 능력을 측정한다.

15. R. Gruber, R. Laviolette, P. Deluca, E. Monson, K. Cornish, J. Carrier, "Short sleep duration is associated with poor performance on IQ measures in healthy school-age children", *Sleep Medicine*, 2010, 11:289-94.

16. A. G. Karger, M. M. Black, A. Singhal, C. H. Hillman (eds): "Building Future Health and Well-Being of Thriving Toddlers and Young Children", 95th Nestlé Nutrition Institute Workshop, Geneva, September 2020, Nestlé Nutrition Institute Workshop, Karger, 2020, 95:1-11.

17. C. H. Hillman, M. B. Pontifex, D. M. Castelli, N. A. Khan, L. B. Raine, M. R. Scudder, E. S. Drollette, R. D. Moore, C. T. Wu, K. Kamijo, "Effects of the FITKids randomized controlled trial on executive control and brain function", *Pediatrics*, 2014, 134:e1063-71.

18. L. Chaddock-Heyman, K. I. Erickson, C. Kienzler, E. S. Drollette, L. B. Raine, S. C. Kao, J. Bensken, R. Weisshappel, D. M. Castelli, C. H. Hillman, A. F. Kramer, "Physical activity increases white matter micro-structure in children", *Frontiers in Neuroscience*, 2018, 12:950.

19. J. A. Zoladz, A. Pilc, "The effect of physical activity on the brain derived neurotrophic factor: from animal to human studies", *Journal of Physiology and Pharmacology*, 2010, 61:533-41.

20. K. A. Wesnes, C. Pincock, D. Richardson, G. Helm, S. Hails, "Breakfast reduces declines in attention and memory over the morning in schoolchildren", *Appetite*, 2003, 41:329-31.

21. K. Northstone, C. Joinson, P. Emmett, A. Ness, T. Paus, "Are dietary patterns in childhood associated with IQ at 8 years of age? A population-based cohort study", *Journal of Epidemiology and Community Health*, 2012, 66:624-8.

22. A. Nyaradi, J. K. Foster, S. Hickling, J. Li, G. L. Ambrosini, A. Jacques, W. H. Oddy, "Prospective associations between dietary patterns and cognitive performance during adolescence", *Journal of Child Psychology and Psychiatry*, 2014, 55:1017-24.

23. 최선혜·김양하·양지은·오경원, 「코로나19 유행 전·후 청소년 건강행태 변화」, 질병관리청 만성질환관리국 건강영양조사분석과, 2022.

24. T. Jefferys, Baldwin, Cradock and Joy, *AESOP IN RHYME with some Originals*, second edition, London, 1823.

2장

1. 스타니슬라스 드앤, 『우리의 뇌는 어떻게 배우는가: 배움의 모든 것을 해부하다』, 엄성수 옮김, 로크미디어, 2021.

2. M. I. Posner, S. J. Boies, "Components of attention", *Psychological Review*, 1971, 78:391-408.

3. A. Baddeley, "The Episodic Buffer: A New Component of Working Memory?", *Trends in Cognitive Sciences*, 2000, 4:417-23.

4. Z. A. Yaple, W. D. Stevens, M. Arsalidou, "Meta-analyses of the n-back working memory task: fMRI evidence of age-related changes in prefrontal cortex involvement across the adult lifespan", *Neuroimage*, 2019.

5. D. A. Sousa, *How the brain learns*, Fifth edition(Thousand Oaks, California: Corwin, a Sage Publishing Company, 2017).

6. N. Cowan, "What are the differences between long-term, short-term, and working memory?", *Progress in Brain Research*, 2008, 169:323-38.

7. A. D. Baddeley, G. Hitch, "Working Memory", *Psychology of Learning and Motivation*, 1974, 8:47-89.

8. A. Diamond, "Executive functions", *Annual Review of Psychology*, 2013, 64:135-68.

9. 스타니슬라스 드앤, 『우리의 뇌는 어떻게 배우는가: 배움의 모든 것을 해부하다』, 엄성수 옮김, 로크미디어, 2021.

10. A. Diamond, K. Lee, "Interventions shown to aid executive function development in children 4 to 12 years old", *Science*, 2011, 333:959-64.

11. 조수철 외 5인, 『산만한 우리 아이 어떻게 가르칠까』, 샘터, 2005.

12. P. Cardoso-Leite, D. Bavelier, "Video game play, attention, and learning", *Current Opinion in Neurology*, 2014, 27:185-91.

13. 스타니슬라스 드앤, 『우리의 뇌는 어떻게 배우는가: 배움의 모든 것을 해부하다』, 엄성수 옮김, 로크미디어, 2021.

14. 브래들리 부시·에드워드 왓슨, 『모든 교사, 학부모가 꼭 알아야 할 학습과학 77』, 신동숙 옮김, 교육을바꾸는사람들, 2020.

15. K. Sakai, K. Kitaguchi, O. Hikosaka, "Chunking during human visuomotor sequence learning", *Experimental Brain Research*, 2003, 152:229-42.

16. D. A. Sousa, *How the brain learns* (California: Corwin, a Sage Publishing Company, 2017).

3장

1. K. E. Stanovich, R. G. Nathan, M. Vala-Rossi, "Developmental changes in the cognitive correlates of reading ability and the developmental lag hypothesis", *Reading Research Quarterly*, 1986, 267-83.

2. D. Duff, J. B. Tomblin, H. Catts, "The Influence of Reading on Vocabulary Growth: A Case for a Matthew Effect". *JSLHR*, 2015, 58:853-64.

3. A. Biemiller, N. Slonim, "Estimating root word vocabulary growth in normative and advantaged populations: Evidence for a common sequence of vocabulary acquisition", *Journal of Educational Psychology*, 2001, 93:498.

4. M. A. Skeide, U. Kumar, R. K. Mishra, V. N. Tripathi, A. Guleria, J. P. Singh, F. Eisner, F. Huettig, "Learning to read alters cortico-subcortical cross-talk in the visual system of illiterates", *Science Advances*, 2017, 3:e1602612.

5. K. E. Stanovich, A. E. Cunningham, "Where does knowledge come from? Specific associations between print exposure and information acquisition", *Journal of Educational Psychology*, 1993, 85:211-29.

6. R. A. Mar, K. Oatley, J. Hirsh, J. Dela Paz, J. B. Peterson, "Bookworms versus nerds: Exposure to fiction versus non-fiction, divergent associations with social ability, and the simulation of fictional social worlds". *Journal of Research in Personality*, 2006, 40: 694-712.

7. P. Jin, "Efficacy of Tai Chi, brisk walking, meditation, and reading in reducing mental and emotional stress", *Journal of Psychosomatic Research*, 1992, 36:361-70.

8. M. Alzahrani, M. Alharbi, A. Alodwani, "The Effect of Social-Emotional Competence on Children Academic Achievement and Behavioral Development", *International Education Studies*, 2019, 12:141-9.

9. J. S. Hutton, T. Horowitz-Kraus, A. L. Mendelsohn, T. DeWitt, S. K. Holland, C-MIND Authorship Consortium, "Home Reading Environment and Brain Activation in Preschool Children Listening to Stories", *Pediatrics*, 2015, 136:466-78.

10. K. Chyl, G. Fraga-González, S. Brem, K. Jednoróg, "Brain dynamics of (a) typical reading development—a review of longitudinal studies", *npj Science of Learning*, 2021, 6:1-9.

11. 매리언 울프, 『다시, 책으로』, 전병근 옮김, 어크로스, 2019.

12. B. Hart, T. R. Risley, *Meaningful Differences in the Everyday Experience of Young American Children*(Baltimore: Paul H. Brookes Publishing, 1995).

13. A. Fernald, V. A. Marchman, A. Weisleder, "SES differences in language processing skill and vocabulary are evident at 18 months", *Developmental Science*, 2013, 16:234-48.

14. P. Kendeou, P. van den Broek, M. J. White, J. S. Lynch, "Predicting reading comprehension in early elementary school: The independent contributions of oral language and decoding skills", *Journal of Educational Psychology*, 2009, 101:765.

15. F. P. Roth, D. L. Speece, D. H. Cooper, "A longitudinal analysis of the connection between oral language and early reading", *The Journal of Educational Research*, 2002, 95:259-72.

16. D. Early, O. Barbarin, D. Bryant, M. Burchinal, F. Chang, R. Clifford, et al., "Pre-kindergarten in eleven states: NCEDL's multi-state study of pre-kindergarten and state-wide early educational programs(SWEEP) study", National Institute for Early Education Research, Washington, DC. 2005.

17. K. Denton, J. West, "Children's reading and mathematics achievement in kindergarten and first grade", National Center for Education Statistics, Office of Educational Research and Improvement, US Department of Education, 2002.

18. S. Brem, S. Bach, K. Kucian, T. K. Guttorm, et al., "Brain sensitivity to print emerges when children learn letter – speech sound correspondences", *PNAS*, 2010, 107:7939-44.

19. C. S. Puranik, C. J. Lonigan, Y. S. Kim, "Contributions of emergent literacy skills to name writing, letter writing, and spelling in preschool children", *Early Childhood Research Quarterly*, 2011, 26:465–74.

20. K. H. James, "Sensori-motor experience leads to changes in visual processing in the developing brain", *Developmental Science*, 2010, 13:279–88.

21. P. J. Schwanenflugel, C. E. Hamilton, S. Neuharth-Pritchett, M. A. Restrepo, B. A. Bradley, M. Webb, "PAVEd for success: An evaluation of a comprehensive preliteracy program for four-year-old children", *Journal of Literacy Research*, 2010, 42:227–75.

22. M. Melby-Lervåg, S. A. H. Lyster, C. Hulme, "Phonological skills and their role in learning to read: a meta-analytic review", *Psychological Bulletin*, 2012, 138:322.

23. R. K. Wagner, J. K. Torgesen, C. A. Rashotte, "Development of reading-related phonological processing abilities: New evidence of bidirectional causality from a latent variable longitudinal study", *Developmental Psychology*, 1994, 30:73.

24. M. J. Snowling, "Early identification and interventions for dyslexia: a contemporary view", *Journal of Research in Special Educational Needs*, 2013, 13:7–14.

25. G. J. Whitehurst, B. D. DeBaryshe, "Observational learning and language acquisition: Principles of learning, systems, and tasks", in *The many faces of imitation in language learning* (New York: Springer, 1989), pp. 251–276.

26. A. Weisleder, A. Fernald, "Talking to children matters: Early language experience strengthens processing and builds vocabulary", *Psychological Science*, 2013, 24:2143–52.

27. J. C. Wright, A. C. Huston, K. C. Murphy, M. St. Peters, M. PiÂon, R. Scantlin, J. Kotler, "The relations of early television viewing to school readiness and vocabulary of children from low-income families: The early window project", *Child Development*, 2001, 72:1347–66.

28. J. S. Chall, *Learning to Read: The Great Debate* (New York: McGraw-Hill, 1967).

29. T. V. Rasinski, "The fluency factor: The role of fluency in reading instruction

and assessment ", *The Reading Teacher*, 2006, 59:754-7.

30. M. L. Kamil, P. B. Mosenthal, P. D. Pearson, R. Barr (Eds.), *Handbook of Reading Research* (New York : Routledge, 2016), Vol. IV, pp. 369-391.

31. M. Gonzalez-Lopez, A. J. Valle-Inclan, J. M. Sierra, "The role of vocabulary in reading comprehension : A review", *Frontiers in Psychology*, 2015, 6:625.

32. Steele SC, Mills MT. "Vocabulary Intervention for School-age Children with Language Impairment : A Review of Evidence and Good Practice", *Child Language Teaching and Theraphy*, 2011 Nov, 1:27(3):354-370.

33. J. Gurlitt, A. Renkl, "Prior knowledge activation : how different concept mapping tasks lead to substantial differences in cognitive processes, learning outcomes, and perceived self-efficacy", *Instructional Science*, 2010, 38:417-33.

34. E. O. Keene, S. Zimmermann, *Mosaic of Thought: Teaching comprehension in a reader's workshop* (Portsmouth, NH : Heinemann, 1997).

35. J. Oakhill, S. Patel, "Can imagery training help children who have comprehension problems?", *Journal of Research in Reading*, 1991, 14:106-15.

36. L. A. Jackson, A. von Eye, E. A. Witt, Y. Zhao, H. E. Fitzgerald, "A longitudinal study of the effects of Internet use and videogame playing on academic performance and the roles of gender, race and income in these relationships", *Computers in Human Behavior*, 2011, 27:228-39.

37. A. Wigfield, J. S. Eccles, "Expectancy -value theory of achievement motivation", *Contemporary Educational Psychology*, 2000, 25:68-81.

4장

1. S. Kim, Y. B. Seo, E. Jung, "Prediction of COVID-19 transmission dynamics using a mathematical model considering behavior changes in Korea", *Epidemiol Health*, 2020, 42:e2020026.

2. J. Heo, D. Han, H. J. Kim, D. Kim, Y. K. Lee, D. Lim, S. O. Hong, M. J. Park, B. Ha, W. Seog, "Prediction of patients requiring intensive care for COVID-19 : development and validation of an integer-based score using data from Centers for Disease Control and Prevention of South Korea", *Journal of Intensive Care*,

2021, 9:1–9.

3. G. Harel, "What is mathematics? A pedagogical answer to a philosophical question", *Proof and Other Dilemmas: Mathematics and Philosophy*(Cambridge University Press, 2008), pp. 1–26.

4. S. Agarwal, B. Mazumder, "Cognitive abilities and household financial decision making", *American Economic Journal: Applied Economics*, 2013, 5:193–207.

5. J. S. Ancker, D. Kaufman, "Rethinking health numeracy: a multidisciplinary literature review", *Journal of the American Medical Informatics Association*, 2007, 14:713–21.

6. S. J. Ritchie, T. C. Bates, "Enduring links from childhood mathematics and reading achievement to adult socioeconomic status", *Psychological Science*, 2013, 24:1301–8.

7. B. Butterworth, S. Varma, D.Laurillard, "Dyscalculia: from brain to education", *Science*, 2011, 332:1049–53.

8. D. Patel, J. Sandefur, "A Rosetta Stone for Human Capital", CGD Working Paper, 2020.

9. K. Wynn, "Children's understanding of counting", *Cognition*, 1990, 36:155–93.

10. B. W. Sarnecka, M. D. Lee, "Levels of number knowledge during early childhood", *Journal of Experimental Child Psychology*, 2009, 103:325–37.

11. D. C. Geary, K. vanMarle, F. W. Chu, J. Rouder, M. K. Hoard, L. Nugent, "Early Conceptual Understanding of Cardinality Predicts Superior School–Entry Number–System Knowledge", *Psychological Science*, 2018, 29:191–205.

12. A. Almoammer, J. Sullivan, C. Donlan, F. Marušič, R. Žaucer, T. O'Donnell, D. Barner, "Grammatical morphology as a source of early number word meanings", *PNAS*, 2013, 110:18448–53.

13. S. C. Levine, L. W. Suriyakham, M. L. Rowe, J. Huttenlocher, E. A. Gunderson, "What counts in the development of young children's number knowledge?", *Developmental Psychobiology*, 2010, 46:1309–19.

14. E. A. Gunderson, S. C. Levine, "Some types of parent number talk count more than others: relations between parents' input and children's cardinal–number knowledge", *Developmental Science*, 2011, 14:1021–32.

15. F. M. Butler, S. P. Miller, K. Crehan, B. Babbitt, T. Pierce, "Fraction instruction for students with mathematics disabilities: Comparing two teaching

sequences", *Learning Disabilities Research and Practice*, 2003, 18:99-111.

16. P. Kirschner, J. Sweller, R. E. Clark, "Why unguided learning does not work: An analysis of the failure of discovery learning, problem-based learning, experiential learning and inquiry-based learning", *Educational Psychologist*, 2006, 41:75-86.

17. 한종화, 『영유아 수학교육』 제2판, 공동체, 2022.

18. C. Kidd, S. T. Piantadosi, R. N. Aslin, "The Goldilocks effect in infant auditory attention", *Child Development*, 2014, 85:1795-804.

19. E. Bodrova, D. J. Leong, *Tools of the Mind: The Vygotsky approach to early childhood education*(Englewood Cliffs, N. J.: Prentice Hall, 1996).

20. M. C. Diamond, A. B. Scheibel, G. M. Murphy Jr, T. Harvey, "On the brain of a scientist: Albert Einstein", *Experimental Neurology*, 1985, 88:198-204.

21. D. Falk, F. E. Lepore, A. Noe, "The cerebral cortex of Albert Einstein: a description and preliminary analysis of unpublished photographs", *Brain*, 2013, 136:1304-27.

22. W. Men, D. Falk, T. Sun, W. Chen, J. Li, D. Yin, L. Zang, M. Fan, "The corpus callosum of Albert Einstein's brain: another clue to his high intelligence?", *Brain*, 2014, 137:e268.

23. T. Hines, "Neuromythology of Einstein's brain", *Brain and Cognition*, 2014, 88:21-5.

24. L. Fiorella, "The science of habit and its implications for student learning and well-being", *Educational Psychology Review*, 2020, 32:603-25.

25. S. Freeman, S. L. Eddy, M. McDonough, M. K. Smith, N. Okoroafor, H. Jordt, M. P. Wenderoth, "Active learning increases student performance in science, engineering, and mathematics", *PNAS*, 2014, 111:8410-5.

26. Z. Hawes, D. Ansari, "What explains the relationship between spatial and mathematical skills? A review of evidence from brain and behavior", *Psychonomic Bulletin&Review*, 2020, 27:465-82.

27. K. Atit, J. Power, T. Pigott, J. Lee, E. Geer, D. H. Uttal, C. M. Ganley, S. A. Sorby, "Examining the relations between spatial skills and mathematical performance: A meta-analysis", *Psychonomic Bulletin&Review*, 2022, 29:699-

720.

28. B. M. Casey, E. Pezaris, B. Fineman, A. Pollock, L. Demers, E. Dearing, "A longitudinal analysis of early spatial skills compared to arithmetic and verbal skills as predictors of fifth-grade girls' math reasoning", *Learning and Individual Differences*, 2015, 40:90-100.

29. E. Dearing, B. M. Casey, C. M. Ganley, M. Tillinger, E. Laski, C. Montecillo, "Young girls' arithmetic and spatial skills: The distal and proximal roles of family socioeconomics and home learning experiences", *Early Childhood Research Quarterly*, 2012, 27:458-70.

30. V. Menon, "Developmental cognitive neuroscience of arithmetic: implications for learning and education", *ZDM*, 2010, 42:515-25.

31. M. J. King, D. P. Katz, L. A. Thompson, B. N. Macnamara, "Genetic and environmental influences on spatial reasoning: A meta-analysis of twin studies", *Intelligence*, 2019, 73:65-77.

32. B. M. Casey, N. Andrews, H. Schindler, J. E. Kersh, A. Samper, J. Copley, "The development of spatial skills through interventions involving block building activities", *Cognition and Instruction*, 2008, 26:269-309.

33. 2021학년도 전국 수학 포기자 실태 파악을 위한 설문조사.

34. American Psychiatric Association, *Diagnostic and Statistical Manual of Mental Disorders: DSM-5*(American Psychiatric Association, 2013).

35. 이인효·윤초희·성기선·김미숙·허순영·김성식·조옥경, 「선행학습 효과에 관한 연구」(CR2002-05), 한국교육개발원, 2002.

36. 이재덕·김도기·김정민·권순형·도승이·김지선, 「학교 외부의 선행학습 유발 요인 및 해소방안 연구」, 『교육행정학연구』, 2016, 34:25-50.

37. 차동춘, 「중학교 수학 학업 성취도 성장에 대한 사교육의 효과」, 『교원교육』, 2015, 31:247-72.

38. T. Hailikari, A. Nevgi, S. Lindblom-Ylänne, "Exploring alternative ways of assessing prior knowledge, its components and their relation to student achievement: A mathematics based case study", *Studies in Educational Evaluation*, 2007, 33:320-37.

5장

1. C. Bloch, A. Kaiser, E. Kuenzli, D. Zappatore, S. Haller, R. Franceschini, G. Luedi, E. W. Radue, C. Nitsch, "The age of second language acquisition determines the variability in activation elicited by narration in three languages in Broca's and Wernicke's area", *Neuropsychologia*, 2009, 47:625-33.

2. 이병민, 『당신의 영어는 왜 실패하는가』, 우리학교, 2014, 191쪽.

3. University of Washington, "Bilingual babies' vocabulary linked to early brain differentiation", *ScienceDaily*, 2011, August 29. Retrieved November 26, 2022 from www.sciencedaily.com/releases/2011/08/110829070559.htm.

4. S. Linan-Thompson, S. Vaughn, *Research-based Methods of Reading Instruction for English Language Learners, Grades K-4*(Alexandria, VA: ASCD, 2007).

5. 이신애, 『잠수네 아이들의 소문난 영어공부법: 통합로드맵』, 알에이치코리아, 2013.

6. 정재석·김혜지·김지윤, 『영어 자신감1』상하권, 템북, 2020.

7. 티모시 라신스키·카밀 블라코비츠·크리스틴 렘즈, 『영어 책 많이 읽는 학생으로 키우는 읽기 유창성 지도법』, 정지욱·강경임·문영은 옮김, 뉴로사이언스러닝, 2019.

8. 아이걸음(정혜현), 『우리 아이 영어책 지도: 한 살부터 열아홉 살까지 아이표 영어 '책' 도서관』, 헤다, 2021.

9. A. Biemiller, C. Boote, "An Effective Method for Building Meaning Vocabulary in Primary Grades", *Journal of Educational Psychology*, 2006, 98:44-62.

10. 스티브 크라센, 『크라센의 읽기 혁명』, 조경숙 옮김, 르네상스, 2013.

11. 민금준, 「영어 마찰음 오류분석 및 발음지도 연구: /θ/, /ð/를 중심으로」, 군산대학교 석사학위 논문, 2012.

6장

1. 그릿연구소, 『그릿훈련 워크북』, 2015.

2. R. Pekrun, "Emotions and Learning", Educational Practices Series-vol. 24, International Academy of Education, 2014.

3. 그릿연구소, 『그릿훈련 워크북』, 2015.

4. B. J. Casey, R. M. Jones, L. Levita, V. Libby, S. Pattwell, E. Ruberry, F. Soliman, L. H. Somerville, "The storm and stress of adolescence: insights from human imaging and mouse genetics", *Developmental Psychobiology*, 2010, 52:225-35.

5. 대니얼 골먼, 『EQ 감성지능』, 한창호 옮김, 웅진지식하우스, 2008.

6. C. MacCann, Y. Jiang, L. Brown, K. S. Double, M. Bucich, A. Minbasshian, "Emotional intelligence predicts academic performance: A meta-analysis", *Psychological Bulletin*, 2020, 146:150-86.

7. P. U. Supervia, Q. Robres, "Emotion regulation and academic performance in the academic contexts: the mediating role of self-efficacy in secondary education students", *International Journal of Environmental Research and Public Health*, 2021, 18:5715.

8. C. MacCann, Y. Jiang, L. Brown, K. S. Double, M. Bucich, A. Minbasshian, "Emotional intelligence predicts academic performance: A meta-analysis", *Psychological Bulletin*, 2020, 146:150-86.

9. S. B. J. Koch, R. B. Mars, I. Toni, K. Roelofs, "Emotional control, reappraised", *Neuroscience and Biobehavioral Reviews*, 2018, 95:528-34.

10. J. D. Hoffmann, M. A. Bracken, C. S. Bailey, C. J. Willner, "Teaching emotion regulation in schools: Translating research into practice with the RULER approach to social and emotional learning", *Emotion*, 2020, 20:105-9.

11. S. S. Luthar, N. L. Kumar, N. Zillmer, "High-achieving schools connote risks for adolescents: Problems documented, processes implicated, and directions for interventions", *The American Psychologist*, 2020, 75:983-95.

12. G. S. Seibert, K. N. Bauer, R. W. May, F. D. Fincham, "Emotion regulation and academic underperformance: The role of school burnout", *Learning and individual differences*, 2017, 60:1-9.

13. 캐서린 풀러·필 테일러, 『동기강화기술 입문』, 신성만·이상훈·이아람 옮김, 시그마프레스, 2013.

14. R. Pekrun, K. Murayama, H. W. Marsh, T. Goetz, "Happy fish in little ponds: Testing a reference group model of achievement and emotion", *Journal of Personality and Social Psychology*, 2019, 117:166-85.

15. A. Duckworth, *GRIT: The power of passion and perseverance*(New York: Scribner, 2016).

7장

1. I. K. Schuurmans, A. I. Luik, D. A. de Maat, M. H. J. Hillegers, M. A. Ikram, C. A. M. Cecil, "The association of early life stress with IQ-achievement discrepancy in children: A population-based study", *Child Development*, 2022, 93:1837-47.

2. 지나영, 『본질 육아』, 21세기북스, 2022.

3. 아네트 라루, 『불평등한 어린시절: 부모의 사회적 지위와 불평등의 대물림』, 박상은 옮김, 에코리브르, 2012.

4. 조성민 외 4명, 「OECD 국제학업성취도평가 연구: PISA 2018 결과 보고서」, 한국교육과정평가원, 2020.

5. 캐서린 스타이너 어데어·테레사 바커, 『디지털 시대, 위기의 아이들』, 이한이 옮김, 오늘의 책, 2015.

6. 매리언 울프, 『다시 책으로』, 전병근 옮김, 어크로스, 2019.

7. G. Lissak, "Adverse physiological and psychological effects of screen time on children and adolescents: Literature review and case study", *Environmental Research*, 2018, 164:149-57.

8. K. R. Wentzel, "Relations between social competence and academic achievement in early adolescence", *Child Development*, 1991, 62:1066-78.

9. K. R. Wentzel, "Does being good make the grade? Social behavior and academic competent in middle school", *Journal of Educational Psychology*, 1993, 85:357-64.

10. K. R. Wentzel, "Social-motivational process and interpersonal relationships: Implications for understanding motivation in school", *Journal of Educational Psychology*, 1999, 91:76.

11. K. R. Wentzel, "The contributions of social goal setting to childrens's school adjustment", *Development of Achievement Motivation* (New York: Academic Press, 2001).

12. Joussemet M. A, "Longitudinal Study of the Relationship of Maternal Autonomy Support to Children's Adjustment and Achievement in School", *Journal of Personality*, 2005, 73:1215-36.

13. S. N. Georgiou, "Parental involvement: Definition and outcomes", *Social Psychology of Education*, 1996, 1:189-209.

14. L. Steinberg, J. D. Elmen, N. S. Mounts, "Authoriative parenting, psychosocial maturity, and academic success among adolescents", *Child Development*, 1989, 1424-36.

15. L. Steinberg, S. D. Lamborn, S. M. Dornbusch, N. Darling, "Impact of parenting practices on adolescent achievement: Authoriative parenting, school involvement, and encouragement to succeed", *Child Development*, 1992, 63:1266-81.

16. 영화 「4등」, 2015.

공부하는 뇌, 성장하는 마음

1판 1쇄 2023년 3월 3일
1판 5쇄 2024년 12월 9일

지은이 김은주 김효원 박지인 양찬모 이태엽 정재석 손승현 송지혜
기획 대한소아청소년정신의학회
펴낸이 강성민
편집장 이은혜
마케팅 정민호 박치우 한민아 이민경 박진희 황승현
브랜딩 함유지 함근아 박민재 김희숙 이송이 박다솔 조다현 배진성 이서진 김하연
제작 강신은 김동욱 이순호

펴낸곳 (주)글항아리 | 출판등록 2009년 1월 19일 제406-2009-000002호

주소 10881 경기도 파주시 심학산로 10 3층
전자우편 bookpot@hanmail.net
전화번호 031-955-2689(마케팅) 031-941-5161(편집부)
팩스 031-941-5163

ISBN 979−11−6909−083−4 03370

잘못된 책은 구입하신 서점에서 교환해드립니다.
기타 교환 문의 031-955-2661, 3580

www.geulhangari.com